セブン-イレブンの足跡

持続成長メカニズムを探る

千倉書房

田村 正紀 著

DINOSAUR TRACKS

はしがき

信州などの山野を散策すれば、コナラ、クリ、クヌギ、トチ、白樺などが生える高木林の中でも、それらを圧して、ひときわ天高くそびえる杉の大木に出会うことがある。晴天下では日の光を満身に浴びるが、嵐になれば強風を遮るものはない。流通業界で、セブン-イレブンはこの杉の大木のような企業である。その全店売上高を見ても、経常利益を見ても、他を大きく引き離している。

ほぼ四〇年にわたる高率での持続成長によって、セブン-イレブンはこの杉の大木のような企業になった。その過程は盛者必衰という流通業界の常識を覆すものであった。この業界では、業態トップ企業といえども、短期間でその地位を失い、企業ライフサイクル論に格好の事例資料を提供してきたからである。少なくとも今日に至るまで、セブン-イレブンの持続成長は盛者必衰への背理を示している。

このため、同社の持続成長は世間の注目を集め、ビジネス書を中心にその動向を語る多くの書物が出た。全体として見ると、それらには事業展開をめぐるセブン-イレブン賛歌とそれへの怨念の声が混じり合っている。賛歌は、情報システム、物流システム、商品開発などの卓越性をたたえるコーラスである。怨念の声は加盟店とのフランチャイズ契約を中心に、加盟店仕入れ価格、ロイヤルティ率、ファストフード廃棄商品の会計処理、納入業者との取引様式などに広がっている。
しかし、本書は賛歌のコーラスと怨念の声のいずれにも与しない。セブン-イレブンの持続成長がどのようなメカニズムによって生み出されてきたのか。本書の関心はただこの一点だけである。創業以来の事業活動の足跡を利用可能な資料によってたどり、その背後にある盛者必衰への背理としての持続成長メカニズムを明らかにすること、これが本書が取り上げている課題である。持続成長はあらゆる企業のいわば夢である。それを現実のものとしたセブン-イレブンの事例は、もっとも興味ある逸脱事例として研究者だけでなく、持続成長を目指す多くの企業にとっても参考となろう。

本書は多様な資料を利用しているが、いくつかの入手が難しい資料について、東 伸一（青山学院大学）、橋元理恵（北海商科大学）の諸氏、また㈱日本統計センターの援助を受けた。坂川裕司（北海道大学）氏には、校正の協力をえた。また千倉書房編集部の関口 聡氏には編集業務を担当していただいただけでなく、執筆の各段階で構想についての議論相手をしていただいた。最後に、千倉書房の千倉成示社長には、出版事情が厳しいにもかかわらず、快く出版を引き受けていただいた。以上の諸氏にあわせてお礼を申し上げたい。

二〇一四年二月二一日

田村 正紀

目次

Ⅲ 飛翔の裏にはドラマがある──持続成長へとつなぐバック・フォーマット── ……107

I　盛者必衰への背理を探る——恐竜の足跡アプローチ——

どのような企業が優秀なのか。現代企業は多様な物差しで評価される。多様な利害関係の中で企業が活動するからだ。利害関係者の立場が変われば、企業評価のまなざしの焦点が移動し、企業の見え姿が変わってくる。

投資対象として優秀か。その企業の製品・サービスは買うに値するのか。その企業と取引する価値はあるのか。その企業は働きがいがあるのか。これらはそれぞれ投資家、消費者、取引先、従業員などのまなざしである。企業はさらにもっとマクロ的な視点や未来志向的な視点からも評価される。雇用確保や社会貢献をしているのか。その企業が潜在力を持ち将来性はあるのかといった社会的まなざしである。

このような視点を総合すれば、どの企業が日本でもっとも優秀と思われているのか。日経リサーチの総合企業ランキング「NICES（ナイセス）」二〇一三年度の調査結果によれば、セブン&アイ・ホールディングスが初めて首位の座を占めた。二位以下にはトヨタ自動車、日産自動車、NTTドコモ、東レ、キリンホールディング、ホンダなど、日本が国際的に誇る優秀企業が続く（日経新聞朝刊、一三・一一・二九）。モノ作りや情報関連の企業を押さえて、総合流通業が首位に立ったことは驚きである。それとともに、この評価はセブン＆アイ・ホールディングスに世間の関心が集中していることを示している。

しかし、この評価について重要な点は、それがこの持ち株会社の総体についての評価ではない点にある。セブン＆アイ・ホールディングスには多くの事業子会社がある。セブン-イレブン・ジャパン（コンビニ）、セブン-イレブン・USA（コンビニ・ガソリンスタンド）、イトーヨーカ堂（総合量販店）、ヨークベニマル（食品スーパー）、そごう＆西武（百貨店）、セブン＆アイ・フードシステム（外食）、そしてセブン銀行などである。

これらのそれぞれが優れており、その総体として持ち株会社が評価されているわけではないのだ。むしろその評価のほとんどは、その事業子会社の一つであるセブン-イレブン・日本（以下セブン-イレブンと呼ぶ）の評価に依存している。持ち株会社の総帥がセブン-イレブンを育て上げた鈴木敏文であるのは象徴的である。

有価証券報告書によると、これらの事業会社は、二〇一三年二月期決算（セブンイレブン・USAは一二年一二月決算）で、約二、七六二億円の営業利益をあげた。各子会社の貢献比率（％）を見ると、セブン-イレブン（六七・六）、セブン-イレブン・USA（一三・八）、イトーヨーカ堂（三・二）、ヨークベニマル（四・二）、そごう・西武（三・六）、セブン＆アイ・フードシステム（〇・三）、セブン銀行（七・

〇）である。

事業子会社の営業利益の八割はコンビニ事業に依存し、七割近くはセブン-イレブン（日本）が稼ぎ出している。セブン銀行のようなユニークな事業も育ちかけているが、現在のところ、セブン-イレブン抜きのセブン＆アイ・ホールディングスは、ただの流通持ち株会社に過ぎない。

何がセブン＆アイ・ホールディングスの総合評価を首位に押し上げたのか。総合評価は投資家、消費者・取引先、従業員、社会、潜在力から見た評点の合算値である。その評点はとくに潜在力について高得点であった。この高得点はセブン-イレブンの過去における異常ともいえる持続成長に基づいている。総合評価はこの盛者必衰への背理を未来にも投影したものである。その将来成長性という抜群の潜在力評価によって、わずか四〇年と若い社歴にもかかわらず、セブン-イレブンはその持ち株会社の評価を日本の最優秀企業の地位に押し上げる立役者となった。

セブン-イレブンのこのような持続成長とはどのようなものであったのか。それを生み出した要因は何であったのか。持続成長は将来も続くのか。この事例研究からセブン-イレブンという特定事例を超えるどのような知識を引き出し、他事例にも適用することができるのか。企業経営に関心を持つ多くの人にとって、これほど興味深い研究課題は数少ない。まずこの課題の内容を掘り下げてみよう。

盛者必衰の理

◆流通業界の激しい盛衰

セブン-イレブンは流通業界で誕生した。この業界には生産と消費を媒介する多様な企業がある。この多様性は業態という用語で表現されてきた。業態によって品揃え商品や提供サービスが異なる。卸売業には一次卸、二次卸、最終卸といった業態区分がある。小売業になると、その業態区分はさらに多様である。百貨店、スーパー、専門店、コンビニ、ホームセンター、ディスカウント、中小商店、通信販売などである。流通業界ではこれら多様な業態間で異形態間競争がある。セブン-イレブンの業態は比較的に新しいコンビニである。

これらの業態についてその内部に立ち入ってみると、企業のきわめて激しい盛衰がある。「おごれるひとも久しからず、ただ春の夜の夢のごとし。たけき者もつひには滅びぬ、ひとへに風の前の塵に同じ。」平家物語の冒頭に現れるこの盛者必衰の理《ことわり》ほど、流通業界人の胸を打つものは数少ないだろう。流通業界は盛者必衰を地でゆくような業界だからだ。盛者の例として各業態のトップ企業を見ると、その名前は比較的に短期間で入れ替わってきた。

「日本の小売業調査」、「日本の専門店調査」（日本経済新聞社編、一九七五―八二／日本流通新聞編、一九八三―二〇〇一／日経MJ編、二〇〇二―一三）によって、セブン-イレブン創業の一九七三年から現在（二〇一三年）までの四〇年間を振り返ってみても、セブン-イレブンを除けば、各業態でトップ企業の座を維持し続けている企業はほとんどない。トップ企業といえども、流通産業を次々におそった環境変化の大波に最適適応をできなかったからである。

この四〇年間、流通環境は大変化の襲来を次々に受けた。マクロ経済環境は、高度成長から低成長へ、そしてバブル崩壊による長期の不況へと突入した。戦後生まれの新世代消費者が台頭し、彼らの加齢につれて、日本社会は次第に高齢化社会に突入する。女性の社会進出が増え、また生活価値観の変貌によって単身者が急増した。人口の多くが都市圏に流入し、そこで郊外化を生み出すとともに地方都市の衰退が始まった。

これらの社会経済構造の変化の中で、消費者の価値観も変わった。経済的な豊かさを目指した同質的な価値観から、それぞれの生活様式を反映して多様化していった。この消費者変化に適応するため、メーカーは新技術に基づいたり、あるいは消費者感性に訴えるような新製品を次々に投入してきた。これによって、消費者を取り囲む商品世界は絶えず激動した。ヒット商品の内容が毎年激しく変わり始めた。

輸送と情報の技術革新も流通環境を大きく変える。自動車の普及、高速道路・新幹線網・空港網の拡大によって、消費者のモビリティが飛躍的に拡大しただけではない。それは同時にＢ to Ｂ（企業間）、Ｂ to Ｃ（企業と消費者間）の物流ネットワークを激変させた。とくにトラック便によって多頻度高速や温度帯別物流ネットワークが急速に普及していった。また二一世紀に入ると、コンピュータとそれを結ぶインターネットが急速に普及し、Ｂ to Ｂ、Ｂ to Ｃの電子商取引が拡大しつつある。

流通関連の法的環境も大きく変わる。九〇年頃まで大規模小売店舗法による厳しい大型店規制が続いた。しかし、国際化の流れの中で規制批判が強まり、九〇年代に入ると規制緩和の波が押し寄せることになる。大型店の出店や営業時間の自由化が進んだ。その中で、大型店を核とし、多様な専門店をテナントとするショッピングセンターが各地に建設され、自動車客を吸引し始めた。国際化の波はまた流通業への商品供給ルートを激変させた。国際的なサプライチェーンの構築が多くの企業の命運を握るようになる。

どの企業が業態トップの座を占めるのか。それはこれらの環境変化の中で絶えず変動した。日本の百貨店の祖である三越は、八八年までトップを走り続け、バブル崩壊の兆しが現れ始めた八九年から三年間その座を高島屋に譲り渡した。九二年から三年間再び奪回するが、バブル不況が深刻化した九五年以降、再び高島屋にトップの座を奪われる。高島屋のトップは二〇一〇年まで続くことになるが、その翌年には合併によって生まれた三越伊勢丹にその座を明け渡している。

7　盛者必衰の理

図 1-1　主要専門店の盛衰：5 年以上のトップ企業

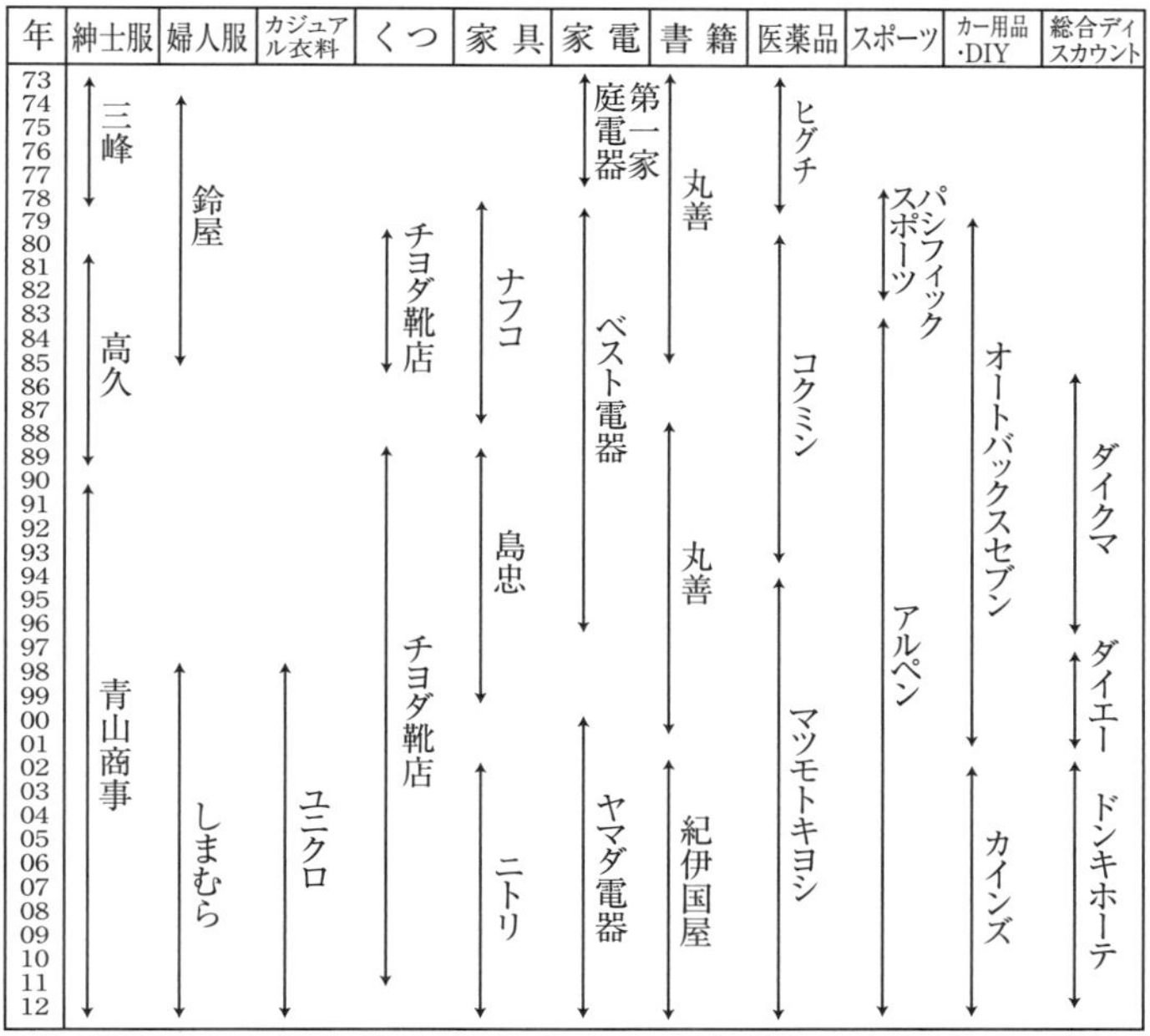

データ源：日経「日本の専門店調査」（日本経済新聞社編、1975-82/日経流通新聞編、1983-01/日経 MJ（流通新聞）編、2002-14）より作成

スーパーでは高度成長期の流通革命を先導したダイエーが世紀の変わり目頃までトップを走り続けた。しかし、本業以外への過剰投資、本業不振による有利子負債の累積、また後継者へのバトンタッチの失敗によって二〇〇〇年頃から経営危機に陥る。〇一年にはイトーヨーカ堂がトップに立った。しかし、〇三年になると、巧妙な合併・吸収・提携戦略によって業容を拡大したイオンにその座を明け渡すことになる。

専門店業態でのトップ企業の盛衰はもっと激しい。図1-1

に示すように、ほとんどすべての分野で、トップ企業の名前は短期間で次々に入れ替わった。表中で空白期はまだその種の専門店の売上高規模が少額であるか、あるいはトップが短年で入れ替わった時期である。図に示されていない呉服、時計・眼鏡、楽器・レコード、玩具の領域でもトップ企業の交代の事情は同じである。

呉服ではやまと、鈴乃屋、さが美と入れ替わり、時計・眼鏡では三貴、三城、メガネトップへと変わっていった。楽器・レコード分野で長く続いた新星堂のトップも、〇六年にはタワーレコードに変わり、その後カルチュア・コンビニエンス・クラブ、ゲオホールディングスが顔を出す。玩具では、キディランドからトイザらスへの交代があった。

しかし、コンビニ業態は例外であった。日本でコンビニ業態がかなりの売上高規模に拡大し注目を集め出したのは一九七八年からである。この年に業界規模は三、〇〇〇億円強に達する。セブン-イレブンの全店売上高はKマートの七二五億円を三、二〇〇万円ほど上回って第一位であった（日本経済新聞社編、一九八〇、一九八二）。

全店売上高とは、セブン-イレブンのフランチャイズ加盟店も含めた全店舗の売上高である。独立事業体としてのセブン-イレブンの売上高は、その直営店売上高に、加盟店からのロイヤルティ収入を加えたものである。ロイヤルティは加盟店の粗利益の一定比率であるから、セブン-イレブン売上高はつねに全店売上高を下回る。七八年のセブン-イレブン売上高は一〇九億円であった。

セブン-イレブンのようなフランチャイズ企業の売上高については、その企業の売上高と全店売上高の二面から見ていく必要がある。

七八年以降現在に至るまで、セブン-イレブンはその売上高でも全店売上高でも、長期間にわたって業態トップを走り続けている。激しい盛衰に見舞われる流通業界の中で、セブン-イレブンの四〇年間にわたる持続成長は盛者必衰への背理である。

◆セブン-イレブンの持続成長の特質

セブン-イレブンの持続成長の特徴は、流通業界での例外として業態トップの地位を保持し続けてきたというだけではない。「日本の小売業調査」によると、小売業全体で見ても、その売上高ランキングは上昇し続けた。セブン-イレブンが日本小売業の売上高上位一〇〇社ランキングに顔を出すのは、東証上場後まもなくの一九八二年である。売上高六二〇億円をあげ、八一位であった。全店売上高は二、五六五億円に達し、その規模は一六位に相当した。

その後、毎年ランクを上げ八八年の売上高は一、〇〇二億円となり一千億円を突破した。その年の全店売上高は六、八六三億円である。さらに世紀の終わりの九九年には三、二七〇億円を売り上げて二〇位に達していた。そのときの全店売上高は一兆九、六三九億円である。それは小売業トップのダイエー売上高二兆二、〇〇五億円に次ぐ額であった。

主要流通企業の持株会社化が進んだ二一世紀以降について比較は難しいが、持株会社を除くと、売上高は一三から一五位につけている。二〇一二年の売上高は六、一七六億円、全店売上高は三兆五、〇八四億円であり、単体トップのイオンリテール二兆一、五三六億円を大きく上回る額である。加盟店も含めると、セブン-イレブンは日本最大の流通販路として君臨している。

しかし、セブン-イレブンの持続成長についてもっと驚くべき事実はその経常利益の持続成長である。経常利益は会計上、本業の利益を示す営業利益に、金融収支など営業外利益を加えたものである。製造業などについては、本業区分はきわめて明確である。しかし、流通業は取引を本業とし、その業務では取引条件などを通じて商流と資金流が解けがたく結びついている。このため、本業区分は製造業の場合ほど明確ではない。営業利益よりも経常利益の方が企業収益性を評価するのにより適切である。

八二年にセブン-イレブンは売上高ランキング八一位に顔を出した。そのときの同社の経常利益は一〇九億円であり、すでに経常利益の小売業ランキングの八位であった。これは同社が抜群の高収益を誇る企業としてランキングに初登場したことを物語る。経常利益ランキングを八五年には三位へ、九〇年には二位に上げる。そして、日本経済がバブル不況の長いトンネルに入った一九九三年になると、親会社のイトーヨーカ堂を抜いて経常利益八八一億円をあげ、小売業界で経常利益トッ

図 1-2　セブン-イレブンの成長

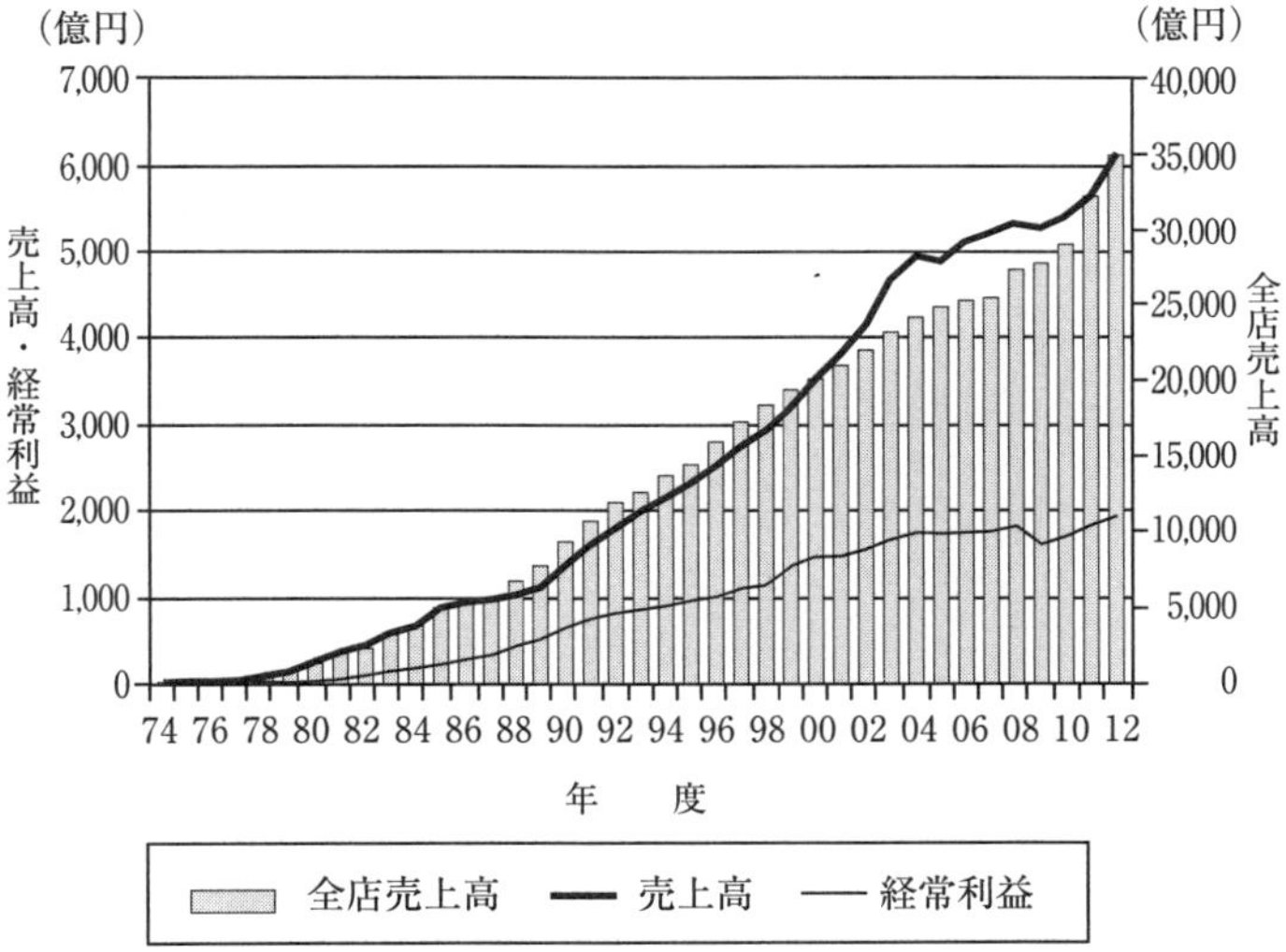

データ源：基本活動 DB（本書 31 頁の「データベースの構築」参照）

プの座につくのである。

その後に多くの企業が不況に苦しみ、経営不振に陥る中でも、セブン-イレブンの経常利益は一、二年を除けば前年を割ることはなく、経常利益トップの地位を維持し続けている。二〇一二年度（一三年二月決算）の経常利益は一、九四一億円である。セブン-イレブンは、流通企業の中で最高の収益企業としても、二〇年間にわたり持続成長を続けている。

セブン-イレブンはコンビニ業態で売上高と経常利益でトップの座を獲得・維持し続けた。小売業全体で見ても経常利益で同様である。これらは売上高と経常利益の成長率が、同業他社や他の小売業にくらべて、長期間にわたり高かったことによるものである。一九七四から二〇一二年にかけての、その成長の全体像は図1-2に示されている。

これらの期間で年平均成長率はどのくらいであったのか。年平均成長率とは、複利計算によって求めた年間の成長率である。七四年から二〇一二年の間の売上高成長について、年平均成長率を計算すれば二一・二%になる。同じように、黒字化した七六年から二〇一二年までの経常利益成長について年平均成長率を計算すれば、一七・五%になる。いずれもきわめて高い年平均成長率である。

セブン-イレブンの持続成長の特質は、売上高についても経常利益についても、長期間にわたる高い年平均成長率によって支えられている点にある。この高さによって、セブン-イレブンは売上高についてコンビニ業態トップの座を獲得・維持し、また経常利益についてコンビニ業態だけでなく小売業全体においてもトップの座を獲得・維持しているのである。

本書はセブン-イレブンのこのような持続成長を、研究課題として取り上げている。この課題をさらに明確にするため、持続成長とは何かという問題に若干触れておこう。

一般には、それは何十年にわたる企業の好業績による成長であると理解されている。しかし、成長をどのような指標で測るのか。好業績の成長基準値はどのくらいか。持続成長といえるためには好業績はどのくらいの期間にわたり持続しなければならないのか。これらについて確定的な解答はない。

本書では、セブン-イレブンの持続成長の業績指標として、売上高と経常利益を取り上げている。

年平均成長率の計算式

$$\text{年平均成長率} = \left[\frac{\text{n 年度数値}}{\text{初年度数値}}\right]^{\frac{1}{n-1}} - 1$$

たとえば、セブンイレブンの売上高は1974年（初年度）は4.06億円、39年度目の2012年は6,176億円である。この間の年平均成長率は、

$$\left[\frac{6{,}167}{4.06}\right]^{\frac{1}{39-1}} - 1$$

になる。6,164／4.06＝1,518、1／38＝0.0263だから、エクセルで∧をベキ乗記号として

1,519 ∧ 0.0263－1

を計算すると、0.212になる。つまり21.2％の年平均成長率である。

財務論では資産成長率を企業成長の指標として取り上げる。しかし、新株発行、資本構成・配当政策により影響を受けるとはいえ、売上成長率は基本的には資産成長率を反映している。資産を増やしそれを運用しなければ売上は増えないからである。この運用効率の向上は、多かれ少なかれ経常利益成長率が反映している。

また、株価上昇率を成長指標として取り上げるものもある（リクルートマネジメントソリューションズ組織行動研究所、二〇一〇）が、株価は将来業績についての期待値を反映している。この点で、株価は歴史事例としての持続成長の指標としては不適切である。業績指標としては売上高成長率と経常利益成長率で十分であろう。

好業績の基準値についても、確定的な解答はありえない。本書ではセブン-イレブンの業績をコ

ンビニ業態や小売業全体での他社と比較した。それらの比較において、セブン-イレブンの業績は抜群であった。好業績の基準値は同業他社をベンチマークにして設定されている。この基準値から見ればセブン-イレブンは異常値である。それはトップの地位を獲得・維持していることに示されている。

どのくらいの期間にわたり成長し続ければ持続成長といえるのか。これについても確定的な解答はない。せいぜいのところ、他社と比較して相対的に長いかどうかが判断できるだけである。ほぼ四〇年近い長期間にわたって、セブン-イレブンは売上高や経常利益についてきわめて高い持続成長を達成してきた。このように長い期間にわたる持続成長は流通業界では特異である。

恐竜の足跡は残る

◆実証研究者のジレンマ

このような持続成長はなぜ生じたのだろうか。それが過去における同社の事業活動の結果であることはたしかである。事業活動が原因であり、持続成長期間やそれを支える成長率は結果である。

持続成長がなぜ生じたのかという問題は、このような因果問題を実証的に解くことに他ならない。しかしこの因果問題は多くの研究者にとっては難問であった。どのようなデータを使いどう分析するか。その方法が明確でなかったからである。

実証的な因果問題へのアプローチとして、一般によく使われるのは統計分析である。それは持続成長期間や成長率を従属変数Yとし、事業活動の種々な側面を独立変数Xとして設定する。特定のXが原因であるという因果推論の基礎は、統計分析では次の点の検証にある。XとともにYが変動する、その変動は偶然によって生じる確率は低い、また他の独立変数を導入してもXとYの共変動関係は消えない、XはYに時間的に先行しているといった事柄である（田村、二〇〇六）。

しかし、統計分析によってセブン-イレブンの因果問題を解決することは困難である。とくに事業活動のデータ収集が難しいからだ。統計分析にはデータ収集の仕方によってクロス・セクション分析と時系列分析がある。クロスセクション分析では、特定期間で多くの企業のデータを既存データやサーベイなどで収集する。セブン-イレブンは一標本に過ぎないから、他企業も加えて統計分析に必要な標本数を確保するのである。

たとえば、多数の流通企業について、その持続成長と事業活動特性についてのデータを集め、それを統計分析にかける。しかし、持続成長と密接に関連するような事業活動の調査は企業機密の問題もあってきわめて難しい。持続期間が長期にわたる場合には、現時点の事業活動だけでなく、遠い過去のデータも必要になる。この種のデータは企業内部にさえ残っていない場合が多い。

事業活動データの収集困難性の問題は横に置いても、さらに統計技法上の制約がある。回帰分析などの通常技法は変数の分布形状に正規分布などの想定を置いている。この想定の下で、統計分析の発見物は、調査企業全般にわたる、持続成長と事業活動との平均的な関連に過ぎない。しかもこの関連の推定は統計手法の制約上から異常値の影響を大きく受ける。ところがセブン-イレブン・データが異常値となることは明らかである。

セブン-イレブンの持続成長はセブン-イレブンという単一事例の現象である。しかし、単一事例の場合でも時間を通じて観察数を増やしていけば、その事例だけについて、統計分析に必要な標本数を確保できることがある（キング、コヘイン、ヴァーバ、二〇〇四）。

たとえば、セブン-イレブンの成長率と事業活動を毎年観察して標本数を増やすのである。この種の統計分析が時系列分析である。たしかに売上高や経常利益について年度データは利用できる。しかし、問題はそれに対応する事業活動データは多くの場合、年度別に整理されているわけではなく、またたとえあったとしても企業機密上から外部者はほとんど入手できない。

セブン-イレブンの持続成長問題について、統計分析はほとんど適用することはできない。それではこの因果問題について、それを解決できる他の方法があるだろうか。統計分析ができないとき、代替的なアプローチは事例分析である。その際に多くの実証研究者は、既存の二次資料なども集めるが、成功を生み出した重要な事業活動については関係者へのヒアリングをデータ収集法として重視している。この方法以外にデータを集める方法がないと考えているからであろう。

大阪で有名な老舗の鰻屋では、蒲焼き・まむしに使うタレの製法は一子相伝で最高の企業機密である。この鰻屋へタレの作り方をヒヤリングに行くとすれば、「おまえは阿呆か」といわれるのがオチである。成功を生み出した事業活動の詳細を、企業へのヒアリングなどで聞き出せると考えている研究者もこれと大差はない。その事業成功の最高のノウハウの全容を外部者にしゃべるような商人はいないからである。

ヒアリングなどを主要情報源として事例分析する方法は、もともと文化人類学、教育学、病院管理、社会学などの領域で発展した。これらの領域では、ヒアリングなどで得た情報やそれに基づく分析を公表・発表しても、問題になることは少なかった。むしろこの種の領域では知識を公開し、広く普及させることを重視する。

しかし、企業経営の領域では事情はまったく異なっている。とくに持続成長を支える経常利益や売上高の成長がなぜ達成できたのか。この情報は企業ノウハウとして最高機密に属するからである。とくに近時の事柄になるほど、この機密性が高まる。幸運にも、このような情報にアクセスできたとしても、それを論文、著書で利用・公表するとなると、常務会などでの審議にかけられ拒否される場合が多い。他企業で蓄積された知識は知りたいが、自社が蓄積した知識は外部に出したくない。

これは企業の基本習性である。

持続成長問題などでは、もっとも適切なヒヤリング先は取締役など企業トップ層である。幸いにして、かれらにヒアリングでき公表を許可されたとしても、企業機密に関わる重要事項については不言の世界が現れる。嘘はいわないけれども、口を閉ざして言及しない重要事柄がある。これは為政者の文書記録だけから歴史記述を行うさいの歴史学の問題に似ている。

歴史をさかのぼると、文書記録は為政者や支配階級のみによって残されている。その記録が真実であるにしても、為政者や支配階級のまなざしによる記録であり、大衆の視線は入っていない。このような文書記録のみによる社会全体の歴史記述は歪んだ社会像を与えることになる。同じように、不言の世界が絡んでくると、トップ・インタビューに基づく持続成長の記述さえも、不言の世界の介在により真の姿から歪むことになる。

こうして、事例研究によって実証しようとする多くの研究者には、ヒヤリングや内部資料が得やすいかどうかを基準にして、事例選択企業を選ぶ傾向が生まれる。まさに犬も歩けば棒に当たる世界である。しかし、どのような事例を選ぶのか。事例研究からその特定事例を超え、他の事例にも適用できる知見を得ようとするかぎり、事例選択は事例研究の命だ。それを誤ると、実践上あるいは理論上で重要な知見を引き出すことは難しい。

セブン-イレブンの持続成長のような、実践上あるいは理論上からきわめて重要な事例について、ほとんどの研究者は関心がある。しかし、以上のような研究方法論上の障壁の前に、多くの研究者は立ちすくんでいる。強い関心があるにもかかわらず、どう研究すればよいのか。それが見つからないのだ。

研究者のジレンマを生み出すこの問題状況は研究者だけに限らない。セブン‐イレブンの持続成長に強い関心を持つ他企業も同じだ。トップ企業や急成長企業など重要事例について、そのノウハウの真像に迫ることは容易ではない。研究者はそこで研究をやめるが、企業の場合は、容易に観察できる外形だけでも模倣しようとする。セブン‐イレブンがPOS導入で成功したからといって、POS導入だけを模倣しようとする。これなどはその典型例であった。

結果として多額の費用がかかるだけで何らの成果も得られなかった企業も多数あった。それはセブン‐イレブンにおけるPOS導入の成功が明らかになった一九八六年の時点においてでさえ、「セブンの成功の秘密はPOSだ」という意見と「POSは無駄な投資だ」という意見が併存していた（日本経済新聞社編、一九八六）ことに示されている。

◆恐竜学の教え

強い関心はあるが、必要なデータにアクセスできない。アクセスできるデータは実践上あるいは研究上それほど役立たない。セブン-イレブンの持続成長の秘密を探ろうとする場合に、実証研究者や他企業の観察者たちは、この種のデータ上のディレンマに直面する。それはどうすれば解決することができるだろうか。

この点で参考になるのは、恐竜学（ロックレイ、松川、小島、一九九一／平山、一九九九）の教えである。絶滅してしまった恐竜たちがどのように生活していたのか。当然のことながら、文書記録は皆無であり、恐竜たちにヒアリングもできない。しかし恐竜学は、骨などの体化石からその身体的特徴を再構成するだけでなく、恐竜がどのような生活をしていたのか、その生態についてもかなりのことを明らかにしてきた。生態を明らかにするさい、恐竜学が注目した資料は足跡の化石である。

近年、南極を除く残りの大陸から相次いで恐竜の足跡の化石が発見された。これらの化石は体化石に対して生痕化石と呼ばれる。それは恐竜の活動の証拠を示している。恐竜学者はこの生痕化石から恐竜生態を推測しようとしている。どのような地層から発見されたかによって、その恐竜が活動した時代がわかる。時代がわかれば、そのとき発見地の風土がどのような状態であったかの推測もできる。

歩行跡を見れば、ゆっくりと歩いていたのか走っていたのかがわかる。同種の足跡がある間隔で並行的に多く見られるかどうかによって、個体生活か群集生活かを判断する。歩行跡に急な方向転換が見られると、天敵に襲われたのではないかという仮説が浮かぶ。さらに、同じ地層から異種の足跡、体化石、植物の種子の化石が発見されれば、恐竜を取り巻く食物連鎖の推測が可能になる。

このように太古に生きた恐竜の足跡化石からさえ、その活動様式について多くの推測を行い、仮説をたて、その検証を行うことができる。恐竜にくらべれば、現代企業の足跡ははるかに鮮明に残っており、それが含む情報量もはるかに豊富である。恐竜の足跡化石に該当する現代企業の足跡の痕跡とは何だろうか。

その一つは企業の財務成果である。それは年度や四半期単位で、有価証券報告書などに記される。またその補足資料などには企業活動の重要な側面が公表されている。セブン-イレブンについても、一九七四年から現在に至るまでの、財務数字データは入手可能である。それらの動きを長期間にわたって観察すれば、セブン-イレブンがどのような方向に、どのような速度で歩んでいったか、その態様は把握できる。

有価証券報告書などに記された財務成果は貴重なデータであるが、主として事業活動の数量的側面しか捉えていない。数字を動かした事業活動の具体的内容については何も語っていない。しかも動きを捉える時間単位は、四半期、年度といった単位である。足跡の具体的内容を知り、その動きをもっと短い時間単位で記録した資料はないだろうか。

その種の代表的資料は、「日経テレコン」などで提供されている新聞記事のアーカイブである。新聞記事は半日や一日というきわめて短い時間単位で、新しい事業活動の具体的内容を報道してい

図1-3　セブン-イレブン関連の新聞記事件数

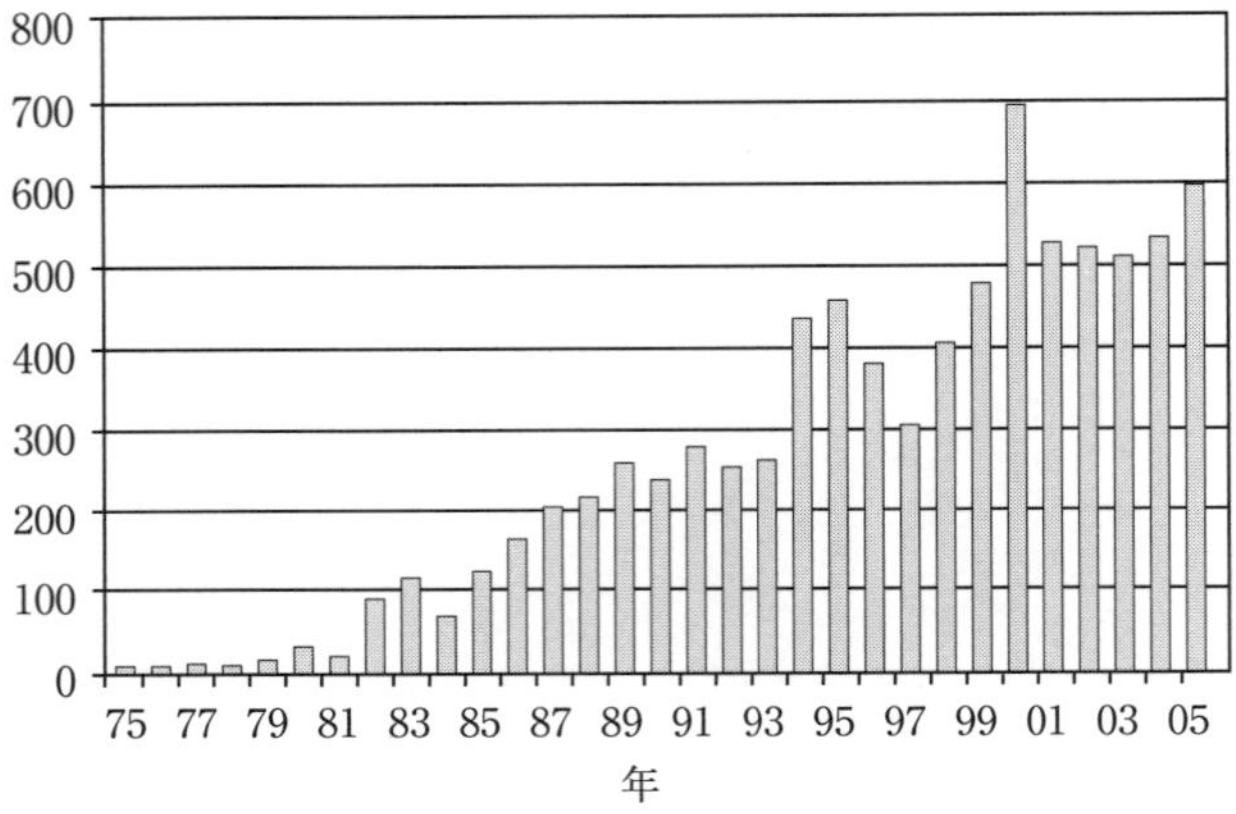

（注）日経新聞朝刊・夕刊、日経流通新聞（MJを含む）、日経産業新聞の記事総数

る。財務数字にこのアーカイブを加えれば、足跡の痕跡はほぼ完全に捕捉できるといってもよいだろう。情報化時代になって初めて整備された経営学の研究環境である。恐竜学はいうまでもなく、他の社会科学にくらべても、その情報優位性は歴然としている。

注目に値する企業であれば、その事業活動の新しい動きは直ちに捕捉され、アーカイブに記録・保管されることになる。セブン-イレブンの動きもこの例外ではない。セブン-イレブンの持続成長は、同社が流通業界における恐竜として進化していった過程である。一九七三年にサウスランド社との契約によってコンビニという新業態を本格導入した。当時、そのこと自体が話題になった。多くの人がその一号店の視察に出かけた。その後に最短時間での株式上場やコンビニの急成長を背景に、このトップ企業への世間の関心は強まった。

ジャーナリズムはこのような世間の動向に敏感に反応する。図1-3の年間記事件数の推移がそれを示している。八〇年代の中頃を過ぎると、セブン-イレブン記事件数は年間二〇〇件を突破する。バブル不況の中でも着実に持続成長を続けた九〇年代になると、記事件数は倍増し四〇〇件を超える年が多くなる。そして恐竜に成長した二一世紀には、セブン-イレブンについて年間五〇〇件以上の記事が書かれるようになる。セブン-イレブンの事業活動は、完全にジャーナリズムの監視下に置かれるようになった。

新聞記事アーカイブには、セブン-イレブンのように恐竜になっていった企業の事業活動をその出現年月日とともに記録し保管している。持続成長の原因を探る上で、この出現時点はきわめて重要だ。原因は結果に対して、時間的にかならず先行しているからである。これらはまさしく恐竜学における足跡の化石に該当する。新聞記事アーカイブはそれ自体有用であるだけでなく、新聞記事以外の二次データに記録されている種々な事業活動を、時間軸に沿って整理するさいの不可欠なベースでもある。

◆三種の足跡

新聞記事アーカイブを「セブン-イレブン」という用語によって検索すれば、創業より現在に至るまで二万件近い記事が出てくる。それらの記事を一覧すれば、その大半は三種の領域に関わっている。それらはフロント・フォーマット、バック・フォーマット、そして財務システムに関わる事業活動である。記事は文章からなるテキスト・データである。だから一つの記事でも、複数の事業領域に関わることもある。

フォーマットとは、特定流通企業の戦略を反映した基本的な活動パターンである（田村、二〇〇八）。それはフロント・フォーマットとバック・フォーマットからなる。フロント・フォーマットとは、セブン-イレブンの全店舗の諸特徴である。それは店舗網に関わるものと個店の特徴に関わるものとがある。各地域への出店数などは店舗網に関わる事業活動である。また店舗網が直営店と加盟店のいずれに重きを置いて作られるのか。これも店舗網の重要な特徴である。

流通論では個店の特徴を小売ミックスという用語で捉える。その具体的内容は、繁華街、住宅地、駅前、ロードサイドなど、どのような場所に立地するのか、品揃えの内容はどのような商品・サービスか、商品の鮮度はどうか、価格帯や接客サービスの水準はどうか、販促活動や店舗施設にどのような特徴があるか、営業時間はどうかなどである。

バック・フォーマットは、フロント・フォーマットを背後で支える事業活動である。これにはセブン-イレブン内部の活動と、他企業との連携によってつくり出される活動がある。内部活動には出店適地をどのように開発するのか、加盟店をどのようにリクルートしていくのか、加盟店支援をどのような体制で行うのか、加盟店との契約をどのような仕組みで行うのかといった事柄がある。これらの事業活動を律する組織構造、組織文化、知識、ルールなども内部活動としてのバック・フォーマットである。

バック・フォーマットは組織内部だけにとどまらない。商品や事業活動支援サービスの調達先との取引をスポット取引にするのか長期継続取引にするのか。長期継続取引にする場合、その取引条件をどう設定するのか。その内容は企業間物流システムの構築、情報システム連携、共同商品開発など多岐にわたる。このような企業間ネットワークもバック・・フォーマットの重要な内容である。

財務システムは、売上高、利益など企業の財務成果の動向と、それらの運用や資本調達に関わる活動からなる。財務成果は有価証券報告書などによって年度別に報告されるけれども、新聞記事は店舗の売れ行きなどその動向をいち早く伝えることがある。また資金の運用や資本調達に関わる事業活動なども、新聞記事の対象になっている。

フロント・フォーマット、バック・フォーマット、そして財務システムに新しい動きがあるさい、新聞はそれらをニュースとして伝える。それらのアーカイブは事業活動におけるセブン-イレブンの足跡を、時間軸に沿って克明に記録している。持続成長の因果問題に利用できるように、このアーカイブを原資料として、事業活動データベースを構築できる。

記事内容によって、それが三種の領域のそれぞれに関わるかどうかを個別に判定する。関われば

図 1-4　事業活動の円環過程

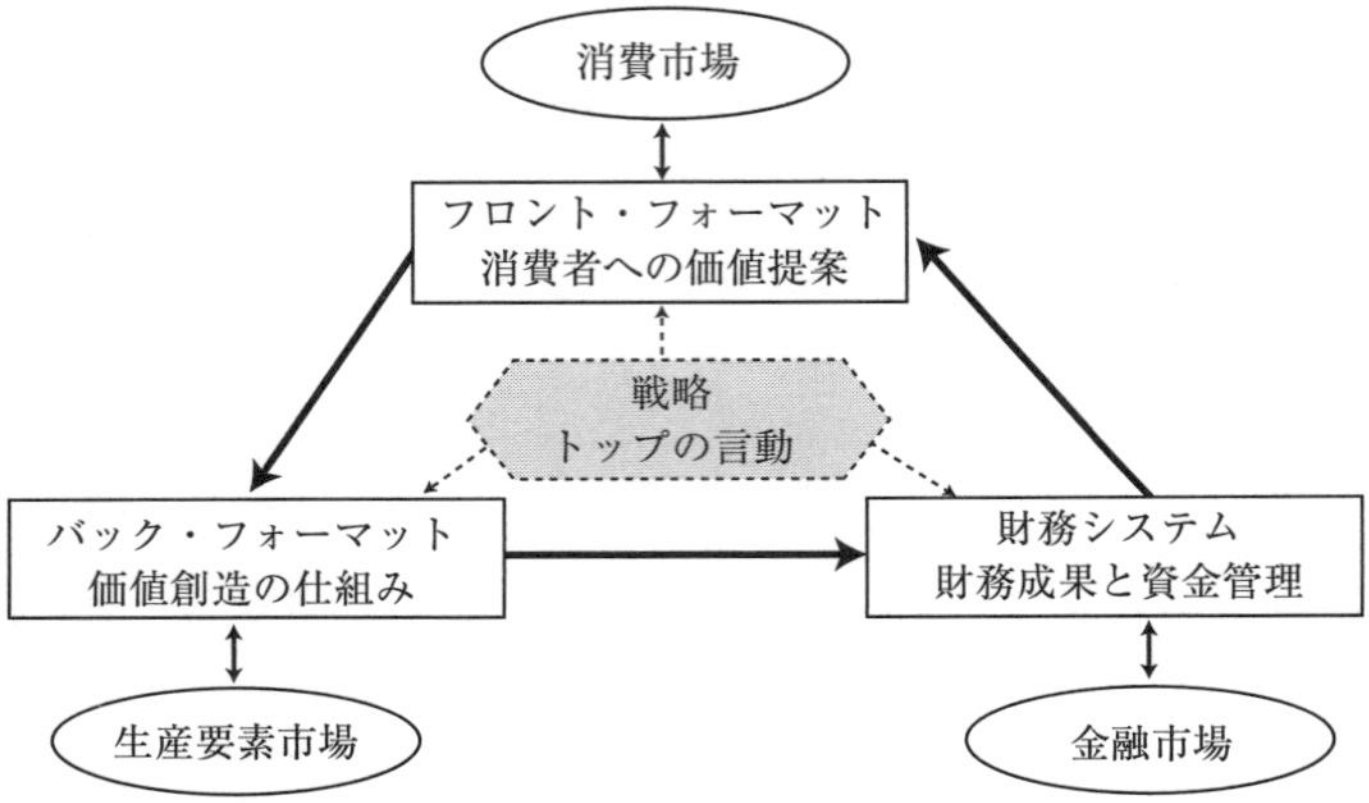

1、そうでなければ0のコードをつける。こうすれば一つの記事が複数領域に関わっても、データ処理上で問題は生じない。このようなコードは商品、出店、情報システム、物流システムなど事業活動の細目についてもつけることができよう。いずれにせよこの種のコードを各記事につけていけば、セブン-イレブン事業活動のテキスト・データベースができあがる。

記事が複数領域に関わっていても、ＧＲＥＰなど検索ソフトを利用すれば、大量のテキスト・データベースでも必要なデータは直ちに検索できる。この種のソフトでは正規表現を使える。それは、複合条件の下で検索する際に利用する標準的な手法である。この手法はインターネットなどでも容易に入手できる。検索に正規表現を使えば、領域Ａと領域Ｂに同時に関わる記事、ＡかＢのいずれかに関わる記事、Ａに関わるがＢには関わらない記事など、複合検索は容易である。

事業活動は企業目的を追求するために営まれる活動である。この目標追求システムという観点から見れば、フロント・フォーマット、バック・フォーマット、そして財務システムは、図1-4の太い矢印線に示すような、円環過程を形成している。

特定のフロント・フォーマットを維持するためにバック・フォーマットが作られる。フロント・フォーマットやバック・フォーマットの構築には資金がいる。さらに、必要な資金量を継続的に保つためには、それに必要なフロント・フォーマット、バック・フォーマットがいるというように円環過程は繰り返される。事業活動はこのような円環過程の中で遂行されていくのである。

フロント・フォーマットは、消費者への価値提案を行うための諸活動から成り立っている。それはセブン-イレブンと消費者の接点である。しかし、セブン-イレブンは消費者と一対一の相対《あいたい》関係で向き合うわけではない。向き合う場は消費市場である。そこでは多くの消費者と向い合っている。消費市場はフロント・フォーマットの状況（コンテキスト）である。フロント・フォーマットは、この消費市場と相互作用しながら、その動きを変えていく。

その動きを左右するのは消費者と競争者の動きである。消費者の目線から見れば、この消費市場ではセブン-イレブン以外にもローソン、ファミリーマートなど競合企業がある。セブン-イレブンは消費者にとって取引上の選択肢の一つに過ぎない。したがって、セブン-イレブンは価値提案に独自性を作りだし、消費市場で競争優位性を確立しなければならない。フロント・フォーマットの変化を理解するには、その状況となっている消費者行動と競争者の動きを合わせて考察しなければならない。

特定のフロント・フォーマットを構築・維持して行くには、それを支えるバック・フォーマットを作らねばならない。たとえば、店頭食品の鮮度を維持するには、温度帯別車両による多頻度・小口の高速物流システムが不可欠である。このようにバック・フォーマットは、消費者に提案する価値を創造する多様な活動から成り立っている。

価値創造の仕組みを作るために、流通企業は従業員を雇用し、また価値創造に不可欠な種々なサービスを自製するだけでなく、アウトソーシングによって購入しなければならない。それらは商品とその開発、土地・建物など不動産、物流、情報など多様な分野に広がっている。流通企業は価値創造に必要なものを生産要素市場から調達する。生産要素市場には、加盟店募集の市場、アルバイト、パートを含めて従業員を雇用する労働市場、品揃え商品を調達する卸売市場、そして業務遂行に必要な種々なサービスを購入するための業務サービス市場がある。

これらの市場で、流通企業は必要時にスポット取引によって調達するだけではない。継続的に必要になる商品やサービスについては、取引先と長期取引関係を結び、深い関係性を構築することがある。流通企業の価値創造の仕組みは、ポーター（一九九五）のいうような、その企業内部の価値連鎖（バリューチェーン）だけではない。

価値創造は、深い関係性で結ばれた企業間ネットワークまで拡大することがある。このネットワークも、価値創造のネットワークである。たとえば、セブン-イレブン店頭の「焼きたてのパン」は、このネットワークを抜きに語れない。それを支えているのは、各地域に立地するメーカーのセブン-イレブン専用工場、ＰＯＳ情報システム、納入業者が共同して行う多頻度・小口での物流システムなどである。この深い関係性で結ばれたネットワークは、長年にわたるセブン-イレブンの事業努力の産物である。

フロント・フォーマットとバック・フォーマットが作動すると、売上高と費用が発生する。これらは財務システムに流れ込み、種々な財務指標によって収益性やキャッシュフローの状態などが評価される。それは企業の業績が経営トップにより評価される場である。そしてこの評価に基づき、トップは、売上高成長や粗利益率向上のためにどうすればよいかなど、次期フォーマットの改善方向を指示することになる。また余剰資金が生じた場合にはその運用が図られ、資金が不足する場合には、借り入れや社債・新株発行によって金融市場から調達される。

企業規模が拡大していくにつれて、以上のような事業活動はますます複雑になり、多様な方向に拡大していく。足跡の方向性を見失わないために、一連の足跡からそれらを制御している戦略を推測する必要がある。戦略は日々遂行されている事業活動の長期的な枠組みを形作る。

戦略の実体は長期目的の下に束ねられ、編成された種々な事業活動の集まりである。しかし、戦略は同時に事業活動が遂行される場、すなわち事業の市場環境へのその企業の指向を強く反映している。具体的には消費者行動の動向にどう対応するのか、生産要素市場の供給者に対してどのように取り組んでいくのか、また競争者の動きにどう対抗するのかといった指向である。

売上高や経常利益などで、どのような成果が達成できるか。それには、たんに事業活動だけでなく、市場環境も大きく影響する。市場環境へのどのような指向を持って事業活動を推進するのか。これを決める戦略は、持続成長のような長期的な結果の原因を探る上からも、決定的に重要である。持続成長の因果問題を解決するには、個々の事業活動の背後にどのような戦略が潜んでいるのかを探ることは不可欠である。

もっとも戦略はアニュアル・レポートなどで語られる場合もある。またそれはしばしばトップの言動に明示的にあるいは暗示的に現れる。しかし、公開される戦略やトップの言動のすべてが戦略の真の姿を示しているわけではない。模倣が容易な流通業界では、真の戦略やその意図は、しばしば不言の世界に閉じこもり、そこから出てこない。出てきても、競争相手に煙幕を張り、煙に巻くためかもしれない。

トップの言動に匂い漂っている戦略構想を推測しなければならない。この意味で、セブン-イレブンの場合、長い間そのトップであった鈴木敏文や彼の側近たちの言動には、細心の注意が必要である。そのさい、その言動や公開開示された戦略だけでなく、それらに関連する事業活動の足跡を押さえ、裏をとる必要がある。公開情報の背後に潜む戦略の真の姿を推測し、戦略の存在を検証していく作業は不可欠である。持続成長の原因を探るには、三種の事業活動の確認だけでなく、その背後に潜む戦略の全体的な姿を把握しなければならない。

本書は以上のような問題意識と資料によってセブン-イレブンの足跡をたどり、そこからなぜ成長が持続しているのかを探ろうとしている。恐竜学からヒントを得ているので、このアプローチは恐竜の足跡アプローチと呼ぶこともできよう。このアプローチはセブン-イレブンだけでなく、主要な足跡が新聞アーカイブに記録されるような、恐竜に比すべき主要企業すべてに適用することができる。

◆データベースの構築

三種の足跡データは種々な情報源で記録されている。過程追跡するに先立って、それらをデータベースに統合しておくことが効率的な作業のため不可欠である。このため、本書の作業では、三つのデータベースが構築された。それらは基本活動DB、出店DB、新聞記事DBである。

基本活動DBは、一九七三年から二〇一二年までの各年度を分析単位（レコード）にしている。情報項目（フィールド）は、セブン-イレブンとその主要競争企業の事業活動である。その内容は、

(1)財務データ（貸借対照表・損益計算書項目とそれに基づく経営指標）、(2)フランチャイズ・システムでの店舗数、店舗の種類（直営店、加盟店、加盟店タイプ）、売上高などである。

財務データの情報源は、日経財務データ、日経バリューリサーチ、有価証券報告書などである。フランチャイズ・システム全体での店舗データは、セブン-イレブン社史（セブン-イレブン・ジャパン、一九九一、二〇〇三）、各社のIR情報、日経の「コンビニエンス・ストア調査」（日本経済新聞社編、一九七五―八二、日本流通新聞編、一九八三―〇一、日経MJ（流通新聞）編、二〇〇二―一四）である。

出店DBは、セブン-イレブンとその主要競争企業の出店地域を都道府県別に捉え、それを一九七四年から二〇一二年まで記録している。その情報源は、セブン-イレブン社史（セブン-イレブン・ジャパン、二〇〇三）、各社IR情報、「日本の総合小型店チェーン　コンビニエンス・ストア　ミニ・スーパー　全調査年鑑一九九三」（アイテマイズ、一九九二）、商業界データなどである。コンビニのようなチェーン店の企業成長は、その地理空間的側面を抜きにして語ることは難しい。またこの側面は、コンビニ企業間の主要な競争舞台でもある。出店DBはこれらを検討するために構築された。

新聞記事DBは、セブン-イレブンに関わる出来事を記録したテキスト・データベースである。データ源は一九七三年から二〇一三年までの日経本誌、日経流通新聞、日経産業新聞である。日経テレコンから、「セブン-イレブン」を検索語にして抽出された記事全件をダウンロードにすることによって作成した。もとのデータベースでは、日付、見出し、新聞名、記事本文などを含むが、これに記事内容を判読の上で、記事内容領域を示す三種の足跡コードなどのタグを追加した。これにより、記事内容検索だけでなく、タグ検索も可能になる。

過程追跡の方法

◆過程追跡とは何か

データ問題を解決できるとしても、セブン-イレブンのような単一事例において、データをどのように分析すれば、持続成長の因果問題を解決できるのだろうか。つまり単一事例における因果関係は、どうすれば実証的に究明できるのだろうか。

事例分析の方法論は近年ますます多様なかたちで展開しつつある（ブレイディ・H・E、コリアー・D編、二〇〇八）。その中で単一事例の因果問題の解明にもっとも有望な方法は、過程追跡と呼ばれる事例分析法（田村、二〇〇六）である。この方法は逸脱事例の分析にとくに有用であると評価されている（ジョージ・A、ベネット・A、二〇一三）。もともと政治学の領域で生まれ、近年、他の社会

図 1-5　過程追跡の枠組み

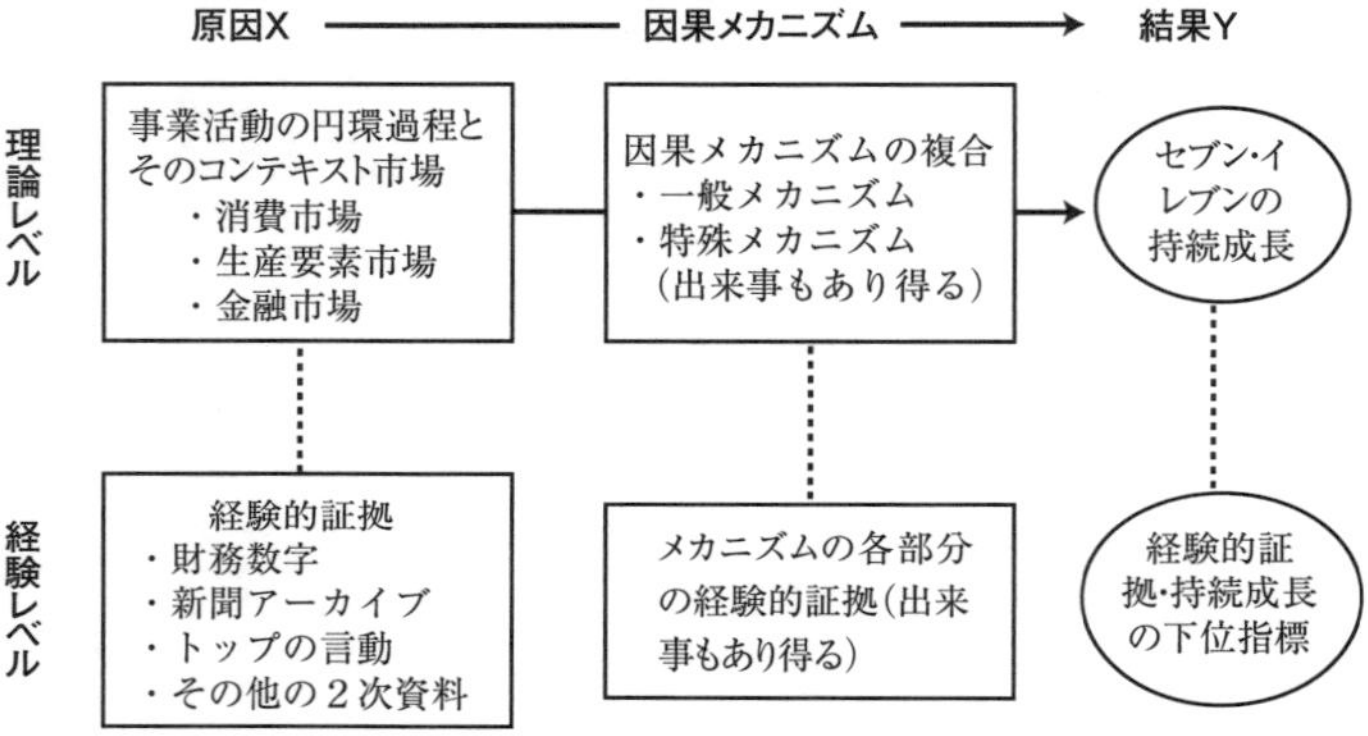

科学にも急速に広がりつつある。それは過程追跡法の教科書（Beach and Pedersen, 2013）が登場したことにも示されている。

セブン-イレブンの持続成長における過程追跡は、どのように行われるのだろうか。図1-5はその枠組みの概要を示している。

過程追跡の焦点は、セブン-イレブンの事業活動の中に、持続成長を生み出すどのようなメカニズムが含まれているのかを明らかにすることである。過程追跡での「過程」とは、原因（事業活動）を結果（持続成長）に結びつけるメカニズムのことであり、追跡とはそれが何であるかを究明することである。因果メカニズムは過程追跡という方法のキー・コンセプトである（Beach and Pedersen, 2013）。

因果メカニズムとは何だろうか。自動車の走行（結果）を例にとれば、その原因はエンジンである。エンジンはその作動によって動力を生み出し、その動力が因果力となって自動車を走らせる。走行している自動車を見ると、たしかにエンジンが動いている。しかし、エンジンと走行との共変動は、それらの間の因果関係を説明するものではない。過程追跡の考え方によれば、エンジンの動きがなぜ自動車を走らせることになるのかの過程を説明していないからである。

いうまでもなく、自動車が走行するのは、エンジンの動力が、ミッション（変速機構）、プロペラシャフト、デファレンシャルギア（作動歯車）、ドライブシャフトなどを通じて車輪に伝えられるからである。自動車の場合、エンジン動力を車輪に伝えるこのような仕組みがエンジンと走行との間の因果メカニズムである。因果メカニズムは原因が結果をいかに生み出すかの過程である。

持続成長の場合、事業活動との間の因果メカニズムは、自動車の例のように機械的なものではない。事業活動では企業内部だけでなく、外部の市場にいる人、組織、制度のような他者へ、動機付けなどエネルギー、情報、あるいはモノを伝え、それによって他者の活動に影響する。このような影響力が何らかの経路を経て売上高や経常利益にまで至るとき、その事業活動は因果力を持っている。メカニズムはこの経路を構成する諸活動の相互作動様式である。因果力はこのメカニズムを通じて成果に伝えられる。

事業活動における因果力の伝達様式は、しばしば非線形であるだけでなく、まったく逆方向に向かうかもしれない。因果力の持続期間にも長短がある。適切な店舗立地は地理空間の独占を含むから、長期にわたって因果力を持つ傾向がある。しかし先端情報技術のハード導入は、競争者の模倣があれば、その因果力を比較的短期間のうちに低下させるかもしれない。

因果力の伝達速度も原因によって様々だろう。POSデータ利用のノウハウなどは、時間とともに累積的に大きくなっていく。また従業員教育などの因果力は、ある一定の水準（閾値）を超えて初めて、その作用を及ぼす性格のものである。いずれにせよ、持続成長の因果メカニズムは動態的である。しかし、原因の因果力を伝達する過程であるという点では自動車の場合と同じである。

ある特定の因果メカニズムは、多くの場合、いくつかの部分の相互にかみ合った連動からなるシステムである。たとえば、セブン-イレブンの持続成長を支えたメカニズムの一つとして、納入業者から加盟店への多頻度小口の高速配送システムを例にとってみよう。このシステムは、店舗の商品鮮度を保ち、店舗競争力の向上を通じて売上高の成長に貢献した。このシステムは、加盟店主による電子発注、納入業者の工場・倉庫・営業所の需要地近接立地とそこでの企業内物流、そして複数納入業者による共同配送システムといった部分から構成され、相互に機能的に連動していた。

この例に見るように、因果メカニズムの各部分はエージェントの活動からなる。エージェントとは、活動の主体になる人、組織、制度、システムなどである。エージェントは主体とその活動に着目して識別することができる。その識別にさいして、エージェントは名詞で、活動は動詞で表現される。因果メカニズムの各部分は、誰があるいは何がどのように活動したかの様式、つまり事業活動の様式である。因果メカニズムの部分はその因果力を他の部分に伝え、全体として連動しながら結果を生み出していく。

因果メカニズムと各部分はどのように関係しているのか。部分としてのある活動様式（誰がまた何がどのように活動するか）は、それだけで因果システムを作動させるには不十分である。しかし、それを欠くと因果メカニズムができないという意味で、因果メカニズムの存在にとって必要条件になっている。

だから必要部分が一つでもなくなるとき、因果メカニズムそのものがなくなってしまう。前述の多頻度小口の高速配送システムの例では、その構成部分が一つでもなくなれば、因果メカニズムとしては存在しなくなるのである。あるエージェントの活動が因果メカニズムの必要部分であるかどうかは、それがないと因果メカニズムが動かなくなるかどうかで判断できる。

セブン-イレブンの持続成長がなぜ達成されたのか。過程追跡法の場合、この問題の解決は、通常の統計分析におけるような、事業活動と企業成果の相関関係を調べることではない。過程追跡法での解決は、持続成長を生み出す因果メカニズムの存在、つまり、それがあるかないかの究明にある。いいかえれば、どのような事業活動様式が持続成長を支えているかである。過程追跡法では、もしその種の因果メカニズムの存在が証拠により確認できれば、セブン-イレブン事業活動とその持続成長の因果関係を説明したことになると見なしている。

因果関係とは何かについて、この種の理解は決定論的である。それは統計分析における因果関係の確率論的理解とは異なっている。決定論的理解といえば、統計分析に頼る計量研究者は結果を一〇〇%説明する原因というように理解する。しかし、単一事例を扱う過程追跡法ではそのように理解しない。そこで決定論的な因果理解とは、個別事例における結果の原因として何が必要条件であり、何が十分条件であるかということである。必要条件とは、それがなければ結果が妨げられる条件であり、十分条件とはそれが存在すれば結果がかならず生じる条件である。

過程追跡法による事例研究で、因果関係をこのように理解する理由は何か。それはとくに単独事例で確率論的理解をすることが無意味だからである。単独事例で持続成長など特定結果が生じる確率は1か0である。すなわち結果が起こるか起こらないかである。原因となる条件も存在するかしないかである。つまり、1か0である。単独事例では多数の事例（標本）観察に基づく確率分布という世界は存在しない。

単独事例での因果関係の確認は、結果と原因について存在するか不在かを確かめ、それらの間に必要条件、十分条件、あるいはそれらの複合的組み合わせのような関連が成立するかどうか確かめることによって行われる。多数観察による統計分析ができない領域での因果理解はすべてこのような手続きを利用してきた。たとえば、この手続きの代表例として、裁判における有罪か無罪かなどの審理をあげることができよう。また、日本はなぜ第二次世界大戦に突入したのかといった問題を扱う歴史研究も、この種の因果関係を問題にしている。

因果関係について以上の二種の理解の源流は、一八世紀の英国の哲学者ヒューム（ヒューム、二〇一二）にある。かれは原因というものを二様に定義した。一つは結果と一定の生起関連を持つものであり、もう一つは、それが存在しなかったら、結果が生じないような要因である。前者はその後に統計分析として発展した。後者は事例分析などいわゆる定性分析の因果理解として定着した。現在では、これらは二種の研究文化として対立と補完の関係の中で並存している（Goertz & Mahoney, 2012）。

◆過程追跡の二種の途

セブン-イレブンはどのような事業活動によって持続成長したのか。事業活動と持続成長の間の因果メカニズムを、以下で持続成長メカニズムと呼ぶとしよう。セブン-イレブンのような単一事例での持続成長と事業活動との因果問題の究明は、持続成長メカニズムの存在を確認することによってできる。これが過程追跡法による主張である。しかし、データや資料からこの確認をどのように行うのだろうか。

持続成長メカニズムの一部は直接に観察できるかもしれない。しかし、その全体像については多くの場合、推論できるだけであろう。したがって、持続成長メカニズムの存在を確認するには、まず予想されるメカニズムのそれぞれを概念的に設定しなければならない。それはどのような部分を持ち、それらの活動がどのように相互作動して持続成長を支える成果に結びつくのか。これの概念化は現実の持続成長メカニズムの本質的部分を抜き出し単純化した理論である。持続成長メカニズムの存在はこの理論を実証することによって行うことができよう。

このための過程追跡への途は二つある。一つは理論検証型の実証である。近年、持続成長について関心が高まっているにもかかわらず、企業の持続成長論についての理論は数少ない。あるのは持続的競争優位理論（ベサンコ・D、ドラノブ・D、シャンリー・M、二〇〇二）ぐらいである。それによれば、経営資源の利用によって固有の企業能力を作り上げ、それに基づく競争優位性を競争者の模倣から防御せよと主張している。この種の理論は、セブン-イレブンの持続成長メカニズムを明らかにしているだろうか。理論検証型の実証はこの点を確かめるのである。

流通論では、セブン-イレブンを事例とした少数の研究と多くのビジネス書がある。研究書はセブン-イレブンをただ成功事例として取り上げるだけで、持続成長の事例として取り上げていない。そのため持続成長メカニズムそのものを取り上げた理論はない。しかし、メカニズムの一部を取り上げた部分理論と見なすことはできよう。たとえば、コンビニエンス・ストア・システム（矢作、一九九四）、デマンド・チェーン（小川、二〇〇〇）、粗利益分配方式（金、二〇〇一）など、コンビニやセブン-イレブン成功要因として指摘する研究である。

またビジネス書の大半はセブン-イレブン賛歌で満ちあふれている。その出版年次までのセブン-イレブンの成功を褒めたたえ、その主要な活動を物語っている。この賛歌も持続成長の部分「理論」と見なすこともできよう。理論検証型の過程追跡は、このような理論が持続成長メカニズムを明らかにしているかどうかの実証を行うのである。

セブン-イレブンの持続成長について、既存理論の中でそのメカニズムが解明されていないので、過程追跡の多くは、理論（メカニズム）検証型よりむしろ理論（メカニズム）発見型の作業になろう。これは持続成長という明確な結果から出発して、データから持続成長を生み出したメカニズムについての理論を作り上げる作業である。理論検証型の過程追跡が演繹的な推論であるのに対して、理論発見型の過程追跡は帰納的な推論であるといってもよいだろう。

◆持続成長メカニズムの範囲条件

実際問題として、持続成長メカニズムをどのように発見していけばよいのだろうか。持続成長は売上高や経常利益が長期間にわたり成長するという企業の全体的現象である。そのため、持続成長を事業活動と一気に関連させようとしても、メカニズムの詳細は出てこない。

図 1-6　セブン-イレブンの持続成長パターン

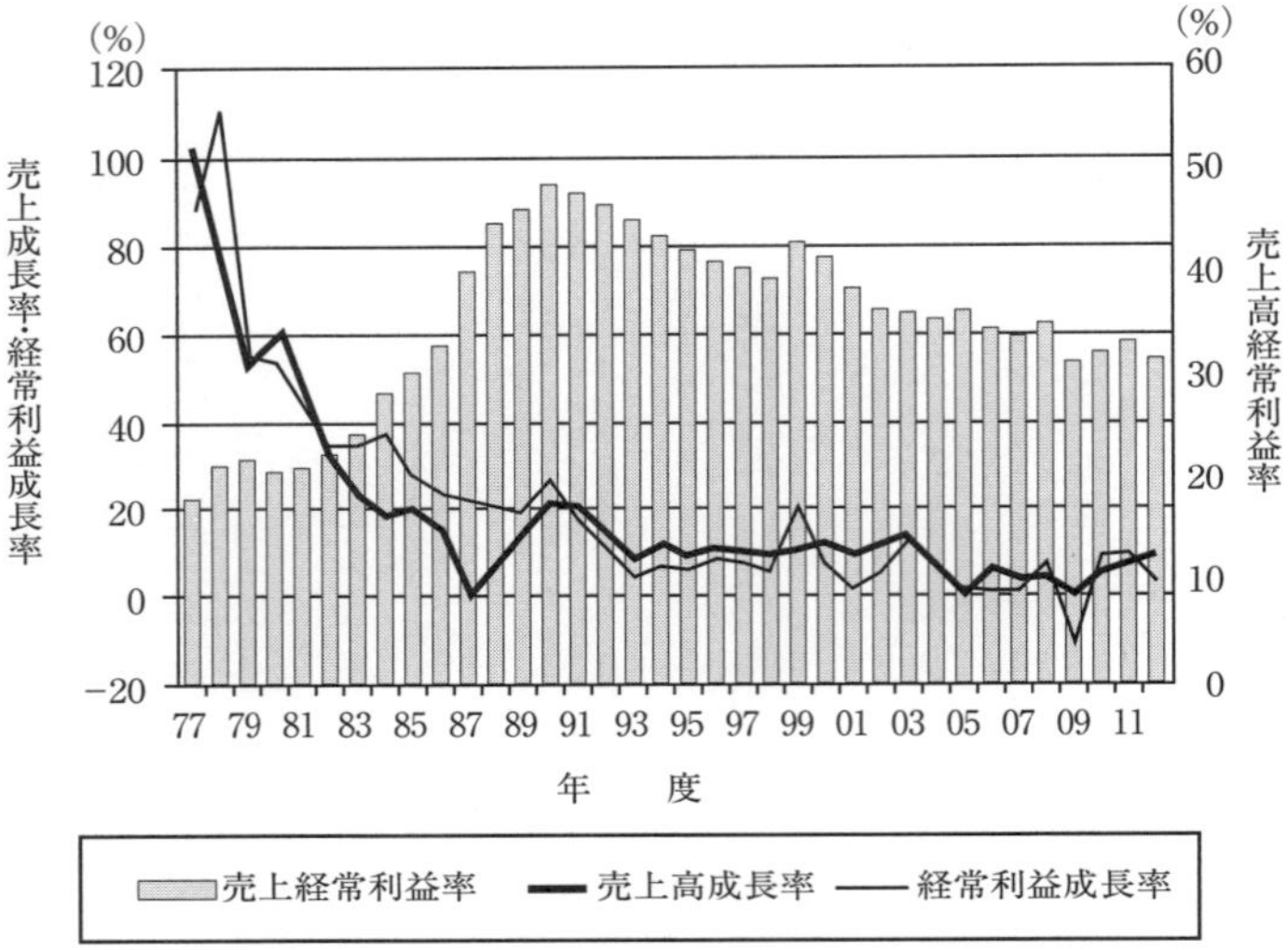

データ源：基本活動 DB、成長率は前年対比％

まず、長期間にわたるため、その間でメカニズムが変わっているかもしれない。そうであれば、いくつかの期間に分けて、持続成長メカニズムを検討する必要がある。その確認作業を効率的に進めるため、セブン-イレブンの持続成長パターンに注目しよう。持続成長を支える売上高と経常利益の年間成長率（前年対比の成長率）が四〇年間にどのように変化してきたのか。これを見れば、パターンを確認することができる。図1-6は持続成長の全体像を示している。

それには時代によって変わるいくつかの明確なパターンがある。

- 七九年の株式上場までは一〇〇%前後の驚くべき急成長である。この急成長率は東証一部上場の八一年から九〇年代初頭にかけて徐々に低下する。それ以降はほぼ一〇％前後の成長率に落ち着いている。
• 売上高と経常利益の成長率を比較してみると、興味深いパターンがある。九〇年代初頭までは、売上高成長率より経常利益成長率の高い年が多い。しかしそれ以降、二一世紀の初頭までは、売上高成長率の方が高くなる年がほとんどである。二一世紀の初頭以降は売上高と経常利益のいずれの成長率が高くなるかは一概にいえない。

このパターンの背後には売上高経常利益率の動きがある。この指標はセブン-イレブンの経営の収益効率を示している。それが伸びていけば、経常利益成長率が売上高成長率を上回ることが多くなる。売上高経常利益率の動きに関してとくに注目すべき点は、八三年頃から九〇年にかけてのきわめて急速な上昇である。ここで大きいイノベーションが行われたことを物語る。その後、時を経るにつれて、売上高経常利益率は徐々に低下するが、依然として高い水準を保ち続けていることに変わりはない。それは株式上場後のセブン-イレブンの持続成長を支えている主柱であろう。

時期によって変わるこのようなパターンは何を意味しているのだろうか。それは時期によって、セブン-イレブンの持続成長メカニズムが変わってきているということである。この点は従来のセブン-イレブン研究と本書を区別する主要な問題意識である。従来の研究は、セブン-イレブンをたんに成功事例として取り上げ、その成功の過程、つまり持続成長過程に目を向けていない。したがって、通時的に共通した成功要因しか摘出できない。

四〇年間にわたるセブン-イレブンの持続成長は、一定不変のメカニズムで支えられているわけではない。したがって時期別にその期間での持続成長を支えるメカニズムを発見しなければならない。このような点を考慮して、本書では持続成長の時期を、（一）一九八〇年以前、（二）八〇年代、（三）一九九〇年以降の三つの時期に分けている。

時期別に持続成長メカニズムを探求すると、その作業は歴史学の作業に似てくる。セブン-イレブンの歴史記述は、同社にまつわる一連の出来事を物語ることを主内容にしている（川辺、一九九四、二〇〇三）。その焦点はセブン-イレブンという特殊事例に集中している。

しかし、過程追跡法による記述は歴史記述ではない。分析の焦点は出来事の物語ではなく、むしろ各時期の持続成長メカニズムの確認にあるからである。これによって、過程追跡法はセブン-イレブンという特殊事例を超えて、他の事例にも適用できるかもしれない持続成長メカニズムを引き出そうとしている。この意味で、過程追跡法に基づく記述は社会科学的である。

もっとも過程追跡法でも、セブン-イレブンに特殊的な出来事にも注目する。たとえば、セブン-イレブンの持続成長メカニズムを、鈴木敏文のカリスマ的トップ・リーダーシップを抜きに語ることは難しいであろう。しかし、過程追跡法でもこのような特殊事例的なメカニズムにも注意を払うのはなぜか。それはメカニズムの中で、特殊事例的なものと他の事例にも適用できる一般的なものを識別するためである。一般的なものと特殊的なものに因果メカニズムを区分する。これは同時に、因果メカニズムが適用できる事例の範囲を限る条件は何かを明らかにすることでもある。

売上高と経常利益の年間成長率における時代的相違は、また特定の持続成長メカニズムの働きに時間的範囲があることを示唆している。ある時期では有効に働いていたのに、時期が変わるとそうでなくなる。この変化を生み出す最大の要因は、事業活動が行われる場としての社会や市場の状況（コンテキスト）条件が変わってくるからである。

具体的にいえば、事業活動の状況条件には次のようなものが含まれる。消費市場における消費者行動パターンや競争状態、また流通活動を規制する法律の変化、マクロ的な景気の動向などの市場条件の変化、さらには情報技術などの技術変化である。因果メカニズムの確認を行うさいには、同時にその有効性を支えている時代的なコンテキスト条件の検討が不可欠である。

これはセブン-イレブンの持続成長事例をその時々のマクロ的な社会経済的条件に照らして見ることに他ならない。歴史事例研究は、しばしば特定事例の範囲内に閉じこもる。その事例での出来事の時間的系列から生まれる物語の狭い世界だけに閉じこもり、その意味を十分に解釈できないことが多い。それぞれの時代のマクロ的な社会・経済的な諸条件を合わせて出来事系列を検討すれば、このような歴史事例研究が陥りやすい落とし穴をさけることができる（Sewell Jr. 2005）。

時期が異なれば、持続成長メカニズムが変わる可能性がある。それは持続成長におけるメカニズムの転換点（ターニング・ポイント）である。転換点の到来は、持続成長を支える成長率の変化軌道の方向が変わったり、あるいは大店法の規制緩和など成長率に関わる重要な体制変化によって確認できよう（田村、二〇〇六）。長期にわたる持続成長の秘密は、持続的競争優位理論や従来のセブン-イレブン研究が暗示的に主張するような一定不変のものではなくて、このメカニズム転換をいかに行っていくのかにある。そのさい、転換リーダーとしての経営トップの役割は決定的に重要である。

◆特定時期での持続成長メカニズムの追跡

メカニズムを追跡する時期を特定したとしても、売上高や経常利益の成長率を一気に事業活動と関連づけようとすると、メカニズムの詳細を発見することは難しくなる。売上高や経常利益の成長は、企業の全体的な成果であり、それには多様な事業活動が関連してくるからである。持続成長メカニズムの数は一つとはかぎらず、複数のメカニズムが関わっているかもしれない。

そこで、特定時期でのメカニズム発見の主要なステップは、

一、持続成長を支える下位成果は何であるかを、財務分析によって明らかにする。

二、その下位成果の水準を支える事業活動が何かについて見当をつける。

三、それらの事業活動を要素として、どのような持続成長メカニズムが考えられるか。それを概念化してコンセプトにまとめる。

四、そのコンセプトをもとに、関連する事業活動に漏れがないかをチェックする。このようになろう。

ステップ一は、事業活動様式の詳細を識別し、同時に複数のメカニズムが存在するどうかを検証するために不可欠である。ある時期での持続成長でも、単一のメカニズムで生じるとはかぎらない。持続成長といった複雑現象は、当然にいくつかのメカニズムが絡み合う可能性がある。売上高や経常利益は企業の全体的な成果であり、それらはいくつかの下位成果で支えられている。また、それに影響する複数の因果経路が存在している。

たとえば売上高の下位成果を例にとってみよう。セブン-イレブンの売上収益には直営店経由のものと加盟店経由のものがある。直営店売上収益はまさしくそこでの商品売上高である。これにたいして、加盟店経由の売上収益はセブン-イレブン本部のノウハウ提供というサービスへの対価である。加盟店からのロイヤルティ収入がこれに当たる。これらのそれぞれを成長させる事業活動は異なっている。直営店経由と加盟店経由では、それらの因果経路で働くメカニズムは、当然に異なるだろう。

またセブン-イレブンの売上高は、一店あたり平均売上高と店舗数の積でもある。売上高は、その下位指標である平均売上高と店舗数のいずれか、あるいはその両方によって成長させることができよう。この場合でも、それぞれの成長に必要と考えられる事業活動は異なっている。平均売上高の向上には店舗競争力の向上に資する事業活動が必要であり、店舗数の増加には店舗開発や加盟店募集といった活動が必要になる。当然にこれら二つの因果経路で働くメカニズムは異なっているはずである。

経常利益の場合も同じである。経常利益は営業利益と営業外収支の和である。また営業利益は売上高からさらに「販売管理費および一般費」（以下、販管費という）を差し引いたものである。営業利益と営業外利益のいずれを伸ばしても経常利益は成長するし、また販管費を引き下げていっても営業利益増を通じて経常利益は成長する。しかし、各経路で原因となる事業活動の種類は異なり、その結果として各因果経路で、どのようなメカニズムが作動しているのかも異なってくるであろう。

セブン-イレブンの持続成長を解明するには、理想的にいえば、多数あるメカニズムから、持続成長を説明するに最低限十分なメカニズムの存在を明らかにしなければならない。最低限十分とは、結果を十分に説明することができ、余分な部分は含まないという意味である。結果の重要な側面をすべて説明しているとき、それは十分な説明である。

しかし、ステップ一の作業はそれほど困難ではない。セブン-イレブンについては、創業時頃から現在に至るまで、主要な財務データが利用できる。また、売上高や経常利益に影響する下位成果については、流通理論や財務理論を使えば容易に確定することができる。有価証券報告書などは財務データの宝庫である。単年度の財務数字はそのときの会計処理の影響を受けて振れることがあるが、かなりの複数年度にわたって動きをチェックすれば、粉飾決算をしていないかぎり、トレンドを隠すことはできない。

ステップ二の作業でとくに有用なのは新聞アーカイブである。それはメカニズムを発見するさいの基本情報を提供している。セブン-イレブンを巡る出来事の正確で詳細な記録だからである。出来事にはかならず次の要素が含まれる。行為の主体、種類、対象、相手、舞台、発生時点・期間、そして行為動機・目標・目的などである（田村、二〇〇六）。これらはあわせて事業活動様式を構成している。

ある特定の持続成長メカニズムはいくつかの部分から構成される。各部分はエージェント（主体）とその活動からなる。成果に向かってそれらが連携作動することによって因果メカニズムができる。新聞記事の出来事情報はその要素としてエージェントとその活動の観察を含んでいる。観察はそのままでは証拠にならないかもしれない。観察を証拠にするためには、観察の正確性とその観察が行われたコンテキストを評価しなければならない。

観察の中から特定メカニズムの部分になりそうなエージェント活動に見当をつける。それらは売上高や経常利益あるいはその下位成果に重要な関連を持つと考えられるエージェント活動である。流通理論や経営理論に照らして、それらの観察が正確であるかだけでなく、それが生じた状況（コンテキスト）は何かを検討する。さらに、機能的に関連するエージェント活動を検索していく。

各記事はそれ自体で有用である。しかし、持続成長メカニズムを探る上でもっと重要なことは、それらの一連の記事を個別に取り扱うだけでなく、時間軸に沿って関連づけることである。各記事は写真と同じであり、静止画である。しかし、関連記事を時間軸に沿って連続的に配置すると、それは映画と同じ動画になる。それに他の二次資料も加味していけば、作動しているメカニズムの姿が浮かび上がってくることが多い。

ステップ三と四は理論構築におけるもっとも創造的な段階である。ここで創造しなければならないコンセプトとは、より正確にいえば、構成概念（construct）である（田村、二〇〇六）。それは問題の現象を見る一つ、あるいはいくつかの観点を強調する。セブン-イレブンは地下茎のように外部からは直接見えない収益源を張りめぐらしているという商根茎メカニズム（本書Ⅴ）、また九〇年代以降のセブン-イレブンの店舗展開は、店舗工場メカニズム（本書Ⅵ）で動いている、といったコンセプトはその例である。構成概念は、強調する観点に基づく認識の枠組みである。

構成概念はその強調点に基づいて、分析対象のどのような側面が重要なのか、各側面のどのような関連様式に焦点を合わせるべきかを指示する。構成概念は研究対象の現象の本質、あるいはその現象を動かす基本的なエンジンに深く関わっている。構成概念の創造は、現象の本質は何か、問題を捉える基礎概念は何かという問題への解答である。構成概念は理論的には存在するが、直接に観察はできない。しかし、それは研究課題の現象を捉えるさいの基本的枠組みを設定するのである。

◆過程追跡における因果推論の特質

セブン-イレブンの持続成長の謎を探求する過程は、全体として見ると、帰納（発見型過程追跡）と演繹（検証型過程追跡）を組み合わせながら、重要な因果メカニズムとその組み合わせを探求する過程である。しかし、この過程の中心になるのは発見型の過程追跡である。セブン-イレブンの持続成長（結果）については十分な情報がある。しかし、その成果を生み出した事業活動（原因）については、かならずしも明確にわかっていないからである。

このような問題状況での推論の第一の特質は、推論の出発点を結果（成果）に置くことにある。持続成長の特定下位指標などを出発点として、それを生み出すはずの事業活動様式を時間をさかのぼって探していくのである。そのさい、セブン-イレブン賛歌で指摘されている事業活動様式などは詳細探索の候補になるだろう。また、同じ時期の新聞アーカイブにしばしば現れる事業活動も探索候補である。

明確にわかっている結果から出発して、時間をさかのぼってその不明確な原因を探っていく。この推論手法は歴史学と同じである。この推論は、原因が生じてのちに初めて結果が生じる、つまり原因は結果に時間的に先行するというルールに基づいている。

また因果メカニズムの部分になるような複数の事業活動様式は、時間的に近接して存在する傾向がある。二つの事業活動様式の存在を隔てる時間が長くなるほど、それらが連動している可能性は低くなる。これは歴史家が相関性減少の原則（ギャディス、二〇〇四）と呼ぶものである。持続成長の期間をいくつかに区分して、その期間内で因果メカニズムを探すのはこの原則に則っている。

経路依存性というコンセプト（Arthur, 1994）も、因果メカニズムの部分となるような複数の事業活動様式を発見する上で役立つ。経路依存性とは、一連の出来事系列は初期条件に敏感に反応しその条件に依存する発展経路にロックインされるということである。経路依存性の観点から見れば、一連の事業活動様式をメカニズムに統合しやすくなる。発展経路を規定する初期条件とはどのようなものか。

経路依存性に基づいて生まれる場合、その因果メカニズムは、一連の事業活動様式の継起的な登場というかかたちをとって登場してくることが多い。ＰＯＳの整備、電子発注、納入業者による共同配送などはその例である。セブン-イレブンの場合、これらの出来事系列は後発者のコンビニ市場参入への対抗手段としてとられた。この状況（コンテキスト）が一連の出来事系列の初期条件である。セブン-イレブンが各時代にどのような経営問題をかかえていたか。それが多くの場合に初期条件になる。初期条件を明確にするには、セブン-イレブンがその時代にどのような市場状況や財務状態に置かれていたかを注意深く検討する必要がある。

以上のように、ある成果を生み出すと考えられる事業活動様式を探索し、それらをまとめていけば、次第にある持続成長メカニズムが存在するのではないかという仮説が形成されていく。この探索の各段階で、その持続成長メカニズムが働いていれば、存在するはずの事業活動様式の証拠が新たに発見されると、調査以前に持っていた持続成長メカニズム存在への事前信頼はさらに強まるだろう。この種の推論はベイズ推論と呼ばれる。単独事例での因果関係を推論していく過程の特質はこのベイズ推論の反復にある。ベイズ推論とはどのようなものか。

ある持続成長メカニズム仮説に基づき調査を始める前に、そのメカニズムの存在にたいして、調査者が持っている信頼を主観的な確率 P(H) で表すとしよう。主観確率とは何か。たとえば、蒸し暑い夏用にノースリーブの背広を作れば売れるか。たいていの人は九九%ぐらいの確率で売れないという。この意見は多数の観察から得られる相対頻度に基づく客観確率ではなく、その人の信頼を表している主観確率に過ぎない。信頼の強さを確率で表示しているのである。

これと同じように、確率 P(H) もその仮説存在への主観確率であり、調査を始める前に仮説存在に持っている研究者の信頼であるので事前確率と呼ばれる。未知の領域の調査研究を始める場合、この事前確率は低いのが通常である。

ある因果メカニズムの存在仮説が正しい場合に、その証拠として事業活動様式Eが存在しなけ

図 1-7　ベイズ定理

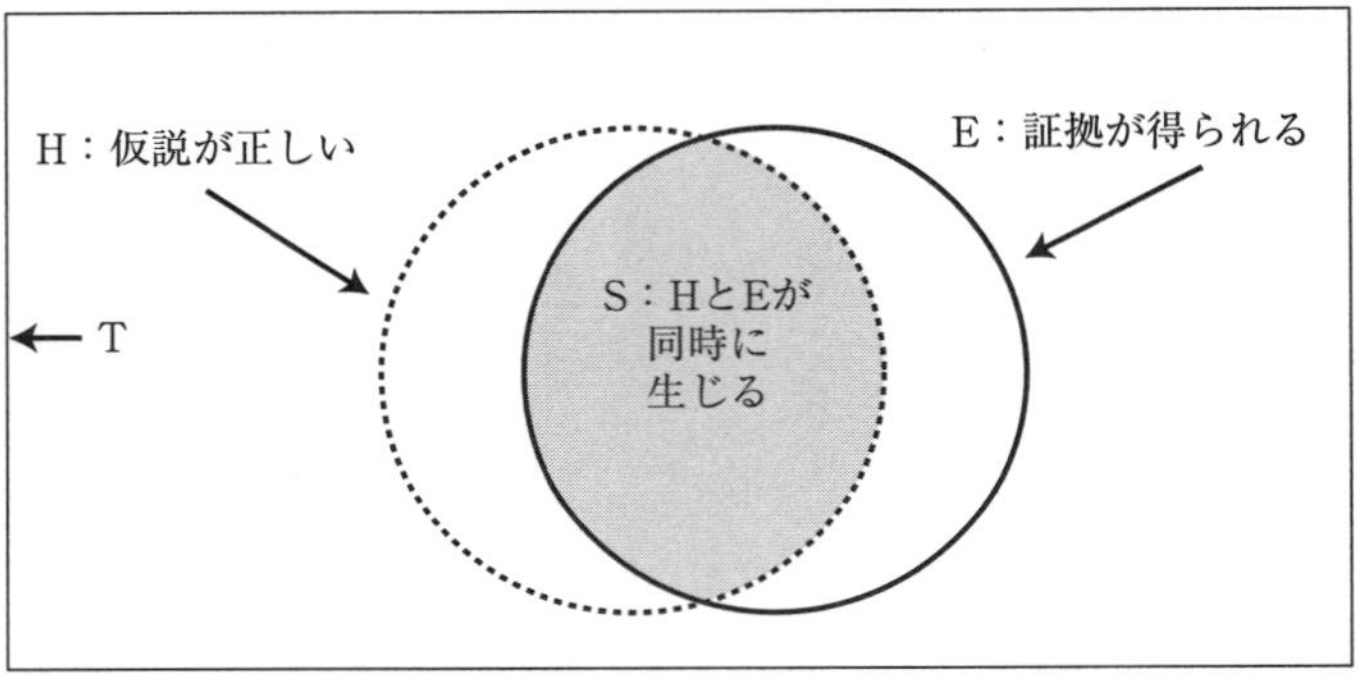

【解説】すべての事象が四角長方形T内にあるとしよう。Hの領域を破線円形、Eの領域を実線円形、これらが同時に生じる領域を重複部分Sとする。Hの確率$P(H)$はTに占めるH領域の割合であり、Eの確率$P(E)$はTに占めるE領域の割合である。Hが生じる場合にEが生じる条件確率$P(E|H)$は、H領域に占めるSの割合であり、逆にEが生じる場合にHが生じる条件確率は$P(H|E)$は、E領域に占めるSの割合である。このとき、

　HとEが同時に生じる確率$P(S)$は、＊を乗算記号として、$P(H|E)*P(E)$とも$P(E|H)*P(H)$とも書ける。つまり、

$$P(H|E)*P(E)=P(E|H)*P(H)$$

である。この式の両辺を$P(E)$で除すると

$$P(H|E)=\frac{P(E|H)*P(H)}{P(E)}$$

が得られる。これがベイズ定理である。$P(H|E)$は事後確率、$P(H)$は事前確率、$P(E|H)$は尤度と呼ばれる。ベイズ定理は証拠の獲得（追加情報）によって、Hの事前確率がどのように修正されるのかを示している。

ればならないとしよう。それを発見する確率は、その仮説Hを条件とした場合に事業活動様式Eが存在する条件確率P(E|H)で表すことができる。この確率は尤《もっとも》らしさという意味で尤度《ゆうど》と呼ばれている。さらに、その証拠が見つかる確率をP(E)としよう。

　幸いにして、その仮説が正しい場合に存在するはずの証拠が見つかったとしよう。その

さいの仮説に対する信頼度は、証拠Eの発見を条件とする仮説Hの主観確率（H｜E）で表すことができる。この確率は証拠発見後の確率であるので事後確率と呼ばれる。証拠を発見した後の事後確率は、新しい情報を得て、事前確率からどのように変化しているだろうか。

この変化の程度は、初級確率論で現れるベイズ定理で示されている（涌井、二〇一三）。それによると、事後確率P(H｜E）は、事前確率P(H）と尤度P(E｜H）の積に比例し、P(E）に反比例する。その仮説の証拠が発見され、またその証拠を発見する確率が低いほど、新証拠の発見によって、事後確率（H｜E）は事前確率にくらべ大きく修正される。重要な点は、追加情報によって、その仮説への信頼度が高まるということである。

そしてこの事後確率はさらに次の調査を始めるさいの事前確率になる。このようなベイズ推論は、新しい証拠の発見によって、その仮説への信頼を増やしていく人間の認知過程と同じである。持続成長メカニズムの推論過程は、以上のようなベイズ推論の反復により、そのメカニズムについての信頼を強めていく過程である。

Ⅱ　栴檀は双葉より芳し――セブン‐イレブンの不動点――

ＰＯＳを手始めとする情報武装、物流改革、チームＭＤ（マーチャンダイジング）による商品開発など、これらはセブン‐イレブンが先導した革新であり、またその持続成長を支える優位性基盤として語り尽くされてきた（矢作、一九九四、小川、二〇〇六など）。しかし、これらの革新の本格的始動は一九八〇年代に入ってからである。興味深いことに、それ以前にセブン‐イレブンは創業後の数年もたたないうちに東証への株式上場を果たしていた。情報武装、物流改革、商品開発以外の何が、セブン‐イレブン急成長の基盤となったのだろうか。

セブン‐イレブンの株式上場は東証二部が七九年二月、東証一部が八一年八月である。セブン‐イレブンの前身、「ヨークセブン」（七八年一月にセブン‐イレブンと改称）の設立が七三年、第一号店開店は七四年五月である。創業より六年目に東証二部上場し、その二年後には一部上場を果たしている。上場までの期間は当時では史上最短であった。

セブン‐イレブン創業を指揮した鈴木敏文は、「財務基盤を固めるため急がざるを得なかった」（鈴木、二〇〇八）といっているが、そのような希望があるにしても、どの企業でも上場できるわけではない。種々な上場基準を満たさねばならないからである。とくに関門は上場時の時価総額や近時の利益額である。優良成長会社でないとこの基準は満たせない。

事業開始の七四年度（七五年二月決算）では、資産合計は七・七億円、店舗数は一五店、全店売上高は七億円に過ぎなかった。経常利益で一・六億円の赤字を出している。しかし、二部上場を果たした七九年の前年には、店舗数は五九一店、全店売上高は七二五億円に達していた。

七七年度の資産合計は七〇億円にふくれあがり、創業三年目から黒字に転じた経常利益は、七七年度には一一億円の黒字になっていた。一部上場の直前の八〇年には店数は一、〇四〇店で、一、五三六億円の全店売上高を達成した。財務数字も急拡大する。八〇年度の資産総額は三二〇億円、経常利益は五三億円である。

セブン-イレブンは、創業からわずか数年で、驚くべき成長力を持った優良会社として登場していた。この成長力を支えたのは、創業三年目の七六年からの驚異的な収益力である。収益力の指標として、総使用資本経常利益率を使ってみよう。総使用資本とは、（総資産―短期負債）の期首・期末平均であり、固定資産と正味運転資本からなる正味営業資産を表している。経常利益とは営業利益に営業外収支を加えたものである。

七六年度から八〇年度の間、使用総資本経常利益率は二一から二六％で推移している。この間に、流通革命を先導したダイエーのそれは、七六年度の五・九％から八〇年度の三・四％にまで低下していた。当時、効率経営を誇ったイトーヨーカ堂でさえ、この間七・五から七・九％の間で推移した。創業まもないセブン-イレブンの収益力がいかに高かったかがわかる。

しかしこの収益力は、現在のセブン-イレブンの競争優位基盤といわれる情報武装、物流改革、商品開発力などが基盤整備される以前に達成されたものである。栴檀は双葉より芳しのことわざのように、同社は将来の巨大企業の幼樹として芽吹いた瞬間から香気を放っていた。創業時から上場時に至るまでの、セブン-イレブンの急成長と高い収益力は、どのようなメカニズムに基づいていたのだろうか。本章と次章でこの点を解明しよう。

どうすれば自由に出店できるか

何よりもセブン-イレブンのコンビニは、自由に出店し長時間営業できるようなフロント・フォーマットを持って登場した。フロント・フォーマットとは、消費者や競争相手からはっきりと見える店舗の諸特徴である。それには、店舗網、店舗造作、立地場所、品揃え、価格、サービス、店員などを含んでいる。フロント・フォーマットは、店舗が消費者に価値提案を行う場所である。

一〇〇㎡前後の小型店であり、その店主の大部分はかつて酒販店、食料品店、雑貨店、米穀店を営んでいた中小小売商である。その品揃えは日本産業の細分類における酒、菓子、パン、料理品、化粧品、書籍・雑誌、紙・文房具、煙草・喫煙具、新聞などの業種小売店のそれぞれの商品の一部を新たに編集していた。小都市や町村部に行けば、当時どこでも見られた日用品雑貨店を大きくしたものであった。そして価格帯もディスカウントを標榜せず、市場の平均的な水準であった。

出店と営業時間における自由、これはセブン-イレブンが急成長し上場を果たした七〇年代から、さらには八〇年代にかけての流通企業間の競争において、戦略的にきわめて重要な意味を持っていた。流通企業のほとんどの業態がその出店と営業時間を厳しく規制される中で、セブン-イレブン流のコンビニだけは自由に出店し、自由に営業できたからである。

◆吹き荒れる大型店紛争の嵐

流通業にとって店舗は製造業の工場に該当する。店舗の大規模化、店数の増加、そして営業時間の長時間化、これらは流通企業の成長を支える基本方向である。とくに巨大な消費市場が現れてくると、それを背景にこの基本方向は強力に推進されることになる。一九五〇年代後半からの高度成長による大衆消費社会の出現は、まさにこの巨大消費市場の誕生であった（田村、二〇一一）。

この時代条件を的確に捉えたのは、百貨店、スーパーなどの近代流通業である。彼らはその店舗をますます大型化した。店舗競争力はその店舗がどれくらい大きいかによって決まる。この店舗大型化への指向は、近代流通業の多くの経営者の信念にまでなっていた。高度成長に伴う人口の都市集中や郊外化によって、市場機会は都心部だけでなく郊外にも急速に広がった。これをとらえるべくスーパーなどはとくに、ますます大型化する店舗を郊外に立地させていった。

これらは商店街などに集積立地している既存の中小小売商の眼には、その存続を脅かす脅威として映った。高度成長によって市場全体のパイがまだ大きくなっていく間は、この脅威は潜在的なものにとどまっていた。しかし、七〇年代に入って経済成長が減速し始めると、脅威は現実的なものとして意識されるようになる。こうして、コンビニが生まれ、成長していった七〇・八〇年代には、大型店への脅威を背景にして、近代流通企業の自由な出店や営業活動の前に大きい壁が形成されることになった。

全国各地で大型店出店反対の嵐が激しく巻き起こり、大きな政治問題として吹き荒れていたからである（田村、一九七六）。反対運動の標的は、店舗が大型店であるということだけでなく、やがてその店舗規模に関わりなく、その開発主体が大手流通業かどうかということにも向けられるようになっていった。

セブン-イレブンの第一号店出店と同じ年、一九七四年に、大店法（「大規模小売店舗における小売業の事業活動の調整に関する法律」）が施行された。政令都市では三、〇〇〇㎡、非政令都市では一、五〇〇㎡以上の売場面積を持つ店舗を大型店とし、その出店申請にさいして売場面積や営業時間、営業方法などを調整するという法律である。営業時間については、年間総営業時間三、〇一五時間（閉店時刻午後七時、休業日数年間三〇日）が目安として示されていた。調整は申請面積の削減、営業時間の短縮などを含むものであった。

流通企業は地理的に広がる空間市場で競争する。この産業が立地産業とも呼ばれるのはこのためである。この構造特質が生み出す多様な市場機会によって、流通産業では大企業だけでなく、多くの中小・零細企業も共存している。新興企業が急速に台頭し、既存企業に存続の危機感を生み出すとき、流通における市場（経済）競争は政治闘争に転化する（パラマウンテン、一九九三）。欧米でも見られる現象であるが、わが国でも昭和初期に百貨店問題を発生させていた（鈴木安昭、一九八〇）。旧百貨店法を成立させた流通紛争である。同じようなことがスーパーの急成長によって生じたのである。

流通革命を先導したダイエーなどスーパーは、六〇年代後半から急速に大型店舗化し、大都市郊外や地方都市への出店を加速していた。これを存続への脅威と感じた各地の商店街・市場などの中小小売商が、全国的な政治的組織連合を形成して出店反対運動を繰り広げた。当時、百貨店法の規制下にあった百貨店は、スーパーの成長に危機を感じ、百貨店だけでなく大型スーパーも規制の対象とすべしという「共通の土俵論」を主張していた。

この運動は地方自治体、日本政府への陳情を波状的に行い、多くの政治家も巻き込み政治問題化していた。大店法の施行は、政治問題化したこの大型店問題にたいして、政治的な決着を目指すものであった。大店法に基づく調整の場は全国の市町村の商工会議所・商工会に設置された商調協（商業活動調整協議会）である。それは同法施行前にも存在した進出大型店とその周辺中小小売商の協議の場を公式化したものである。二〇人前後の商調協委員には中小小売商代表だけでなく、新たに消費者代表と学識経験者が加えられた。しかし商調協での議論をリードしたのは中小小売商代表である。

しかし、大店法は施行後まもなく風化し始め、流通企業の出店の前に立ちはだかる壁はますます高くなっていく（田村、一九八一）。その過程は次のように進行した。

大店法はその第一条で法の目的として、消費者利益の確保、中小小売商の保護（中小小売業の事業機会の適正な確保）、小売業の近代化（小売業の正常な発達）を掲げた。消費者、中小小売商、大型店という利害集団の要求をそれぞれ織り込んだ妥協の産物である。しかし個別の出店案件をこれらの目的を基準にして判断することはできなかった。目的達成度の操作的な指標や三つの目的のウエイトについて何ら示さなかったからである。しかも、主管官庁の通産省は、実質的調整を出店先地元に委ねる「地元民主主義」を採用しただけでなく、調整案における各委員の異論併記を嫌い、商調協委員意見の全会一致を行政指導した。

こうして実質的調整は商調協から、それに先だって行われる非公式的な事前商調協へ移行した。

そこは出店大型店と地元中小小売商の実質的な交渉の場であった。開店時期、売場面積、営業時間などが交渉の対象になった。交渉が長引き開店時期が遅れ、申請面積が大きく削減され、営業時間が削減されるほど、その出店の期待投資収益率は低下した。これを避けようとすれば、中小小売商が要求する多額の裏金を商店街近代化協賛金などの名目で払わねばならなかった。

全国各地での地元民主主義では大店法に代わって、中小商業者のいうことが「法律」になり始めていた。中小小売商の中には「俺が法律だ」と豪語する者もいた。こうして大店法施行後まもなく、地方では同法は急速に風化を始めた。たとえば、熊本市へのダイエー出店に対して、熊本商調協はゼロ回答を出した。大店法によれば一、五〇〇㎡以下は自由であるはずなのに、出店そのものを拒否したのである。

大型店出店の理由として社会政策的基準も登場し始めた。たとえば、大型店出店によって、

一、地価高騰の引き金になり住宅問題解決の妨げになる

二、交通過密、大気汚染などの公害が拡散する

三、道路、下水路など自治体の生活関連公共事業費が増加する

四、万引きなどの非行促進を始め、構造非行の温床を提供する

といったたぐいである。

大店法に定める基準面積一、五〇〇㎡以下の店舗も地方自治体の規制の対象になり始めた。地元

商業者の陳情を受けて、七七年には一都二〇県三市町村が中小型店規制条例・要綱を施行し始めている。そのほとんどは大店法上の基準面積にも満たない二〇〇㎡以上の店舗も規制対象とした。こうした地方の動きを受けて、政府は七九年に五〇〇㎡以上の店舗も規制対象とする大店法の改正を行った。

さらに中小企業庁は商調法（小売商業調整特別措置法）における小売市場許可規定（第三から四条）をスーパー、ショッピングセンターにも適用せよという通達を、七七年に政令指定都市の都道府県知事宛に出していた。食品市場のように生鮮食品を取り扱う場合、スーパーやショッピングセンターも商調法の規制下に置かれるようになったのである。

店舗の大型化や多店舗化によって成長を目指す流通企業は、まさしく四面楚歌的な状況に置かれていた。このような時流は、日本市場の開放を迫る日米共同協議を経て、大型店規制緩和が始まる九〇年代初頭まで続くことになる。

セブン‐イレブンの創始者、鈴木敏文がその事業を構想したのは、このような時代の嵐が吹き始めた時期である。彼は取締役として出店先の地元商業者との交渉の矢面にも立っていたし、新事業を開拓する業務開発の責任者も兼務していた（鈴木、二〇〇八）。セブン‐イレブン創業となって結実する鈴木の戦略構想には、以上のような時代条件が大きな影を落としている。「単に大型化路線をのみを追求していくことには無理と限界があるのではないか」（セブン‐イレブン・ジャパン、一九九二）という疑念である。

鈴木は大型店と共存共栄できる業態開発を目指していた。流通理論から見ると、この共存共栄には二つのかたちがある。一つは、大型店とともに商業集積を形成して外部経済を利用するかたちである。その具体例をあげると、都心繁華街における百貨店とその周辺の商店街や、郊外型ショッピングセンターにおける各店舗とテナント専門店の関係などである（田村、二〇〇八）。

他の一つは、高原の花畑に咲き乱れる百花のように、各業態がそれぞれの立地適所を得て一種の生態的均衡の中で共存していくかたちである。鈴木が目指したのは、この後者のかたちの共存共栄である。それは彼の持論、「大手と中小ではその機能が違う。地域に密着し、人々の日常生活の利便性、便宜性のニーズにきめ細かく応えていくことによって、大手にはできない役割を果たせるはずだ」（緒方、二〇〇三）に表れている。

この種の共存共栄のために重要な点は、新業態に対する既存業者の知覚イメージである。新業態は既存業態にとっては強力な競争相手として見られてはならなかった。どのような店舗フォーマットをとれば、このようなイメージを作れるのか。それに成功し、自由に出店できることは、新事業開発の絶対必要条件であった。

◆揺れ動くコンビニ・フォーマット

大型店紛争の嵐を避けるため、小型店としてのコンビニに着目したのは鈴木敏文だけではない。すでに一九七二年には、通産省・中小企業庁が監修して、「コンビニエンス・ストア・マニュアル」を作成・公表していた。その狙いは、小規模小売業の効率化、経営安定対策の一つとすることであった。このマニュアルでは、コンビニエンス・ストアのコンセプト、そのチェーン・システム、標準店舗のフォーマット、背後の物流システムなどの基本が記されている。

それによれば、コンビニの基本フォーマットは次のようなものであった。

- 立　　地　徒歩五―一〇分で来店できる位置
- 店舗面積　三〇〇㎡以下
- 品 揃 え　一般食品、日用雑貨、軽衣料、薬粧品、たばこ、酒。生鮮食品はセルフサービスができるもののみ
- 営業時間　地域内のスーパーや一般小売店より長く、また年中無休が原則
- 従 業 員　管理者に若干の店員という構成
- 組織形態　チェーン組織が望ましい

・顧客との関係　親密な人間関係の形成

セブン-イレブンが一号店を出す七四年頃には、すでに多くの企業がコンビニの研究、計画、実施を始めていた。しかし、そのコンビニ・フォーマットは、通産省・中小企業庁のマニュアルが公表されていたにもかかわらず、企業間で大きく揺れていた。その中でセブン-イレブンのフォーマットは特異なポジションを占めた。日経流通新聞が七四年三月に行ったわが国最初のコンビニ調査（日本経済新聞社編、一九七四）のデータを加工利用して、この点を示してみよう。

七四年はまさにコンビニ時代の幕開けである。同年三月セブン-イレブンがまだその一号店を出店する直前に、日経コンビニ調査の回答企業・団体一〇一のうちで一四がすでにコンビニを展開し始めており、計画中は二二、研究中は五一に達していた。セブン-イレブンはコンビニ開発の先発者とはいえない。

スーパー大手の中では西友ストア、近商ストア、清水フードセンター（新潟）がすでに実施段階に入っていた。七四年には西友ストアは七店、近商ストアは八店、清水フードセンターは二三店の出店を行っている。イトーヨーカ堂は計画段階、ダイエーは研究段階にあった。

コンビニに熱いまなざしを注ぎ始めていたのは、スーパー系の流通企業だけではない。団体系では熊本県青果食品小売商連合会、盛岡小売酒販組合が実施段階に入っていた。問屋系流通企業ではとくに大阪の中山福が七四年中に二六〇店舗を展開した。メーカーの雪印乳業も同年に六〇店舗を展開している。また、名古屋のいずみフードチェーン、大阪のKマートなどボランタリーチェーンも熱心であった。とくにKマートは七四年中に三一三店を展開し、コンビニ開発の先頭を走っていた。

スタート直後のマラソン・レースでは選手たちは大きい塊になって走る。当時のコンビニの開発レースも同じような状況にあった。どのようなスピードで走ればよいのか。ライバルとの関連で、マラソン選手に迷いがあるように、コンビニ開発レースでも、どのようなフォーマットがよいのかについて流通企業間では意見が大きく割れていた。

コンビニといっても、そのフォーマットは多様であり、企業間では標準的なコンビニ・コンセプトが明確に定まっていなかったのである。とくに焦点になったのは次のような点である。

- 小型店といっても、売場面積はどのくらいか
- 店舗の運営方式は、直営、フランチャイズ、ボランタリーのいずれをとるのか
- 開店、閉店の時刻、年間定休日数をどう定め、年間営業時間を何時間にするのか
- 品揃えの構成、とくに生鮮食料品の構成比をどのくらいに設定するのか
- 価格訴求をするのかしないのか。とくにそれを決める粗利益率の水準をどこに置くのか

これらにたいして、セブン-イレブンはどのような立ち位置を採ったのだろうか。

セブン-イレブンのフロント・フォーマット

◆規制対象危険外の小売場面積

七四年時点で計画・実施中のコンビニの売場面積の分布（図2-1）を見ると、八〇から九〇〇㎡の間に分布していた。いずれも七四年施行の大型店基準面積以下であるが、分布は左方に大きく歪んでいる。そのため、平均は二二〇㎡であるが、中央値は一六五㎡、最頻値は一五〇㎡になる。中央値や最頻値は数年後に各地に広がった自治体による中小型店規制条例・要綱における対象面積の二〇〇㎡をも下回っていた。

この分布の形状は小型店にたいする、近代流通企業経営者の時代的心情を映し出している。右側の裾野が長く伸びているのは大型店信仰であり、小型店では大型店に対抗し得ないという危惧である。これにたいして分布が左側に大きく傾いているのは、このような小型店でなければ大型店規制という制度障壁を超えられないとする意見が多くなっていることを反映している。

大店法が施行されても、底流には地方自治体による中小型店規制の動きも胎動し始めていた。多

図 2-1　実施・計画中の売場面積（1974 年）N ＝ 67

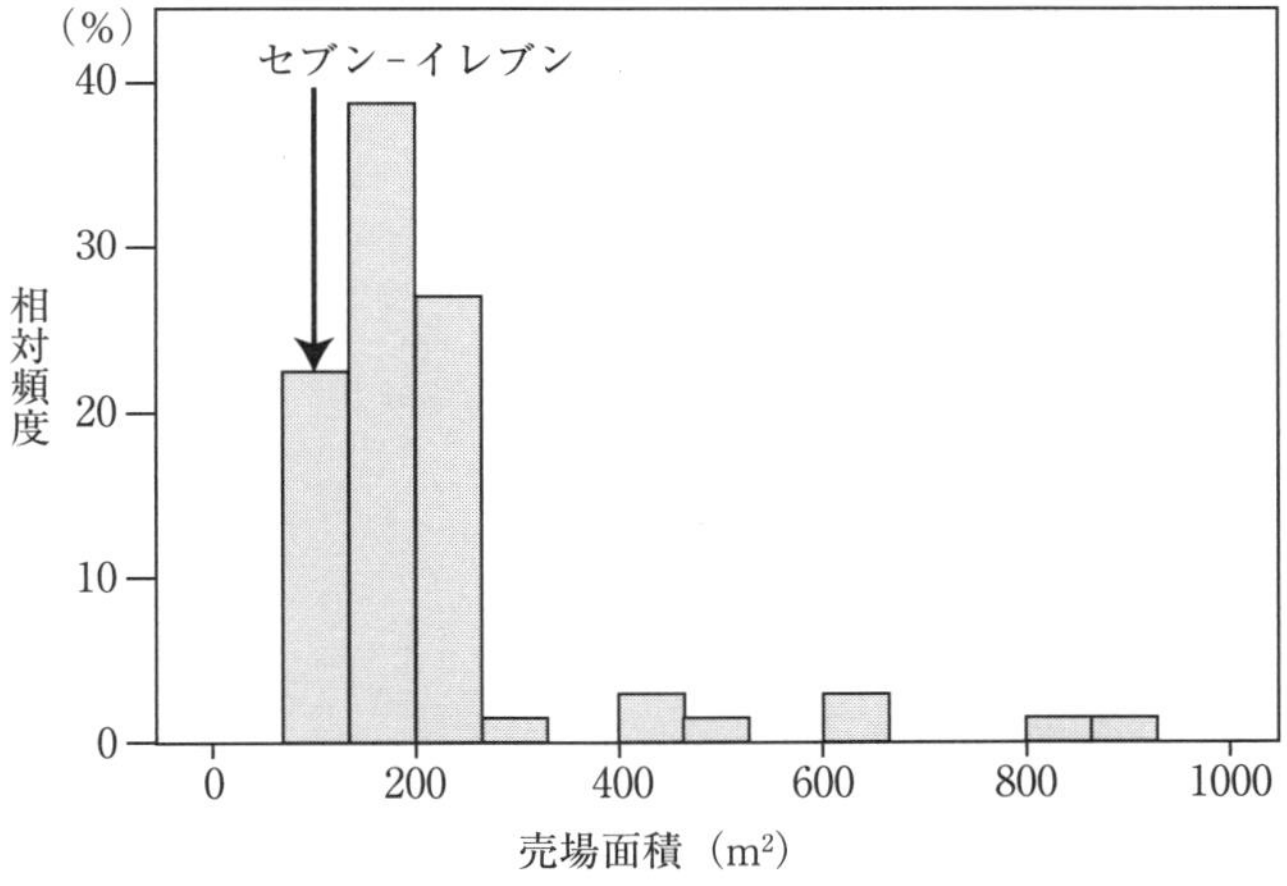

データ源：日経流通新聞「コンビニエンス・ストア調査」（日本経済新聞社編、1975）のデータを加工

くの企業がコンビニによって大型店紛争の嵐を避けようとしていたことは確かである。セブン-イレブンの七四年に開店した一二店は五〇から二三〇㎡であった。一〇九店に達した七五年では九〇から一八〇㎡である。既存の中小商店を加盟店化したために、その不動産物件により売場面積はばらついているが、標準面積は一〇〇㎡と考えていた。同社も他社と同じように、出店紛争を避けるために、売場面積分布の左端にその位置を定めている。

しかし、セブン-イレブンのコンビニへの関心は、たんに大型店規制を回避することだけを目指したのではない。コンビニの事業構想が持ち上がった頃、イトーヨーカ堂内部でもその事業化に反対する空気が支配した。そんなものを作っても、大型店には対抗し得ないというこの時代の規模信仰に基づく反対であった（セブン-イレブン・ジャパン、一九九一）。これらの意見は、既存の大型店との競争を考え、店舗規模分布の右側を見ていた。

これとは対照的にセブン-イレブンは店舗規模分布の左側を見ていた。そこには売場面積三〇㎡前後の中小零細小売店が多数いた。とくに食品・日用雑貨などの流通の大部分はこれらの中小零細店によってになわれていた。小売店の零細過多は当時の日本型流通システムのもっとも基本的な構造特質であった（田村、一九八六）。セブン-イレブンはこれらをフランチャイズによって組織化しその生産性を高めれば大型店にも対抗しうると考えた。それには店舗規模は一〇〇㎡前後で十分であると見なしたのである。

◆中小小売商を参加させる

コンビニの各店舗をどのように運営するのか。その基本様式は三つある。直営、ボランタリー、そしてフランチャイズである。消費者や競争者から見えるフォーマットのフロント部分からいえば、直営は大手流通企業の店舗として映じ、ボランタリーは中小向小売商の店として受けとめられる。

ボランタリー・チェーンは、中小小売店が相互に連携組織化して商標、仕入れ、物流などを共同化する組織である。その本部に各店の購買を集約して大口化し、仕入れ単価を引き下げる。その狙

図 2-2　運営方式の多様性（1974 年）N = 67

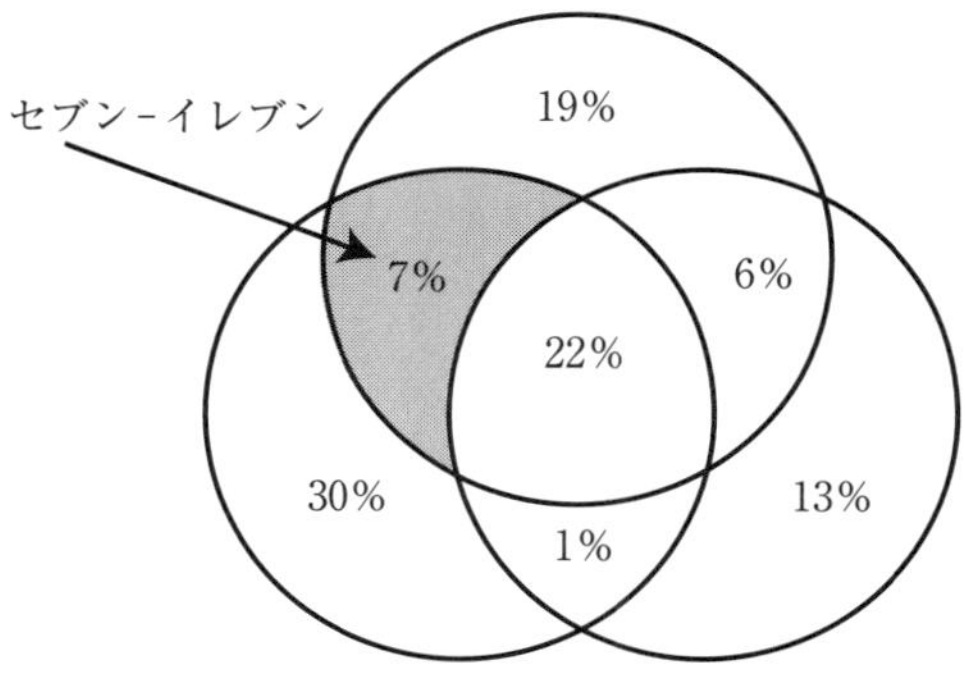

データ源：日経流通新聞「コンビニエンス・ストア調査」（日本経済新聞社編、1975）のデータを加工

いは、大手流通企業との価格差を埋めることであった。本部組織には小売主宰と卸商主宰の二種があるが、いずれにしても各小売店の事業的独立性は保持されている。ボランタリーは小売商同士、あるいは卸商も含めた協同組織だからである。

フランチャイズ・チェーンは、直営とボランタリーとの中間組織である。フランチャイズの提供者、つまり本部企業と加盟店とのフランチャイズ契約が組織の基礎である。本部企業は加盟店に対して経営上の種々なノウハウや店舗業務補助サービスを提供し、それに対して加盟店はロイヤルティ（フランチャイズ料）を支払う。ボランタリーにくらべると、フランチャイズでは各店舗のフロント・フォーマットはより標準化されるようになる。

セブン-イレブン創業の七四年当時、各コンビニの運営方式はきわめて多様であった。直営、ボランタリー、フランチャイズのそれぞれを運営方式とするコンビニだけでなく、基本様式を種々に組み合わせた運営様式も多く存在したからである。その様子は図2-2に示されている。フランチャイズだけというのは三〇%に過ぎず、それ以外に多様な運営様式が混在していた。たとえば、三つの基本様式を混在させたコンビニも二二%あった。この事態はコンビニ開発者の運営方式の迷い、不確実性を表していた。

セブン-イレブンのライバルになりそうなスーパー系の開発主体は、ほとんどフランチャイズを運営方式とするコンビニを考えていた。ダイエー、西友ストア、関西スーパー、清水フードセンター、平和堂チェーンなどである。またヤマザキチェーンや明治乳業などもフランチャイズによるコンビニ展開を目指していた。このような大手企業は米国への流通視察によって、フランチャイズの可能性についての知識をより多く吸収していたからである。

しかし、何よりも、直営にするとコンビニが大店法の抜け道戦略と解される恐れがあった。フランチャイズにすれば、コンビニは中小零細店の救済策であるという錦の御旗も使える。通産省・中小企業庁の「コンビニエンス・ストア・マニュアル」がそのように主張していたからである。鈴木が当初からフランチャイズにこだわったのはこの配慮に基づいている（田中、二〇一二）。

このような中で、米国の先進フランチャイズ技術の導入に関しては、セブン-イレブンの開発主体であるイトーヨーカ堂が先鞭を切った。米国のサウスランド社との契約に成功したからであ

る。同社はすでに、四、〇〇〇店に及ぶコンビニをフランチャイズ・チェーンに編成し成功していた。その契約は、

- 日本事業をヨーカ堂に委託する
- 出店地域は日本全土
- 出店数は八一年までの八年間に一、二〇〇店
- ロイヤルティは売上高の〇・六％

というものであった。この契約によって、セブン-イレブンは中小小売商を加盟店とするフランチャイズ・チェーンとして発足することになる。

七六年五月、セブン-イレブンの店舗は一〇一店となった。そのうちで七店は実験店や業務研修用の直営店である。加盟店のほとんどは中小小売商であった。残りの加盟店の前身は、酒販店六一、食料品店一五、雑貨店五、米穀店五、素人五であった（日経新聞社編、一九七六）。酒販店が大半を占めているのはなぜか。種々な業種の中でも酒販店には資力があり、また何よりも酒類を扱うに必要な、酒税法上の酒販免許を持っていたからである。

酒やたばこは主要な税源である。そのため、酒の小売販売は酒販免許制度による許可制であった。許可基準の一つは人口である。大都市では一、五〇〇人に一店、地方都市では一、〇〇〇人に一店、町村では七五〇人に一店といった基準である。もう一つのより重要な基準は既存販売場との距離で

ある。大都市や地方都市では百メートル以上、町村部では一五〇メートル以上といった基準があった。たばこについても、同様な距離制限がある。認可される既存店の距離は、指定都市、市、町村といった都市の格付けと、繁華街、市街地、住宅といった街区の特性の別に細かく設定されていた。

面的な店舗立地をするコンビニでは、多くの場合既存店との距離制限にひっかかった。そのため、酒、たばこを取り扱うには、すでにこれらの免許を持っている中小小売商を加盟店にする必要があった。酒販店は酒販売の免許はいうまでもなく、たばこの免許も同時に持っている場合が多い。酒販店が加盟店候補として狙い撃ちされたのはこのためである。

◆営業時間の限界を目指す

時間アクセスの便宜性はコンビニの重要な提供便益である。しかし、コンビニの営業時間についても企業間で多様であった。開店時刻は朝七時から一〇時の間に分布した。閉店時刻の分布は一八時から二四時にまで広がっていた。月間定休回数には〇回の店から四回までの店があった。

これらの結果、図2-3に示すように、年間総営業時間は最小二、五三六時間から最大五、八四〇時間にわたり広い分散を持った。この分散は経済成長期での労働条件の変化とそれへの対応が当時、商店でまちまちであったことを示している。

図 2-3　年間営業時間（1974 年）N ＝ 63

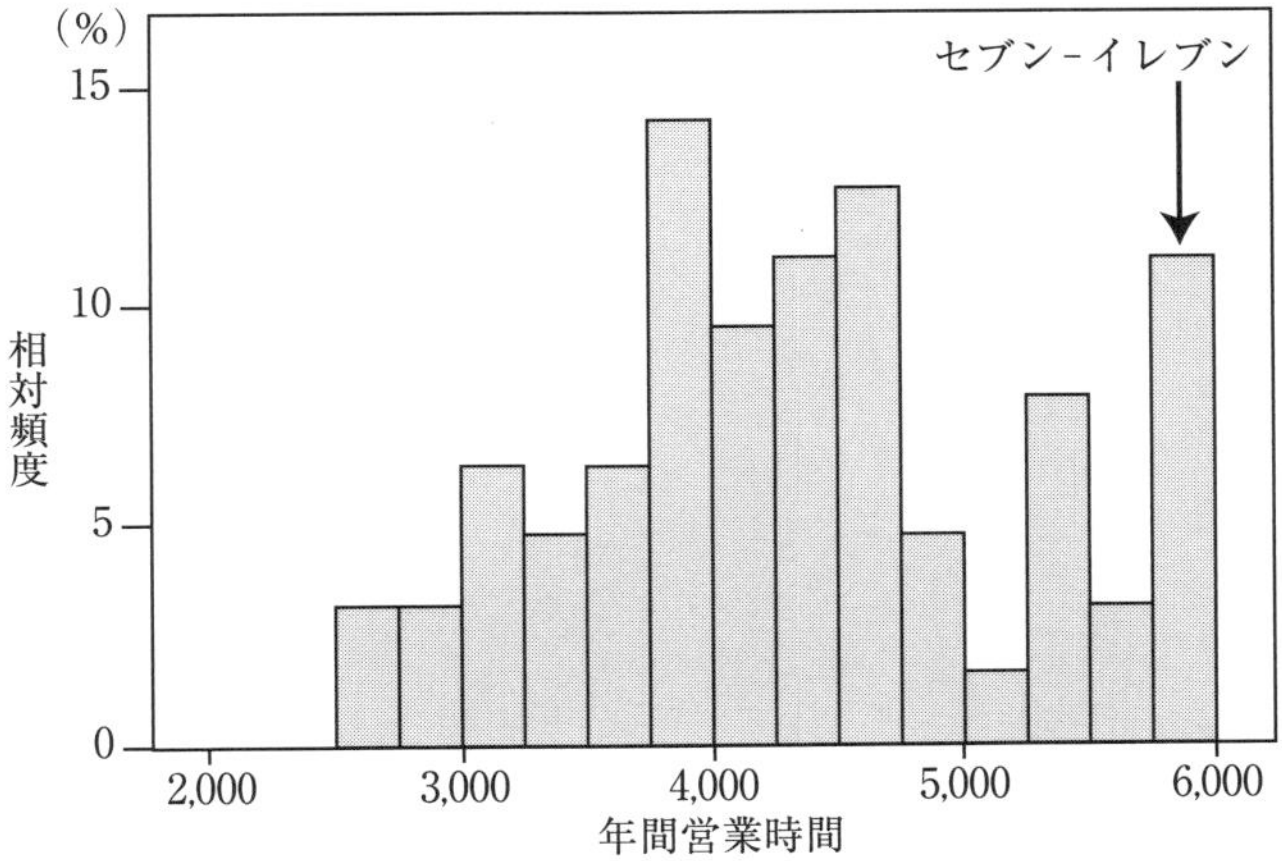

データ源：日経流通新聞「コンビニエンス・ストア調査」（日本経済新聞社編、1975）のデータを加工

一九六〇年以降、日本人の労働時間は経済成長につれて次第に短縮化し、六〇年代の終わりにはその初頭から一割程度減り、サービス業をのぞく三〇人以上の事業所の実労働時間は年間二、二〇〇時間程度になっていた。しかし、いつの時代でも、サービス業である小売店での労働時間は長い。とくに小零細企業ではそうである。経済成長が始まるまで、それを支えたのは、家族労働や義務教育を終えるとすぐに働き始めた商業使用人たちである。

しかし、経済成長は若者の雇用機会を増やしただけでなく、賃金水準を急速に上げていった。中小商店の子弟でも学業などに優れた者は、店を継がずに大企業などへ職を求めるようになった。商店の後継者難の始まりである。また経済成長の過程で中卒者のほとんどは製造業に吸収されていった。製造業は毎年もっとも高い賃金で彼らを雇用し始めたからである。こうしてとくに農村などからの商業使用人の供給は途絶えた。

また商店主の多くはまだ三〇から四〇代であった昭和二〇年代（一九四五―五五年）に商売を始めた人が多かった。七〇年代には彼らの多くは高齢者の入り口にさしかかり、長時間労働に耐える体力を失いかけていた。年間営業時間分布の左方は逼迫する商業労働条件に対応できない高齢店主の店舗であり、右側は店主が若いかもしくはパートなど新しい職制によって対応しようとした店舗である。

大型店の年間営業時間規制の通産省目安では三、〇一五時間であった。大店法施行後には出店大型店はそれよりもさらに一割程度短く二、七〇〇時間前後に制限されていた（田村、一九七六）。二、七〇〇から三、〇一五時間は、商店街などの中小小売商の営業時間帯に沿うものであった。コンビニの年間営業時間の平均は四、三六〇時間である。営業時間から見ると、コンビニの営業時間は大型店の一・五倍を超える。営業時間の自由がもたらした結果である。

米国で生まれたセブン-イレブンの名称の由来は、朝七時から夜一一時まで営業するからである。これに従って日本のセブン-イレブンも同じような時間帯で年中無休で営業を始めたから、その年間営業時間は五、八四〇時間となった。図2-2で見ると、セブン-イレブンは分布の右端に位置した。同社は七五年六月には、福島県で二四時間店の営業実験を始めた。営業時間の延長指向は創業当時

図 2-4　主婦が歩行圏で買いたい商品比率（複数回答）N = 114

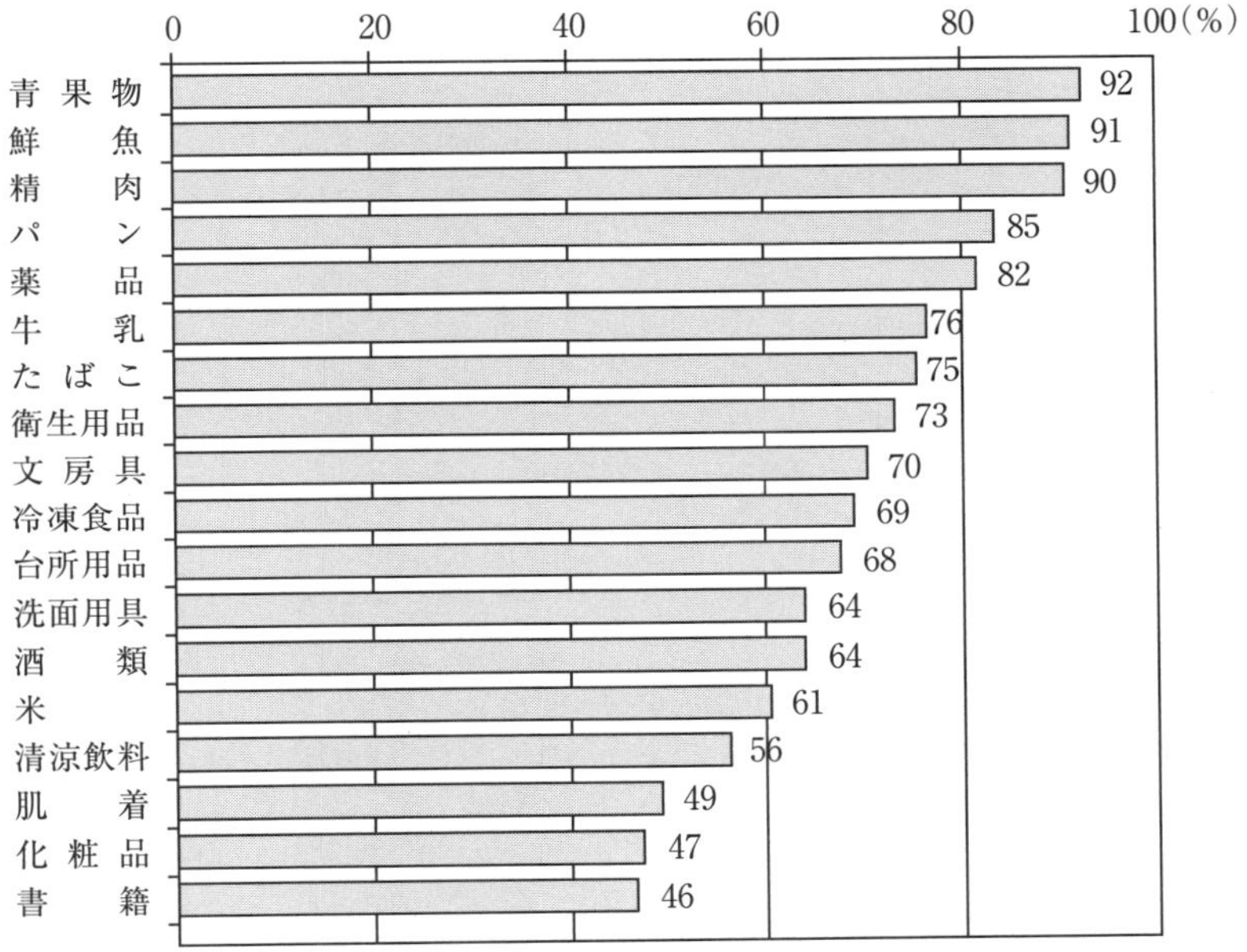

データ源：日経流通新聞による首都圏、近畿圏居住の主婦を対象とする調査（日経新聞社編、1974）のデータを加工

から強かった。営業時間の延長は、売場面積あたりの販売額など、店舗の生産性向上のもっとも単純明快な解決策である。

◆生鮮食品を扱わない

品揃えから見ると、ほとんどのコンビニは、一般食品、生鮮食品、雑貨などを取り扱おうとした。平均で見ると、一般食品三八%、生鮮食品三八%、雑貨ほか二四%である。食料品を中心とし、雑貨を若干加えた品揃え構成になっている。時間便宜とともに、コンビニは距離アクセスの便宜性を提供便

図 2-5　生鮮食品の比率（1974 年）N ＝ 63

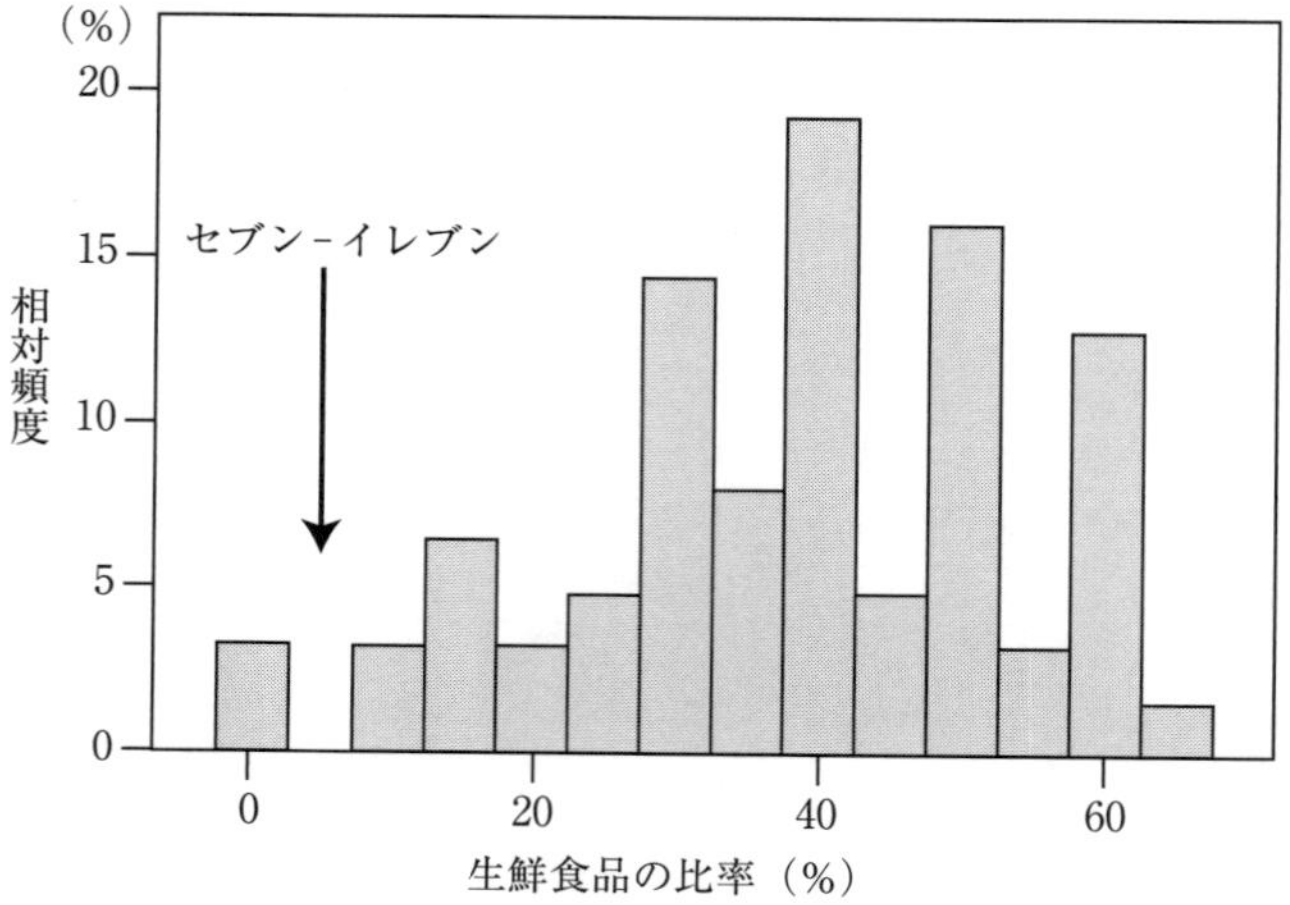

データ源：日経流通新聞「コンビニエンス・ストア調査」（日本経済新聞社編、1975）のデータを加工

益にする。コンビニの品揃えのこのような平均像は、当時の消費者の大部分を占めた主婦消費者の距離便益指向を反映したものであった。

　当時、日経流通新聞が行った主婦調査（図2-4）によれば、距離便益指向の高い商品の上位三位には生鮮三品が占めた。次いで、パン、牛乳、冷凍食品など一般食品が位置し、それらと入り交じりながら薬品、たばこ、衛生用品、文房具、台所用品などの日用雑貨が並んでいた。コンビニの品揃えの平均像はこのような主婦消費者の距離便益指向に対応しようとするものである。

　しかし、各企業レベルで見ると、品揃え構成はきわめて変化に富んでいた。とくにコンビニの性格に大きく影響したのは生鮮食品の比率である。図2-5を見ると、コンビニ間での生鮮食品比率には大きい分散がある。しかも分布は平均の三八％より右方向に歪んでいる。生鮮食品を重視したコンビニは少なくはない。かれらは生鮮三品が主婦消費者の距離便益指向の上位三位を占めるという市場の事実を重視したのであろう。

一方で、少数であるが生鮮食品をほとんど重視しないコンビニも存在した。生鮮食品の商品特性や卸売り流通様式が一般食品や雑貨とは異なっていたからである。生鮮食品は日持ちがしない。多くの生鮮食品の品質は鮮度が決め手になる。したがってその店頭在庫の日数はかぎられていた。しかも品質が産地によって多様に異なるので、その見極めはプロの目利き人が必要であった。魚などでは売場での有能な調理人が不可欠であった。多くの魚屋は丸物の魚を扱い、鮮度がよければ刺身としてさばき、それが落ちてくると焼き物や揚げ物にして売った。

当時の流通では、生鮮食品は各地の中央卸売り市場を経由した。そこには産地から収集された生鮮食品が集積していた。そこに集まった商品の種類と数量は季節、天候などによって日々変動した。価格もセリによって行われ、相場は絶えず変動していた。その取引様式は、メーカーが生産する一般食品や雑貨とはまったく異なるものであった。こうして、生鮮食品を一般食品や雑貨などとともに品揃えすれば、コンビニの業務活動における商品間での異質性が増大した。さらに生鮮食品を扱っていれば、企業が拡大するにつれ、商調法などの規制を受ける可能性もあった。

七四年当時、生鮮食品をほとんど扱わないコンビニは一割程度しかなく少数派であった。ほとんどのコンビニは距離アクセスの便宜性を提供便益の柱と考えるかぎり、図2-4に示すような主婦消費者の距離指向を無視できなかったのである。しかし、セブン-イレブンは少数派の一員であった。七五年時点での生鮮食品比率は一〇%である。原則はゼロであったが、加盟店の中には生鮮食品を扱う店もあったからである。いずれにせよ、生鮮食品比率の分布から見れば、セブン-イレブンはその左端に位置していた。

セブン-イレブンの品揃えは、菓子、パン、料理品、化粧品、書籍・雑誌、紙・文房具、煙草・喫煙具、新聞などの中小業種店の品揃えのすべてを包含するものではなく、それぞれの一部を編集したものにすぎなかった。セブン-イレブンの出店は、これらの業種店にも影響しただろうが、その程度は中小店主の知覚からすれば、蚊が留まった程度の痛み、いわばモスキート・アタックに過ぎなかったのである。

しかし、セブン-イレブンが生鮮食品をその品揃えから基本的には除外しようとしたのは以上のような配慮からだけではない。それ以上に重要なのは、そのコンビニエンス・コンセプトがサウスランド社からの教えにより、明快であったことである。サウスランド社では買ってすぐ食べられることを強調し一五分以内に消費できる商品を主体にした。家庭の冷蔵庫代わりというのは同社のキャッチフレーズであった。生鮮食品を食べるには調理時間を要する。このため即消費というコンビニエンス要件を満たさなかったのである。セブン-イレブンはこの教えに学んだ。

◆価格訴求を標榜しない

消費者へのコンビニの価値提案には、即消費だけでなく、距離や時間上のアクセス便宜性もある。それはコンビニが消費者に提供しようとする提供便益である。それにしても、提供便益の関連でその価格水準をどこに設定するのか。これは新業態の店舗フォーマット・デザインに関してつねに発生する基本問題である。

大別すれば、流通企業は差別化か価格訴求かのいずれかの戦略をとってきた。差別化をとる企業は、競争企業の持たないユニークな便益を提供し、その差別化を基に競争価格よりも高い水準に価格設定して価格プレミアムをとる。都心百貨店、高級専門店、あるいはトップ・メーカーのブランド・マーケティングの多くはこの差別化戦略をとってきた。それは高粗利、低（商品）回転の商法と呼ばれる。粗利益は価格と売上原価の差額であり、売上に対するその比率が粗利益率である。

価格訴求企業の場合、提供便益は市場平均並みであるが、費用削減により競争者よりも低い価格設定で消費者に訴求する。流通史に残る業態革新者の多くは価格ディスカウンターとして市場に登場した（マクネア・メイ、一九八二）。わが国では経済成長時代の流通革命を先導したスーパーはその例である。その商法は低粗利、高（商品）回転である。差別化が高粗利益率であるのにたいして、価格訴求の場合にその粗利益率は低くなる傾向がある。

いずれにせよ、その店舗の粗利益率は一般に店舗の価格水準の指標でもある。分布は中央値の二〇％を境にして双峰分布を描いていた。当時、二〇％は流通企業の戦略が価格訴求か差別化かの分かれ目であった。価格破壊を標榜したダイエーの粗利益率は六六から七〇年にかけて一〇・二三から一六・五％の間を推移した。七四年でも一八・四七％である。ダイエーと覇権を争った西友の同年の粗利益率は一九・〇三％であった。

コンビニの中でも粗利益率二〇％以下の店舗は、その提供便益が差別化には十分でなく、価格訴求が必要だと考えていた。一方、二〇％以上のコンビニはその提供便益が差別化になり、高価格を設定できると考えていた。また、価格訴求を標榜して急成長すれば、その進出を阻止しようとする勢力を育てる危惧があると考えていたのかもしれない。しかし、二五％以上の粗利益率を設定できると考えるコンビニはごく少数に過ぎなかった。

セブン‐イレブンはこの少数派にいた。七五年の粗利益率は二五％である（日本経済新聞社編、一九七六）。しかも、その翌年になると、店舗の粗利益率は二五から二九％の間に分布した（日本経済新聞社編、一九七七）。セブン‐イレブンの粗利益率が分布の右端部分に位置していたことは明らかである（図2‐6）。

セブン‐イレブンはなぜ右端に位置したのだろうか。考えられる理由はいくつかある。一つは三、

図 2-6　粗利益率の分布（1974 年）N = 62

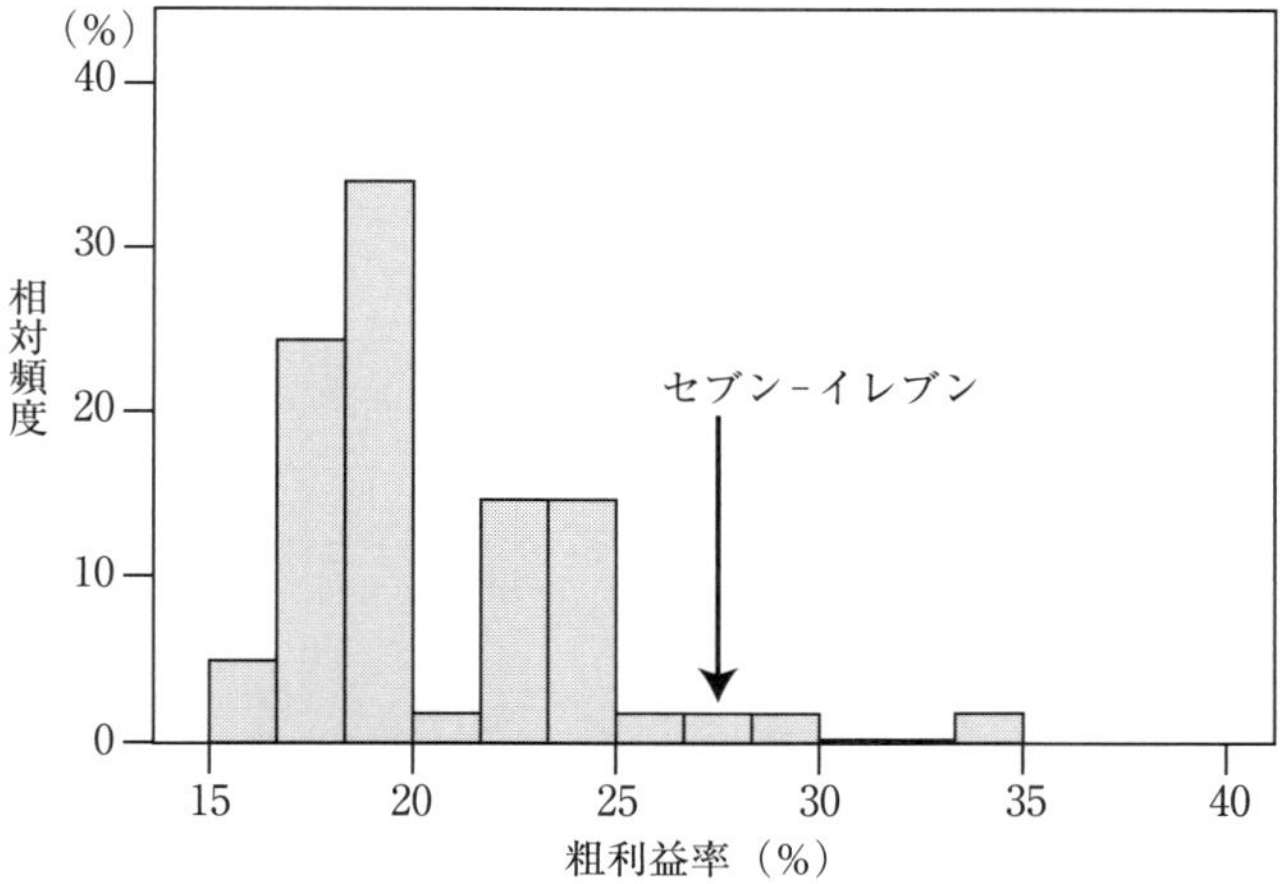

データ源：日経流通新聞「コンビニエンス・ストア調査」（日本経済新聞社編、1975）のデータを加工

○○○品目程度の小型店では、目玉商品でディスカウントを行ってもその関連購買波及効果はかぎられていることである。目玉商品（ロス・リーダー）はプロフィット・リーダーでもある。その低価格で店舗に吸引された客が粗利のより高い商品を同時に買う可能性があるからである。しかし、品種が食品・日用品にかぎられ、しかも三、○○○品目に絞り込まれている場合、このような関連購買は期待しにくい。

次に、価格訴求を売り物にすれば、中小小売商を敵に回すことになる。実際に、七○年代の後半に生じたダイエーのボックス・ストア騒動はこのような時代的空気が蔓延していたことを示している。ダイエーはボックス・ストアを埼玉にまず二○店舗集中出店すると公表した（日経新聞朝刊、一九七九・一〇・一四）。それは店舗に金をかけない倉庫型小型店で加工食品を驚異的低価格で販売しようとした。イトーヨーカ堂の関東基盤の掘り崩しを手始めに、全国制覇を狙うダイエーの八〇年代戦略の核に位置づけられていた。しかし、ボックス・ストアの店舗展開は、すぐに中小小売商団体、地方自治体などの出店反対のコーラスの中で挫折した。

しかし、低価格訴求をしなかった最大の理由は、サウスランド社とのロイヤルティ契約であった。難交渉の上で合意した売上の〇・六％というロイヤルティすら、当時の日本の流通企業の収益力からいえば高比率であった。たとえば、当時のイトーヨーカ堂の売上対比の税引き前利益率は三・八％、税引き後利益率は一・九六％に過ぎなかったからである。こうして、セブン-イレブンの価格帯は「商店街に対しては恐怖感を与えず、一方消費者には高いイメージを与えない」（セブン-イレブン・ジャパン、一九九一）水準に設定された。

以上のように、フロント・フォーマットの諸側面についての業界の意見分布に照らしてみると、セブン-イレブンはいわば異端のフォーマットを採用した。その立ち位置はいずれの側面についても極値を採っていた。この点でセブン-イレブンはコンビニ・フォーマットの革新者の要件の一つを満たしている。革新者が登場するとき、当初はつねに孤独である。革新者を支えるものは時流についての鋭い嗅覚とそれへの信念しかない。セブン-イレブンが売上面積分布の左端にその位置を定めたのは、まさしく時代判断に基づくものであった（図2-1）。

隣がどう考え、何をするかに想いをめぐらすよりも、セブン-イレブンの戦略構想は時流に照らして坂の上にどのような雲が現れるかを注視していた。その雲とは市場に急速に登場しつつあった新世代消費者であり、その新しいライフスタイルであった。それに焦点を合わせて、新しい流通フォーマットを創造しようとしたのである。「終わりなきイノベーション」は、同社の現在まで続く企業ロマンである。それはすでに創業時のフロント・フォーマット・デザインの中に立ち現れていた。

◆制度障壁を乗り越えたフロント・フォーマット

大型店規制とそれに伴う紛争は、いわば店舗展開に対する制度障壁であった。一般的にいえば、制度とは人間行動の定型的パターンである。このパターンは社会関係を円滑に営むために、しばしば社会を構成する集団やその統治者によって定式化され公認されることが多い。

大型店紛争に伴う各種慣行や法制化は、当時の日本社会における出店行動の制度化プロセスである。この制度化によって、既存業態の流通企業の店舗展開は困難を極めた。申請面積の削減、営業時間の短縮、出店調整期間の長期化、出店に伴う裏金の支出、これらによって店舗展開の効率は著しく低下した。つまり店舗展開への制度障壁として機能したのである。

流通革命を先導し積極的な店舗展開を行ってきたダイエーや西友の店舗展開速度は鈍化した。セブン‐イレブンの創業年度七四年から七六年までダイエーはその直営店舗を一店も増やすことができなかった。東証一部上場年度八一年までに、ダイエーの直営店舗数は一二五から一六五店に、またその直営売場面積は五八八、八〇〇㎡から一、〇四一、八四八㎡に増えた。七四年から八一年の期間、その年平均成長率は店数が四・〇％、直営売場面積は九・三％である。

ダイエーと覇を競った西友の事情も同じである。七五年から八一年について、西友の直営店舗数は一二〇から一四四店に、直営売場面積は二六一、九三〇㎡から五四九、二三九㎡に増えた。その間の年平均成長率は店数が二・六％、売場面積が一一・二％である。両企業ともに売場面積の成長率が店数のそれよりも大きくなっているのは、この間に店舗面積がますます大型化していたからである。

同じ期間にセブン‐イレブンはどのように店舗展開を行ったか。店数は一五店から一、三〇六店舗に増えた。その年平均成長率は八九・三％である。その店舗面積は一〇〇㎡前後に規格化されているから、売場面積もほぼ同じような成長率で増加したと見てよいであろう。

さらに重要なのは営業時間上の圧倒的格差である。大型店は通産省目安の三、〇一五時間から約一割減程度の年間二、七〇〇時間程度で営業していた。人手不足で閉店時間が早まり、また定休日の増えた商店街などもほぼ同じ営業時間であった。創業当時のセブン‐イレブンは七時から二三時まで年中無休で営業したから年間五、八四〇時間になる。それは大型店や商店街の営業時間の二倍以上であった。

こうして、七六年になると直営店だけでなく、いくつかの加盟店でも二四時間営業が開始した。年中無休で二四時間営業すれば、年間営業時間は八、七六〇時間になる。大型店や商店街の営業時間を二、七〇〇時間とすれば、三・二四倍になる。

セブン-イレブンの開店時間帯に閉店している店舗は、競争上から見ると無店舗と同じである。セブン-イレブンが朝七時から二三時の営業時間の場合、大型店や商店街との無競争時間帯はその営業時間の五四%を占めた。二四時間営業になると、それは六九%に拡大した。無競争時間帯は、キムとモボルニュ（二〇〇五）がいうブルー・オーシャンである。

それは競争者同士が客を奪い合い、血みどろの戦いを繰り広げるレッド・オーシャン（既存市場）ではなく、茫洋とした青き大海原のような無競争市場である。ブルー・オーシャンの発見が高収益企業をもたらすことを説いた彼らの書は二〇〇五年の出版後直ちに世界的なベストセラーになった。しかし、それに先立つ三〇年前にセブン-イレブンはその種の戦略を実践し始め、上場に向けて驀進し始めていた。

スーパーの品揃えは、コンビニの品揃えを完全に包含していた。両者の出店速度や営業時間の圧倒的格差は両業態間での、店舗展開に関する制度障壁の有無を抜きに語れない。店舗展開に関してスーパーには高い制度障壁が立ちはだかったが、コンビニの前には存在しなかった。

とくにセブン-イレブンは、そのフロント・フォーマットの主要な側面について、コンビニの中でも極値をとっていた。セブン-イレブンは店舗面積と生鮮食品取り扱い比率はもっとも小さく、粗利益率は高く設定し価格訴求はせず、中小小売商を参加させるフランチャイズの導入では先頭を走っていた。これらのポジショニングによって、セブン-イレブンの前には店舗展開に関する制度障壁は消えていた。制度障壁の消滅は、セブン-イレブンの驚異的な店舗展開にとって必要条件であった。それなくして、急速な店舗展開も長時間営業も不可能だったからである。

しかし、出店への制度障壁の消滅だけによって、セブン-イレブンが急速な店舗展開と長時間営業をできたわけではない。フロント・フォーマットを通じて、消費者に提供する顧客価値が大きくなければ、つまりその店舗に消費者が魅力を感じなければ、急速な店舗展開はできなかったであろう。それでは、セブン-イレブンのフロント・フォーマットは、消費者にどのような価値提案を行ったのであろうか。

どのような顧客価値提案を行ったか

◆店頭商品の顧客価値

イトーヨーカ堂の若き取締役であった鈴木がコンビニに出会ったのは、七〇年代初頭の米国研修旅行のさいである。帰国後、それが全米で四、〇〇〇店のチェーンを展開するサウスランド社のコンビニであったことを知る。大型店がひしめく米国で四、〇〇〇店舗展開しているのであるから、背後に「相当な仕掛け」があるに違いないと読んだ。それ以降、鈴木はイトーヨーカ堂内でコンビニ事業開発の唱道者になる（鈴木敏文、二〇〇八）。

店舗の大型化が時流であった当時、取締役のほとんどは小型店は大型店に勝てないと考えその事業化に反対した。イトーヨーカ堂の総帥、伊藤雅俊がその頃に筆者に語ったところによれば、個人資産を抵当に入れ借金してまで資本参加し事業化を目指す、鈴木の熱意にほだされ事業化を認めたという。そして伊藤は鈴木に付いて行きたい者がいるならば連れて行くことも認めた。しかし、出向ではなくセブン-イレブンへの転籍であった。

大会社が新規事業での別会社経営に失敗する原因の一つは、その経営を担当するため派遣する社員の退路を断たないからである。たんなる派遣では、別会社に行っても絶えず親元を振り返りながら作業をする。さらに、親会社の人事部が別会社のポストをその人事権行使の場として取り込んでしまうと、別会社に骨を埋めようとする管理者はいなくなる。退路を断たれることの怨念は、しばしば別会社を発展成長させようとする動機上のエンジンになる。セブン-イレブンでもこの種のエンジンが存在したのではないだろうか。

当初、鈴木はサウスランド社との契約に成功すれば、コンビニ経営の種々なノウハウを教えてもらえ、「それをそのまま日本に持ってくればすぐ通用する」と考えていた。しかし、サウスランド社から学び得たことは、加盟店との粗利益分配方式、オープン・アカウント・システム、ドミナント出店、二四時間営業、生鮮食品は扱わず消費者への近接立地とするといった、いわば事業の基本的骨格だけであった。

品揃え、立地場所、加盟店への細かい経営指導などについて、マニュアルも米国での研修もまったく役立たなかった。小売業務は流通と消費社会のインターフェースである。このため小売業務は各国の社会、文化の影響を大きく受ける。とくにコンビニが主力商品とした食品はこの消費文化の影響を受けやすい。米国ではサンドイッチやハンバーガーがファストフードであったが、当時日本でそれに該当するものは、あんまん、肉まん、そして江戸時代から続く寿司、おにぎりであった。

消費者への顧客価値提案はこの種の現地適応が必要な分野である。ここで顧客価値とは、店舗の提供物に顧客が感じる利得である。セブン-イレブンの顧客価値提案の内容は、この現地適応の苦闘の中から創造されたものである。鈴木敏文が着目したのは、コンビニが提供する顧客価値は誰が消費者であるかによって大きく変わるはずだという点である。彼のまなざしは日本の消費市場の新しい潮流に次第に注がれるようになる。

生産はモノを作るが、流通の業務はサービス提供である。流通は消費者にどのようなサービスを提供しているのか。仮に消費者がメーカーから直接に買わなければならないと想定しよう。この仮想事例と比較すれば、小売店などの存在によって、

- 近くで買える
- 営業時間内であり店頭在庫があれば、発注と購買は同時になる
- 品揃えの中から商品を比較でき、また同時に異種メーカーの商品を買える
- 小数量単位で購買できる
- 買い物に伴う楽しさがある

といったサービスを受けることができる。これらは流通産出の基本次元であり、流通理論ではそれぞれを店舗の立地分散化、引渡時間、品揃え、ロットサイズ、アメニティと呼ぶ（田村、二〇〇一）。流通システムによって、これらの産出の水準は多様に異なっている。

製品の顧客価値は、その製品に関して消費者が感じる知覚便益と価格との差額である（田村、二〇〇六）。知覚便益の大きさは消費者が支払ってもよいと考える最高価格である。たとえば、おにぎり一個に二〇〇円までなら払ってもよいと考える消費者にとって、その価格が一五〇円ならば、その商品の顧客価値は五〇円である。しかし、小売店頭にあるおにぎりの顧客価値はメーカー視点から見た製品そのものの顧客価値と同じではない。同じおにぎりでもそれを売っている店舗の業態により、付随する流通サービスが異なるからだ。それによって小売店頭でのおにぎりの顧客価値は変わる。

たとえば、昼間に店頭に置かれているおにぎりと、ほとんどの店や飲食店が閉まってしまう深夜にコンビニに置かれているおにぎりとでは、商品的には同じおにぎりでも顧客価値は異なる。昼間では二〇〇円までが支払い限度と考える若者でも、夕食もとれず深夜まで残業し腹を空かしている場合、その時間帯で唯一開店しているコンビニのおにぎりには二五〇円まで払ってもよいと考えるかもしれない。そのさいおにぎりが昼間と同じ一五〇円でも、その顧客価値は知覚便益が二五〇円になることによって、昼間の五〇円から一〇〇円に増加していることになる。

創業時のセブン-イレブンの品揃えは、酒、菓子、パン、料理品、書籍・雑誌、紙・文房具など、近隣商店街などの中小業種店でも取り扱っている商品群から、その一部を選択して編集したものであった。具体的には、サンドイッチ、ホットドッグ、ポップコーン、卵、缶詰、調味料、牛乳、ジュース、コーラ、ビール、週刊誌など三、〇〇〇品目である。おにぎりは加盟店でも二四時間営業が始まった七六年に品揃えに加わった（田中、二〇〇六）。品揃えの編集方針は、購買後一時間以内に消費される商品であった。消費者が欲しいと思ったらすぐ購買される商品である。セブン-イレブンの顧客価値提案はこの種の商品を近くでいつでも提供していることであった。

◆標的としての新世代消費者

セブン-イレブンは創業の七四年に、東京都四店、神奈川四店、埼玉三店、福島四店でスタートした。しかし、すぐにその顧客価値提案を高く評価する消費者が首都圏、とくに都内に集中していることを発見する。八〇年までの、各地での出店数の年平均成長率の相違がそれを物語っている。八〇年になると、出店数は東京二八六、神奈川一五五、埼玉一四一、福島九三になっていた。この間の年平均成長率は、東京都は一〇四％であるのに対して、神奈川は八四％、埼玉は九〇％である。首都圏にくらべて、都市化水準の低い福島は六九％にすぎない。

東京都内でも、セブン-イレブンは創業当初は東京都江東区に出店を集中した。サウスランド社から学んだドミナント出店である。半径二ー五キロ内に三〇店舗ほど集中して出店する高密度の多店舗出店様式である。この方式によると、地域での店舗認知度の向上効果や問屋からの小口配送を実現しやすいというメリットがあった。「江東区から一歩も出るな」、これは当初の出店戦略のスローガンであった（鈴木、二〇〇八）。しかし、なぜ江東区にドミナント出店することを決定したのだろうか。

たしかに加盟店第一号は江東区で商売していた酒販店であった。そうだからといって、江東区がドミナント出店の対象になったわけではない。七四年度でセブン‐イレブンは神奈川、埼玉、福島でも開店して、コンビニ・ビジネスの可能性を探っていたからである。他の地区で消費者の反応がもっとよいところがあれば、そこに集中出店したはずだ。

江東区は隅田川の河口部に位置し、江戸時代より運河、掘り割り、沿岸部を次々に埋め立て造成されていった地区である。江東区は江戸時代には深川遊里が栄えたところでもある。大名や富裕商人を主客に栄えた吉原遊里に対抗し、町人の遊興地として栄え、庶民文化を生み出した（田村、二〇一三）。また近隣には材木問屋が集積する木場があった。これらの地区は墨東の代表的な庶民の街であった。明治以降も、掘り割りや海岸沿いは次々に埋め立てられ土地造成されていった。

この地がドミナント出店の対象地区になったのはなぜか。それはセブン‐イレブンの顧客価値提案を高く評価する新世代消費者が集中する代表的地区だったからであろう。彼らの喝采を浴びて、一号店の日販は開店から一ヶ月ほどで酒販店当時の二倍に伸びた。セブン‐イレブンはこの地を創業発展の地として選び、新世代消費者を対象に新しい消費文化を生み出していくことになる。歴史は繰り返すというべきか。

新世代消費者とは、一九四〇から五五年までの間に生まれた世代である（田村、二〇一一）。それはいわゆる戦後生まれの団塊の世代と重なっている。一九七〇年には彼らは一六から三〇歳の年齢層になっていた。当時の人口構成の中でも、その比率が当時ではもっとも大きい年齢層であった。

社会の民主化と経済成長の中で育った彼らは、その上の世代とはまったく異なる消費価値を持っていた。個人的な嗜好を重視し、親たちの監視網を逃れて個人消費者として主体的に行動しようとしていた。ＴＶコマーシャル、世間の流行に敏感に反応し、次々に登場する新製品を受け入れた。戦後生まれの即席麺や種々な加工食品を子供の頃から口にしていた世代である。

新世代消費者といっても、いくつかのグループがある。まず最初に登場したのは、経済成長の過程で地方の農村部から大都市の臨海部の工業地帯へ吸引された若年労働者たちである。中卒、高卒の彼らは金の卵と呼ばれ、年々急上昇する賃金で雇用された。若くして親の監視網を逃れ、ある程度のお金を持つ若者が刺激の多い大都市で生活を始めたのである。江東区はこの種の新世代消費者が集中している地区であった。

さらに経済成長期には多くの工場が立地した。他地区への交通事情が悪かったので、若年労働者たちは社員寮やそこを出ても近隣の民営マンションに住んだ。さらに六七年には地下鉄東西線が大手町から東陽町の間で延伸した。都心への交通が便利になったので、東京に勤務するようになった若手サラリーマンも安い住宅を求めてこの地区に住むようになる。七〇年頃この種の住宅の居住者の中で、二〇歳から三五歳の年齢層が突出していた（由井、一九九四）。

これらの新世代消費者の居住空間はきわめて狭く、部屋に多くのものを置ける空間はなく、身の回りのものを必要なだけ置くだけでいっぱいになった。若者は食べ盛りである。三食だけでなく、中食、夜食もいる。勤務外時間や休日には仲間と酒を飲んで、夜遅くまで談笑することも多いであろう。このような生活スタイルの新世代消費者にとっては、年中無休で近隣にあるコンビニの顧客価値はきわめて高かったはずである。

新世代消費者は江東区のように工場労働者や木場問屋の従業員だけではない。個人として行動する新世代消費者は、親と同居していても、中学生や高校生にも広がっていった。彼らはコンビニでお菓子、文房具、雑誌を買い求めるようになった。さらに大学生も新世代消費者に加わった。東京には大学が多い。自宅通学者だけでなく、全国から集まった大学生の多くも下宿して新世代消費者に加わった。

これらの学生たちのライフスタイルの特徴は宵っ張りにある。経済成長のおかげで、六〇年代も後半になると学生たちにも経済的余裕ができ、かつてのように学資、生活のためのアルバイトに精を出さなくてもよいようになっていた。潤沢な自由時間のおかげで彼らのナイトライフは急速に拡大していった。

次々に登場した若者向けの深夜番組の盛行がそれを示している。六五年の文化放送による若者深夜番組「真夜中のリクエストコーナー」の成功を皮切りに、ラジオ関東、朝日放送、ＴＢＳラジオ、日本放送、東海放送など若者深夜番組が次々に登場していた。ナイトライフを楽しむ若者にとってコンビニは不可欠の生活基盤になった。

セブン-イレブンのその後の成長にとって重要なことは、若年の労働者や独身サラリーマン、そして中・高生やナイトライフを楽しむ大学生など、これらの新世代消費者は江東区だけでなく、都内のほぼ全域にいたことである。地面に這い出る無数の蟻のように、東京はこれらの新世代消費者がもっとも集中し徘徊している地域であった。かれらはコンビニのフロント・フォーマットが提供する顧客価値を高く評価した。東証一部上場までの期間にセブン-イレブンの出店がとくに東京に集中して行われたのはこのためである。

創業直後は東京全域がドミナント出店の対象地域であった。まもなく東京への人口集中とその後の郊外化によって、ドミナント候補地区は東京からその外域の首都圏全体に広がっていった。出店行動から見るかぎり、江東区を出るなという出店スローガンは、東京を出るな、そして首都圏を出るなというスローガンに急速に変わっていくことになる。現在においても、首都圏にはもっとも肥沃なコンビニ市場がある。この市場は、やがてセブン-イレブンの覇権市場の中核を占めるようになる。

◆覇権市場の構築をめざして

巨大流通企業は覇権市場を支配し、そこに市場基盤を置いている。流通企業として創業し急成長するには、流通市場の新大陸を発見し、そこに覇権市場を構築しなければならない。これは流通企業が業界先端企業にまで成長しようとするさいの基本法則である。覇権市場とは何か。それは潜在的顧客数が最大である市場領域で、巨大企業が支配する部分である（田村、二〇〇八）。

明治時代に、呉服商から百貨店として生まれ変わった三越は、東京山の手に居住し始めた新興エリートたちを覇権市場として編成していった。高度成長期に流通覇権を握ったダイエーは、都市郊外に総合型量販店の価格訴求を歓迎する流通市場の新大陸が存在していることを発見し、そこには覇権市場を構築しようとした。

東証一部上場までのセブン-イレブンも、その将来の覇権市場を発見しつつあった。それはアメリカ大陸を発見するに先立ってカリブ海諸島にたどり着いたコロンブスの航海に似ていた。セブン-イレブンが発見しつつある覇権市場は、多くの流通企業が目指した覇権市場とはその性格がまったく異なるものである。

第一に、主婦消費者ではなく個人消費者が標的である。それまで多くの流通企業が対象にしたのは消費者といっても、主婦消費者を対象にしていた。主婦消費者は家族を代表して購買行動を行う。彼女は二人以上世帯の購買代理人である。彼女の商品選択は家族の嗜好や欲求を反映している。コンビニは主婦消費者から個人消費者にその消費者コンセプトを転換した。個人消費者は自分の個人的欲求や嗜好に基づいてのみ行動する。個人消費者の内容は、創業当時ではとくに単身世帯の勤労者や学生であった。

第二に、品質あるいは価格といった顧客便益ではなく、別の便益への欲求充足である。それまでの流通企業は、百貨店や専門店のように高品質欲求を狙うか、それとも量販店のように低価格欲求を狙っていた。コンビニはこれらのいずれかというよりも、距離や時間上のアクセス便益に重きを置いた。もっともこれらの便益は、近隣商店街などや孤立立地の小零細店舗によって提供されることもあった。しかしこれらの便益を覇権市場の基盤として編成しようとしたのはコンビニが最初である。

第三に、コンビニの品揃えは以上のような消費者の欲求に応えるために、加工食品や日用雑貨などから編集したものであった。その編集方針は欲求を感じればすぐに購買したい商品であった。コンビニが発見した流通新大陸は、即時の欲求充足が必要な商品の市場であった。

最後に、従来の流通企業はその立地点に、できるだけ遠くから、できるだけ多くの消費者を吸引しようとした。広大な商圏は流通企業の誇りであった。このために品揃え範囲は次第に大きくなり、店舗面積は増大した。百貨店、専門店、あるいはスーパー等の量販店の歴史は、品揃え拡大と店舗大型化の歴史でもある。

これにたいして、コンビニはできるかぎり消費者に接近した。標的とした消費者が存在するところにはどこにでも出店した。場所的、時間的に消費者のできるだけ身近に立地する。これが店舗立地の原則である。

商圏という観点から見ると、コンビニは地理空間市場の点に過ぎない。しかしこの点は地理空間市場で至るところに連綿として存在している。これらの地理空間で拡散しながら連綿している市場を隙間なくつなぎ編成していけば、その総体は巨大なマス市場になる。セブン-イレブンが編成しようとしたのはこのような流通新大陸であった。それはセブン-イレブンの創業を認めたイトーヨーカ堂の総帥、伊藤雅俊さえも、「時間の価値や便宜性にこんなに需要があったのか」(緒方知行、一九七九)と驚くような巨大市場であった。

一〇〇㎡前後の店舗面積、そこでの三、〇〇〇品目程度の品揃え、価格訴求に頼らない価格帯の維持、商業集積から離れる孤立立地もいとわないその拡散的立地パターン、二四時間営業、これらのフロント・フォーマットの基本骨格はセブン-イレブンの創業以来、四〇年たった今でも変わっていない。これらはセブン-イレブンの不動点である。

史上最短で上場を果たしたセブン-イレブンは、持続成長に向かって好スタートを切っていた。

図 2-7 売上広告宣伝費比率

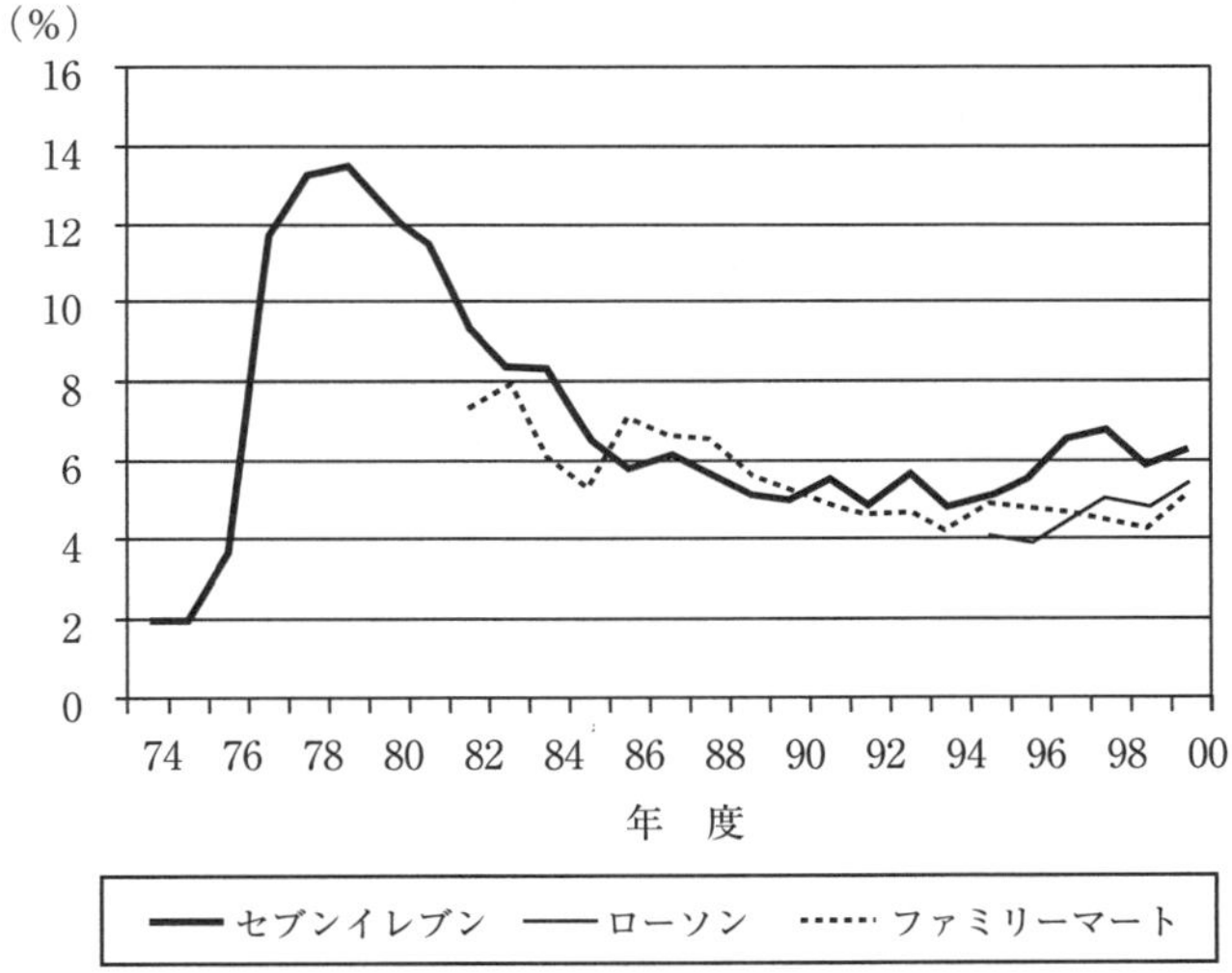

データ源：基本活動 DB

何よりもこの新大陸に焦点を絞り込み、それに適したフロント・フォーマットを他に先駆けて確立しようとした。それがほぼ固まった七七年度から八一年度まで、同社は果敢な宣伝活動を行った。首都圏でのコンビニ市場の先発者として、コンビニ業態そのものへの消費者認知を拡大しなければならなかったからである。この間で売上広告宣伝費率は一〇％を超えた。他企業の創業直後の率を大きく上回っている（図2-7）。

攻勢的なマーケティングを展開する医薬品、化粧品のメーカーにも比肩する高率である。そのフォーマットを市場に迅速に定着させ、新大陸を覇権市場に育てたいという意気込みが感じられる。「セブン　イレブン、いい気分、あいててよかった！」。

この代表的な創業時のコマーシャルは子供さえ口ずさむようになった。そのメッセージは、新世代消費者向けの商品がいつでも近くで入手できることを伝えていた。

このフロント・フォーマットは、新大陸を覇権市場として編成するさい、同社の不動の基盤となっていったのである。しかし、この不動点は動的均衡の中での不動点であった。とくに三、〇〇〇品目程度を品揃えする一〇〇㎡前後の小型店という、基本骨格は不動であっても、その内部の三、〇〇〇品目の内容は、その後の時代の欲求に応じて激しく変化していく。またこの不動点を支えるバックヤードのフォーマットも激しく変化した。この変化を通じて、セブン-イレブンは地理空間市場の小さい点に過ぎないコンビニ店のネットワークによって、流通新大陸を覇権市場として編成していくことになる。

それまでの流通業界における店舗型流通の通念によれば、覇権市場の構築は百貨店、量販店など大型店や多くの専門店の商業集積を基盤としなければ不可能であると考えられていた。できるだけ遠距離からも消費者を一地点に吸引する。通念はこれを目指した。セブン-イレブンの革新の出発点はまったく逆転の発想であった。孤立立地する小型店の稠密な面的展開によって、この通念を破壊しようとしたのである。それは消費者を一地点に吸引しようとする代わりに、時間と地理空間上で消費者により近接することを目指していた。

以上を要約すれば、創業から八〇年頃までの急成長は、その後の持続成長への好スタートであった。それは、情報武装、物流改革、商品開発のいずれも基盤としていない。急成長の基盤は、この時代に大都市圏で急速に生まれつつあった巨大な潜在市場への入り口を発見し、その市場にきわめて適合したフォーマットを他企業に先駆けて確定したことである。そのフォーマットは、長時間営業など高い顧客価値を提供するとともに、規制や中小小売商の反対を受けずに自由に出店できる特性を備えていた。

この持続成長初期を支えたメカニズムは、ブルー・オーシャン・メカニズムと呼ぶことができよう。その部分は、

- コンビニ市場という将来の覇権市場の入り口の発見
- 新世代消費者への標的設定
- その標的に訴求する異端のフロント・フォーマットの採用
- そのフロント・フォーマットによる店舗規制など制度障壁の克服
- 面的店舗展開の首都圏集中

などから構成されていた。

Ⅲ　飛翔の裏にはドラマがある
――持続成長へとつなぐバック・フォーマット――

フロント・フォーマットにいかに優れた店舗でも、それが企業として大きく成長していくかどうかは別問題である。創業直後は急成長しても、その後は伸び悩み、中堅企業にとどまっている流通企業はごまんとある。優れたフロント・フォーマットを基盤にして、大企業が生まれるかどうか。それは、フロント・フォーマットを背後で支える業務（オペレーション）をどのように編成し制御していくのかにかかっている。

この編成のシステムがバック・フォーマットである。バックフォーマットの構築は、創業直後の急成長を、その後の持続成長へとつなぐカギを握っている。このバック・フォーマットもブルー・オーシャン・メカニズムの作動の不可欠な構成部分である。それだけでなく、このバック・フォーマットの構築は、飛翔のドラマをそれに続く持続成長へつないでいく、重要な役割も担っていた。

バック・フォーマットはフロント・フォーマットを背後で支える業務遂行の仕組みである。具体的には、商品のソーシング技術、ＳＣＭ（サプライチェーン・マネジメント）、情報技術、店舗業務遂行技術、組織構造・文化などからなる。バック・フォーマットは、業務遂行の知識、ノウハウであるだけでなく、状況の変化に対応して組織が新しい知識をどのように学習・創造していくかを規定している。それはフロント・フォーマットと相まって、売上高、費用、利益などの財務成果を生み出す。そしてこの財務成果の状態が、次期のフロント・フォーマットやバック・フォーマットの変化方向を決める。

たしかに覇権市場の新大陸への入り口を発見し、それに訴求できるフロント・フォーマットを考案することは、新業態の企業を急成長させるための必要条件である。成功した新業態企業はほとんどこの条件を備えている。しかしこの条件があるからといって、すべての新業態企業が大企業へと成長していくわけではない。つまり大企業に向かっての持続成長へとつなぐ十分条件ではないのだ。

持続成長へとつなぐための十分条件は、このフロント・フォーマットだけでなく、それを支えるバック・フォーマットも構築されていることである。優れたフロント・フォーマットと効率的なバック・フォーマット、この二つの条件がともに備わるとき、新業態企業は創業直後の急成長から、さらに大企業への持続成長への途を歩み始める。東証二部上場までのセブン-イレブンの急成長はまさしく飛翔である。その背後には、それを支えるとともにその後の持続成長へとつなぐどのようなドラマがあったのだろうか。

飛翔ドラマの推進力

◆バック・フォーマットの秘密はどこにあるか

東証二部上場までのセブンイレブンの高収益は、どのようなバック・フォーマットによって支えられていたのだろうか。この点に関して、緒方知行が思い出として面白いエピソードを紹介している（緒方、一九七九）。かれは有力流通誌の「販売革新」や「商業界」の編集長、編集局長を歴任してのち、独立して月刊流通誌の主幹になった。流通業界の主要トップとも深く接触してきた著名ジャーナリストである。

かれはサウスランド社ノウハウの、日本への現地適応に関して取材した。セブン-イレブン創業来の幹部、岩国修一に、どんなところが、セブン-イレブンをここまで持ってくるにあたっての苦労点かを尋ねたのである。この問いへの回答が面白い。岩国は「それこそ私たちにとってのノウハウなのです。あなたに私たちの苦労話やエピソードをあかせば、日本のセブン-イレブンのノウハウは外にもれてしまうことになります。かんべんしてください」といって断ったという。

当時、セブン-イレブンの急成長は多くの模倣者を生んだ。とりわけ、七〇年に売上高で三越を抜き、流通業界トップに躍り出たダイエーの中内　㓛はセブン-イレブン一号店の視察にきていた。たとえエピソードでも、動物的嗅覚に優れた中内　㓛なら、直ちにその裏の仕組みを読み取ったに違いない。サウスランド社との契約競争に敗れてのち、ダイエーはコンソリデーテッド・フーズ社と提携して七四年にはローソンを設立し、大阪の豊中市に第一号店を出していた。

七七年の初頭になると、その資本力にものをいわせて、首都圏に多店舗展開を始める。当時ダイエー幹部が筆者に漏らした話では、ダイエーはフランチャイズ契約書までも含めてセブン-イレブンのやり方を完全に模倣しようとした。セブン-イレブン発祥の地、江東区はさながら親会社の代理戦争といわれた（日経流通新聞、一九七七・一二・一二）。

こうした事情から、セブン-イレブンは一部上場までの間、その企業ノウハウの秘匿に細心の注意を払った。加盟店とのフランチャイズ契約書を、店舗数が八〇〇に達し経営基盤が固まった七九年まで本部預かりにした（セブン-イレブン・ジャパン、一九九一）だけではない。

新聞記事さえも、そのアーカイブ・データ化に際して秘匿した。日経本紙、日経流通新聞、日経産業新聞について、セブン-イレブンをキーワードに記事検索してみると、一九七五・四・一一―一九七九・九・三〇での期間に二七件の関連記事が現れる。しかしそのうち二五件の記事の本文は「著作権等のため本文は表示できません」という理由の下に秘匿されている。セブン-イレブンは、そのビジネス・ノウハウの機密を守るために、歩いた跡をほうきで掃いて、その足跡を消そうとしていた。

この秘匿された部分こそ、一部上場までの間、バック・フォーマットのうちでセブン-イレブンの急成長を支えた部分を指し示している。さいわい、記事の見出しの内容は秘匿されていない。それらの見出しについての例を挙げると、

- 〈特集〉着実に伸びるコンビニエンスストア＝セブンイレブン豊洲—〝生鮮食品なし〟（日経流通新聞、一九七五・四・二一）
- 東京・五日市の〝コンビニ街道〟の陣、ハイマートがまた一店、セブン-イレブンと激突（日経流通新聞、七六・一二・一三）
- セブンイレブン、効率経営へ二面作戦—オンライン化および二四時間営業の多店舗化（日経流通新聞、七七・一一・一）
- 特集・コンビニ＝吹き荒れる二四時間旋風—昼間の客も増えるセブンイレブン（日経流通新聞、七七・一一・二八）
- セブンイレブン、今二月期中にＦＣ加盟店を二〇〇店増—スカウト人事で経営強化（日経流通新聞、一九七八・六・一五）

などといった記事である。

秘匿された二七件の記事内容の中では、店舗展開に関する記事がもっとも多く、二四時間営業、品揃え、納入問屋の組織化などの記事も見られる。これらの領域はセブン-イレブンのバック・フォーマットの当時の心臓部がどこにあったかを示唆している。これらの中で、当時では史上最短記録であった上場を推進したバック・フォーマットは何であったか。

◆飛翔ドラマを象徴する経常利益の伸び

東証二部上場までの飛翔のドラマ、これを象徴的に示すのはこの期間での経常利益の異常な伸びである。経常利益の対前年比の推移を二〇〇五年まで描き（図3-1）、この変化の中で上場までの推移を見ると、上場までの数年間がまさしく飛翔のドラマであったことが明確に示されている。創業三年目の七六年度（七七年二月決算）に五・九億円の黒字に転じた経常利益は、東証上場直前の八〇年度では、ほぼ一〇倍の五六・四億円に達していた。その間の対前年比はすべて五〇%を上回っている。前年の一・五倍という驚くべき増加率である。

経常利益は企業の総合的な成果指標であり、その動きは多様な下位成果に規定されている。図3-2はこの関係を経常利益の源泉マップとして示したものである。このマップは、セブン-イレブンの現在に至るまでの持続成長メカニズムを探り出していく場合の基本マップである。とりあえず、

図 3-1　経常利益とその対前年比の推移

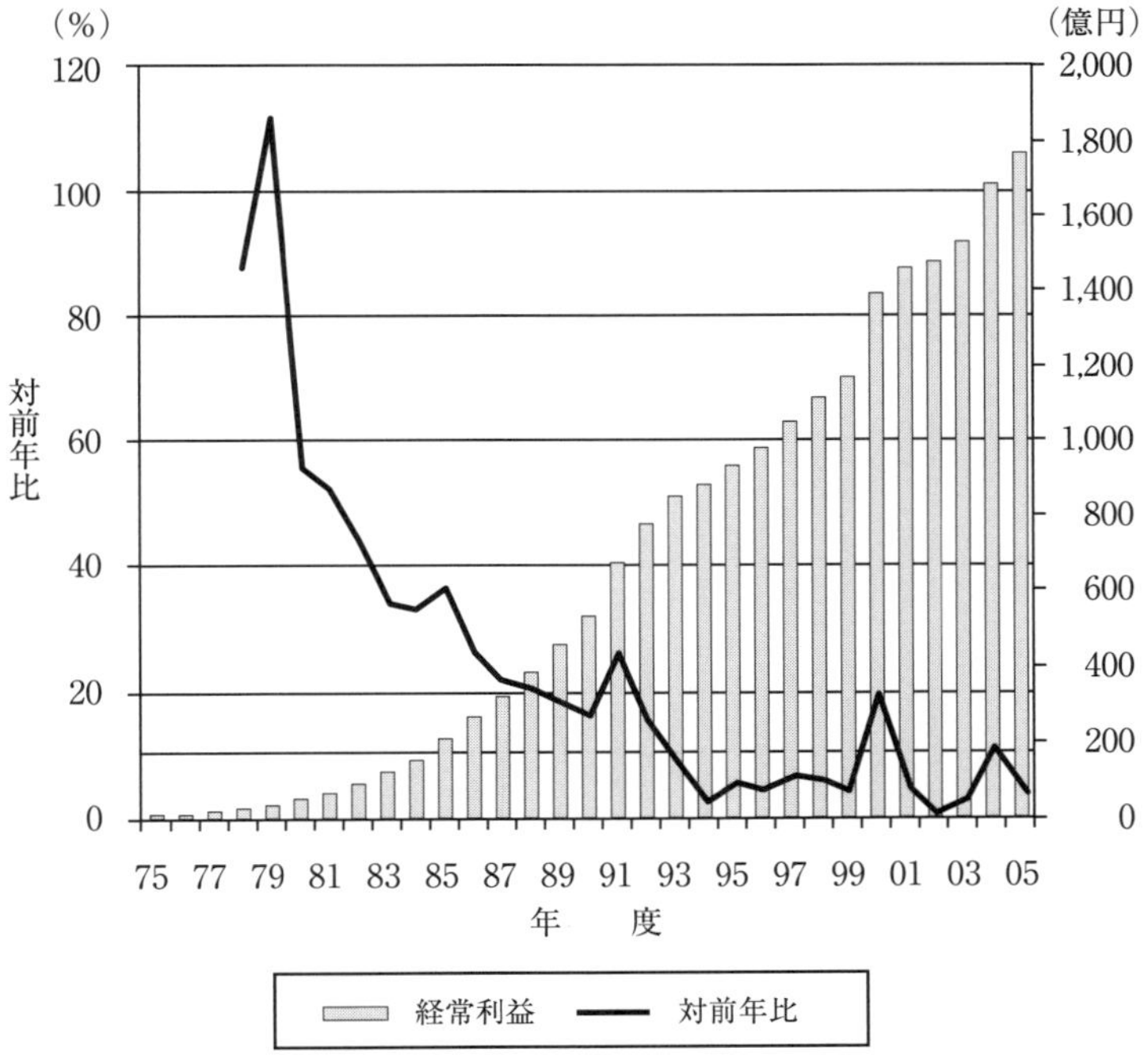

データ源：基本活動 DB

これを手がかりにして、上場までの飛翔ドラマの推進力の所在を探ってみよう。

経常利益は営業利益に営業外収支を加えたものである。黒字化した七六年度で経常利益に占める営業外利益の比率は二・六％である。しかし、七七年度では一二％、七八年度は一一・四％に上昇した。二部上場までの間、営業利益よりも営業外利益の伸びが大きく、経常利益の一割以上を稼ぎ出すようになっていた。営業外利益もこの期間における経常利益の伸びに貢献した

図3-2　経常利益の主要源泉マップ

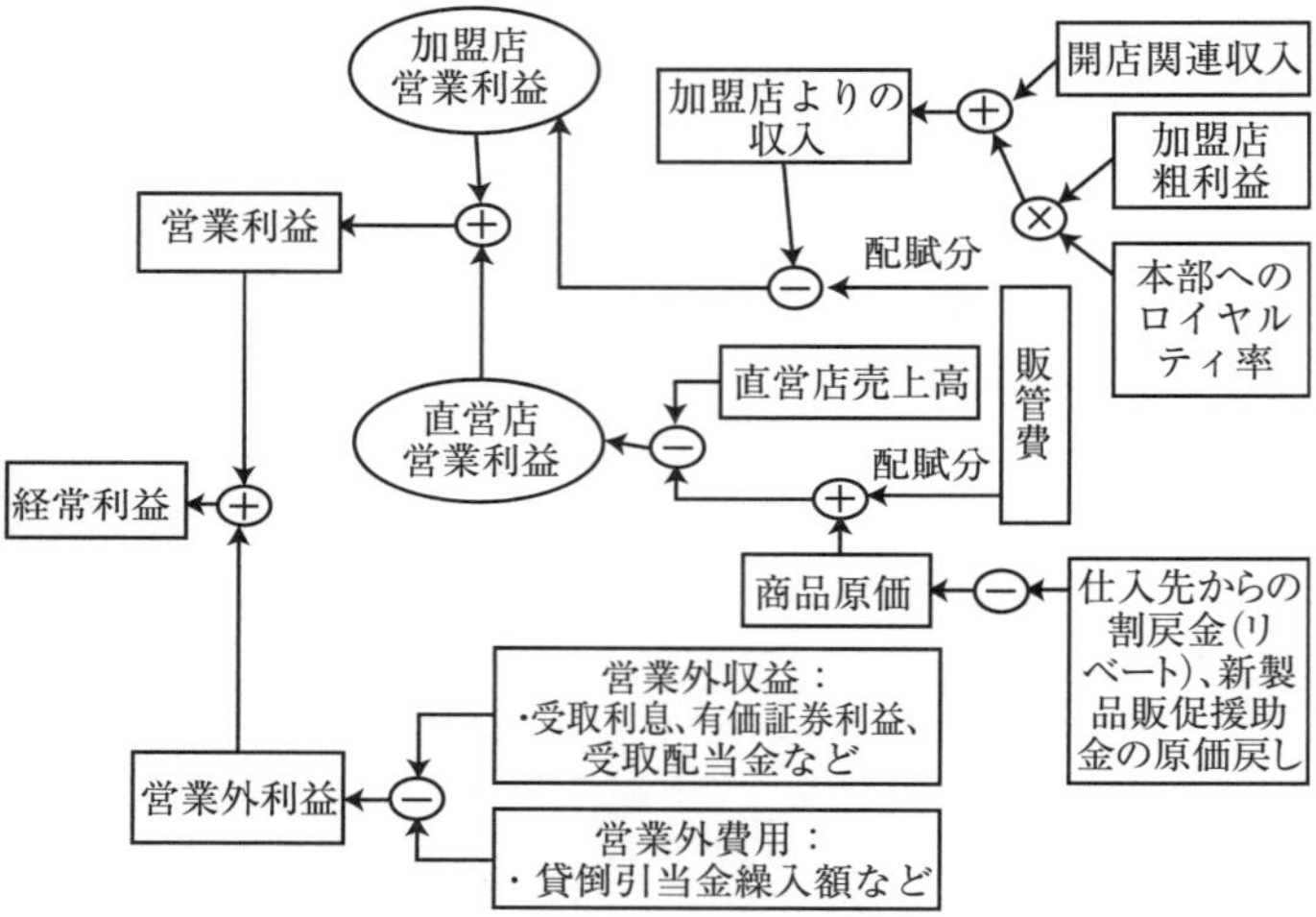

のである。

　これに大きく貢献したのはいわゆる金融収支である。金融収支とは損益計算書における営業外収益科目の「受取利息・割引料・有価証券利息」、「受取配当金」と営業外費用科目の「支払利息・割引料」との差額である。これらの勘定科目データが公表された八〇年度と八一年度について、金融収支を計算すれば、それぞれ一〇・九六億円、一四・七〇億円に達している。この額は当時の非営業利益を決定的に左右する額であった。この運用資金は、後述（本書V）する加盟店売上の本部預かり金とその現先運用などによる短期受取利息であろう。

◆直営店と加盟店では営業利益の源泉が異なる

しかし、経常利益の九割程度は営業利益によるものであり、経常利益の伸びは営業利益の伸びに大きく規定されている。この営業利益の源泉は、セブン-イレブンの場合、二種ある。直営店から得られる営業利益（直営店営業利益）と加盟店から得られる営業利益（加盟店営業利益）である。本書でいう加盟店営業利益は、加盟店自体の営業利益ではなく、加盟店からセブン-イレブンが得ているその営業利益部分を指している点に注意しよう。

セブン-イレブンの店舗展開は当初から加盟店募集を基本方針とした。しかし、それが軌道に乗るまで店舗展開は直営店出店にも多く依存した。また加盟店募集が軌道に乗った後でも、新規加盟店主やセブン-イレブン従業員の業務研修、フロント・フォーマットの実験、あるいは新しい出店地区の拠点を押さえるため一定割合の直営店が必要であった。

図3-3はこの間の事情を示している。上場までの期間に注目すれば、七六年度以前では直営店比率がきわめて高く、黒字転換した七六年度になって直営店比率は一割以下に激減する。これは七六年度から加盟店によるフランチャイズ・ビジネスが軌道に乗ったことを示している。

営業利益の二種の源泉はそれぞれ経常利益の伸びにどう貢献したのだろうか。有価証券報告書な

図 3-3　総店舗数と直営店比率の推移

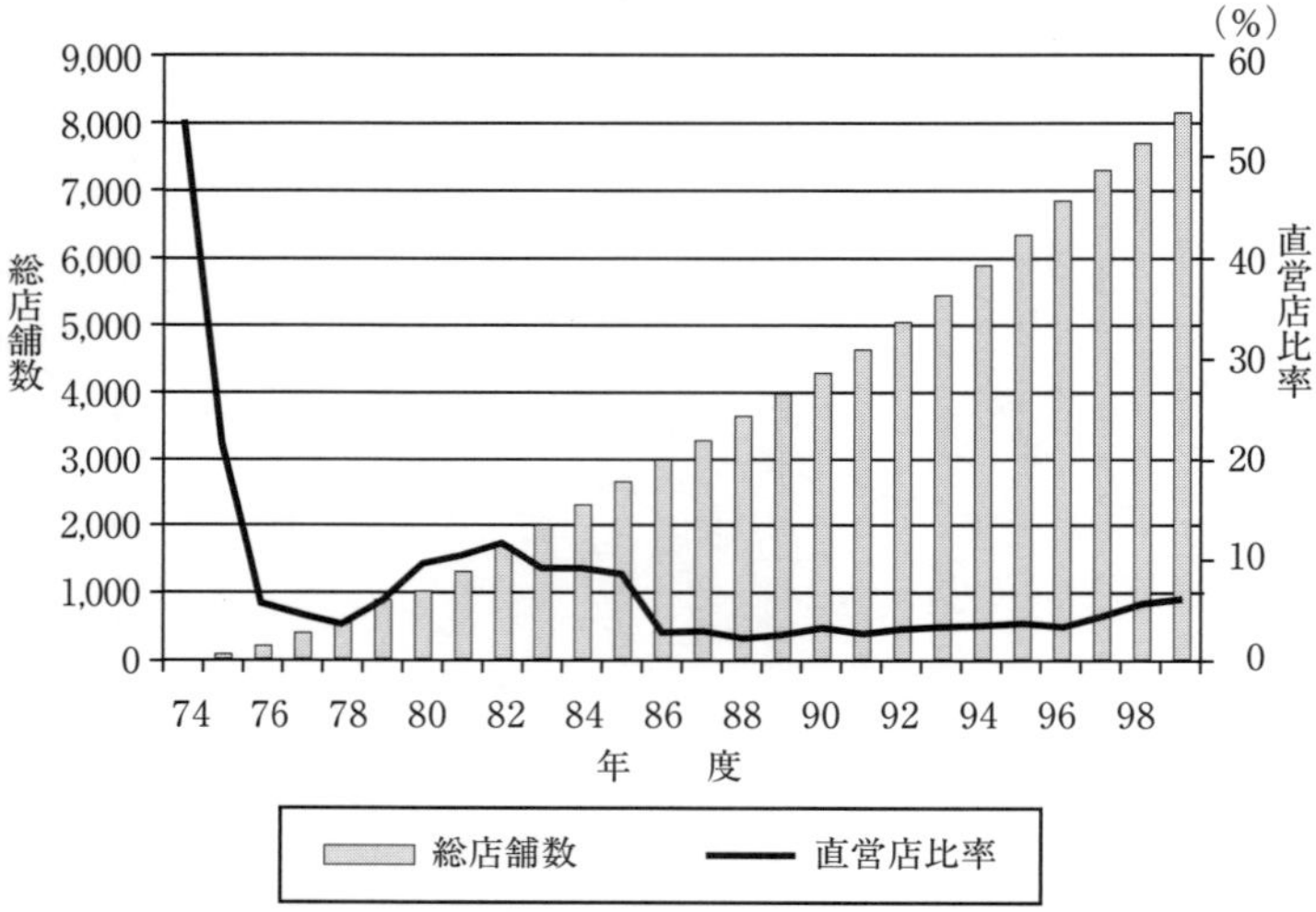

データ源：基本活動 DB

ど公表データでは、営業利益はこの二つに区分して表示されない。これらは公表数字から別途推定する必要がある。このために、いわば推測会計学が必要になる。

まず、営業利益の源泉がこれら二種の営業利益では大きく異なる点に注意しよう。この相違は直営店と加盟店では、取引（transaction）の仕組みが異なることから生じている。ここでいう取引は、いわゆる交換と同じではない。交換は商品・サービス提供とその代価の支払いによって生じる。取引は交換だけでなく、それに先行する過程も含んでいる（田村、二〇〇二）。取引は結果として交換を生み出す過程である。

取引は、商品・サービスの売買に際して生じる売り手と買い手との間の相互行為である。

図 3-4　直営店と加盟店での取引の相違

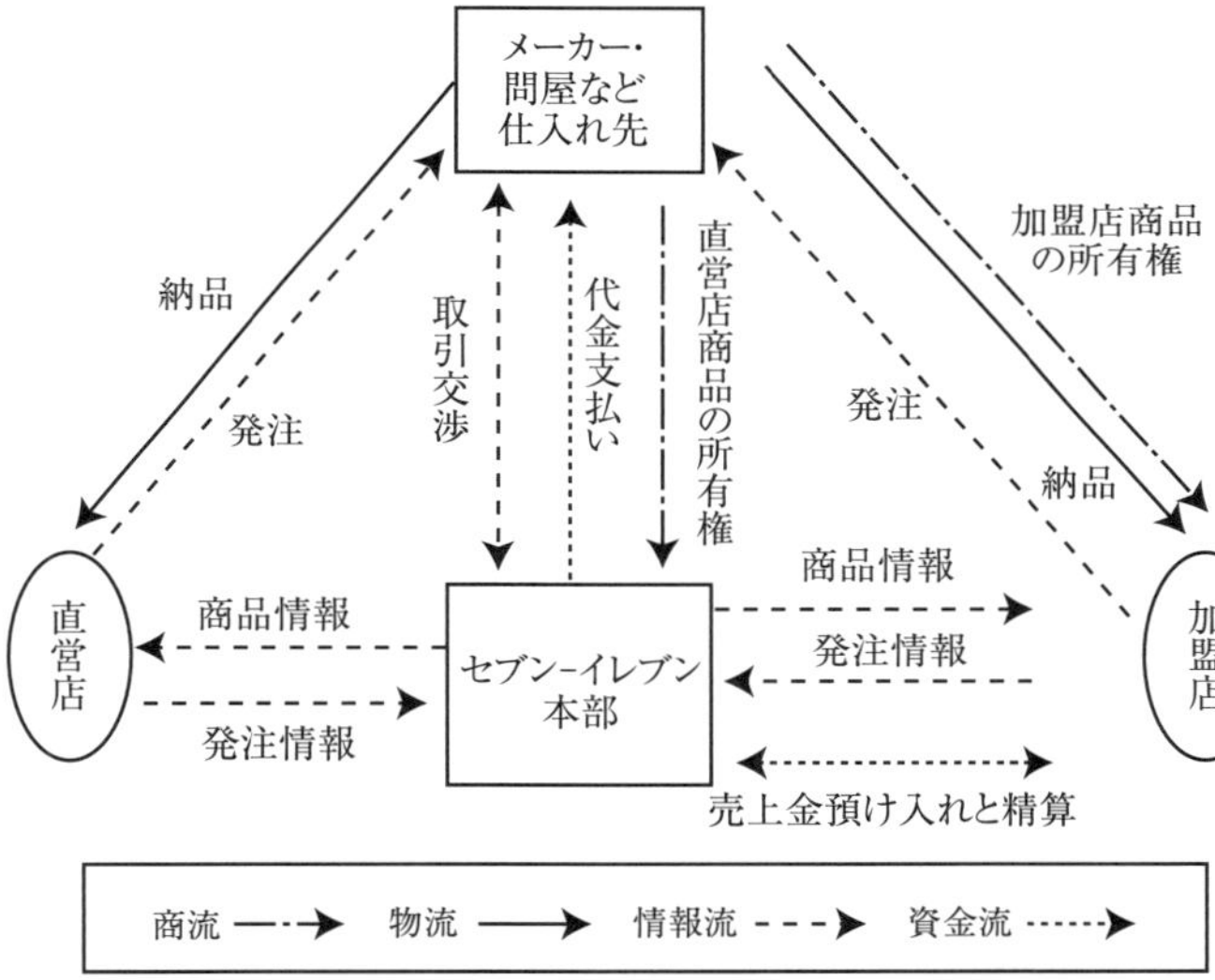

取引によって、売り手と買い手の間で、情報流（情報の移動）、商流（所有権の移動）、物流（モノとしての商品の移動）、そして資金流（金《かね》の移動）を発生させる。図3-4は仕入先、フランチャイズ企業本部、直営店、加盟店間でのこれらの流れの概要を示している。

本部は、仕入先との間で取引交渉をする。価格、数量、配送のロット・頻度などの配送条件、支払い条件だけではない。看過してはならないのは、割戻金（リベート）、仕入先商品の販促を援助したなどという理由で要求する特別な援助金や控除額なども、取引交渉の重要な課題であるという点だ。

こうして取引商品が決まると、本部は直営店や加盟店に発注可能な商品リスト情報を流す。それには仕入れ可能な商品、品揃え推奨商品とその数量、望ましい小売価格水準などが記されている。それを見て、直営店や加盟店は仕入先に発注するが、その発注情報は同時に本部にも送られ、仕入れ先との次期の取引交渉の重要なデータになる。

直営店営業利益と加盟店営業利益の源泉の相違は、主として発注に伴って納品される商品在庫所有権の所在の相違から生じている。直営店の場合には、セブン-イレブン保有の商品在庫になり、その価格総額は会計上、セブン-イレブンの売上原価を構成する。一方、加盟店発注商品はセブン-イレブンの商品在庫ではなく、加盟店保有の商品在庫としてかれらの売上原価になる。セブン-イレブンの直営店営業利益は、直営店粗利益（＝直営店売上高－売上原価）と、直営店に配賦される販管費の差額である。

公表された財務数字を分析するさい、この売上原価数値にはとくに注意を払う必要がある。それは仕入先から得た割戻金・販促援助金などを、売上原価へのいわゆる「原価戻し」として会計処理し、売上原価から差し引く場合には、直営店の売上原価は非常に低い数値になる可能性がある。公表された売上原価数値は、売上原価だけでなく割戻金・販促援助金の原価戻しの影響を受けているかもしれない。この点を反映して、粗利益と販管費の差額である直営店営業利益も、マージン・ビジネスとしての直営店の営業利益だけでなく、セブン-イレブンが仕入先から得た割戻金・販促援助金を含んでいる可能性がある。

販管費は企業の本業の活動に要した費用のうち、売上原価に参入されない額である。そのうち、販売管理費は販売活動に要した費用で、販売手数料、広告・宣伝費、物流費、販売部門人件費、旅行交通費が主要費目である。

一般管理費は総務や間接部門の維持に必要な費用で、光熱費、家賃、減価償却費、租税公課、保険料などの費目を含む。人件費・福利厚生費、旅費・交通費、消耗品費、交際費などは両方にまたがっている。セブン‐イレブンは加盟店の水道光熱費の八〇%を本部負担としていた。それの会計処理はセブン‐イレブンの販管費かあるいは加盟店からの営業収入（ロイヤルティ）を得るための営業原価のいずれかであろう。

加盟店はセブン‐イレブンとフランチャイズ契約を結んでいる。経営ノウハウの提供の見返りに、当時ではその粗利益（＝売上高―商品原価）の四三%程度をロイヤルティとして本部に支払っていた。加盟店は法的には独立経営主体であるから、加盟店発注の商品については加盟店に所有権があり、在庫リスクを負うことになる。加盟店の発注商品はセブン‐イレブン保有の在庫にはならない点が重要である。加盟店の発注情報も本部に送られ、本部が仕入先と取引交渉するさいの情報基盤になる。

セブン‐イレブンのオープン・アカウント・システムでは、仕入れ先との加盟店の代金決済は本部が代行している。その発注代金に充てるため、加盟店は売上金を本部に送金しなければならない。加盟店が仕入先から受け取る値引き金・仕入れ報奨金ならびに雑収入金も同じである。本部はそれを仕入先への代金支払いに充てる。仕入れ先への支払期日は毎月二〇日あるいは月末である。それまでの間、加盟店売上金は会計上、本部の預かり金になる。

加盟店売上が伸びるかぎり、一定額の預かり金がつねにセブン-イレブンに存在することになる。この預かり金を金融市場での現先取引などで運用すれば、本部は受取利子が得られる。前述のように、受取利子は営業外利益の重要な源泉である。半期ごとの実地棚卸によって、加盟店の粗利益が確定すれば、本部との間で精算が行われる。

加盟店からの収入には、まず開店関連収入がある。加盟店契約の締結と同時に加盟店は数百万円の成約預託金を納める。その中から研修費用や販売用具の代金などを徴収される。これらが開店関連収入である。これらの収入はその年度での新規加盟店数に依存している。

加盟店からセブン-イレブンが得る営業収益の中心は、加盟店の粗利益の四三%程度を占めるロイヤルティである。フランチャイズ契約による加盟店の粗利益は、通常の財務会計における粗利益に該当するが、重要な相異もある。それは、売上原価の算定にさいして、ファストフードなどの廃棄分や万引き分を、通常の売上原価（商品仕入れ額）からさらに差し引く点である。この差し引き分だけ加盟店の粗利益は通常の粗利益よりも大きくなる。この売上粗利益から、加盟店の営業活動を支えるためにセブン-イレブンが支出した販管費を差し引いた残りが、セブン-イレブンが加盟店を通じて得る加盟店営業利益である。

直営店営業利益と加盟店利益の推定

各年度の直営店数、加盟店数、全店売上高はセブン‐イレブンのＩＲ資料などに、また売上原価・営業原価、販管費、営業利益は有価証券報告書で公表されているから、下記の算式で二種の利益を推定できる。そのさい、一店あたりの売上高や販管費について直営店と加盟店の間に差異はないという想定を置いている。加盟店より直営店の方が、店舗の人件費などの分だけ販管費は高くなるから、その差額分だけ直営店営業利益推定値は過剰推定になる。

直営店営業利益＝直営店売上高－売上原価・営業原価
　　　　　　　　－(直営店売上高×売上販管費率)
加盟店営業利益＝営業利益－直営店営業利益

ここで

直営店売上高＝直営店数×全店舗平均売上高
全店舗平均売上高＝全店売上高/(直営店数＋加盟店数)
売上販管費率＝販管費/全店売上高

◆加盟店営業利益の成長推進力

加盟店営業利益と直営店営業利益は、それぞれ経常利益の伸びにどのように貢献したのだろうか。これら二種の利益は、公表データに基づき上に示すような算式により推定できよう。

この推定結果に基づき、営業利益に占める比率を東証一部上場までグラフに描いてみると、図3-5のようになる。

創業時の七四年度は加盟店と直営店のそれぞれの営業利益は赤字である。その翌年は直営店が黒字になるが、加盟店は依然として赤字である。黒字に転換した七六年度以降七八年度まで、経常利益の

図 3-5　経常利益に占める直営店営業利益と加盟店営業利益の構成比

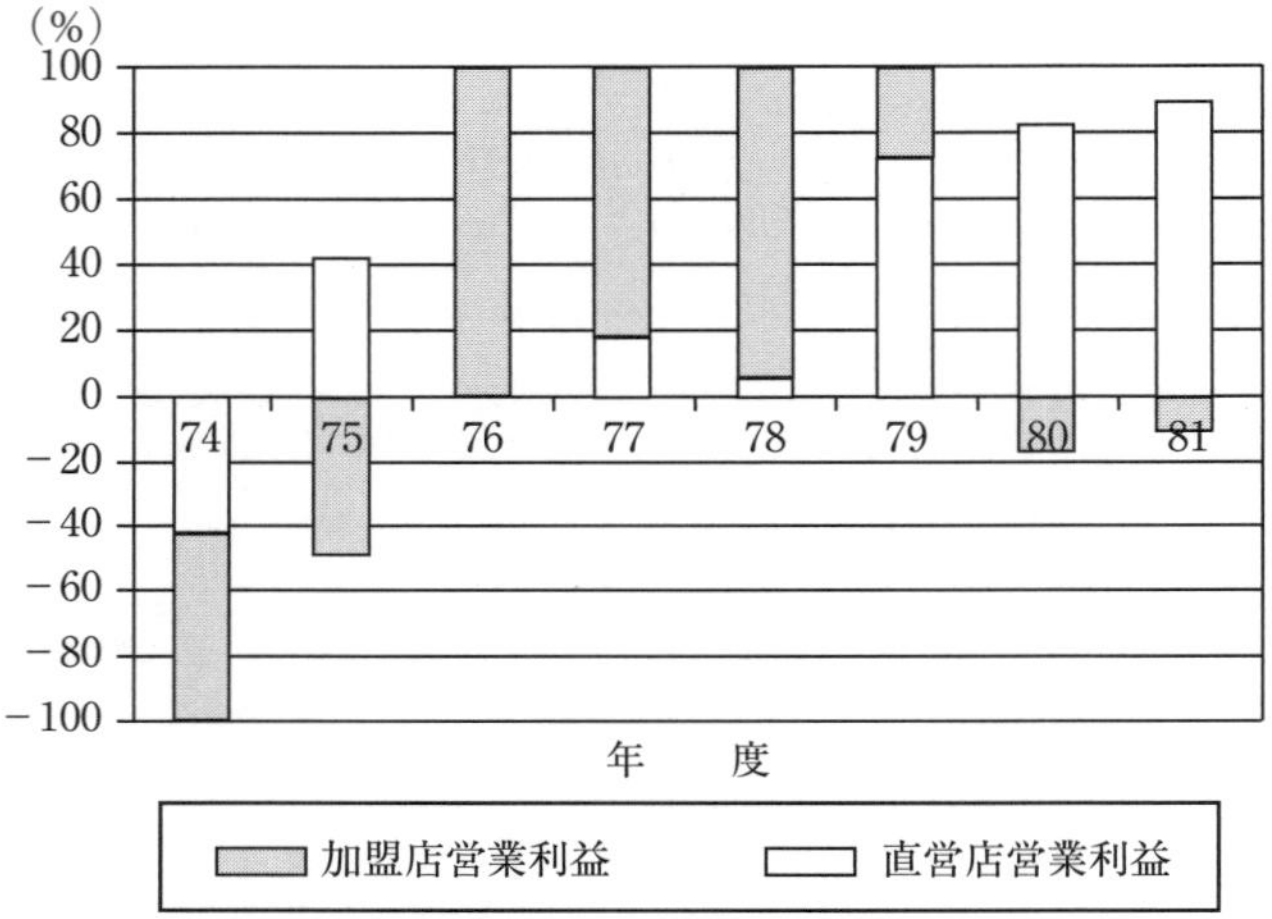

データ源：基本活動 DB

驚異的な伸びを推進したのは明らかに加盟店営業利益である。この間、営業利益の八割以上は加盟店から得られる営業利益によって占められている。これによって、セブン-イレブンは飛翔ドラマの軌道に乗ることができた。飛翔ドラマの主役は明らかに加盟店営業利益である。七八年度までのセブン-イレブンの経常利益の伸びは、加盟店営業利益の伸びによって達成された。

その構成素から見ると、加盟店営業利益の動向は、加盟店数、その平均売上高、加盟店粗利益率、そして加盟店一店の維持にセブン-イレブンが平均的に要する販管費によって規定される。

七八年度までのこれらの変化を見てみよう。七四年度から七八年度にかけて加盟店数は七店から五九一店へ八四倍、平均売上高は、直営店と同じだと想定すれば、〇・四七億円から一・二三億円へ二・六倍に、そして加盟店粗利益率は二三・三％から二八・三％へ一・二倍になった。直営店と同じだと想定すれば、七五年度から七八年にかけて平均販管費は三六四万円から六五五万円へ一・八倍になった。

これらの変化の年平均成長率は加盟店数（一五一％）、平均売上高（二七％）、加盟店粗利益率（五％）、平均販管費（二一％）である。加盟店営業利益の大きい伸びのほとんどは加盟店数の急速な増加によって達成された。加盟店展開の速度が営業利益成長の主要な推進力である。加盟店数をできるだけ迅速に増やせ。加盟店数が経常利益成長を支える利益方程式の主要変数であった。しかし、平均売上高の増加や平均販管費の増加が押さえられたことも、無視し得ない貢献をしている。これらも利益方程式の変数を構成した。

迅速な店舗展開を支えたバック・フォーマット

◆猛烈なスタートダッシュ

コンビニ市場という流通新大陸を制覇するには、店舗展開速度をできるかぎり加速しなければならない。それは利益成長だけでなく、競争者の模倣・追随を引き離し、一気に抜け出るためのスパートでもあった。コンビニのフロント・フォーマットは模倣が容易である。また一店の商圏が小さく、地理空間市場の点に過ぎない。店舗展開を加速して店舗ネットワークをいち早くつくる。それによる面的制覇が至上命令であった。

それだけではない。セブン-イレブンには急速な店舗展開をしなければならない特殊事情があった。サウスランド社との契約である。それによれば、八一年までに出店累計店舗数で一、二〇〇店を展開しなければならなかった（セブン-イレブン・ジャパン、一九九一）。当初二、〇〇〇店を提示したサウスランド社に対して、困難な交渉の末で合意した数字である。この数値目標の達成は契約の基本項目の一つであった。

図3-6　店舗（エリアFCをのぞく）**展開速度の比較**

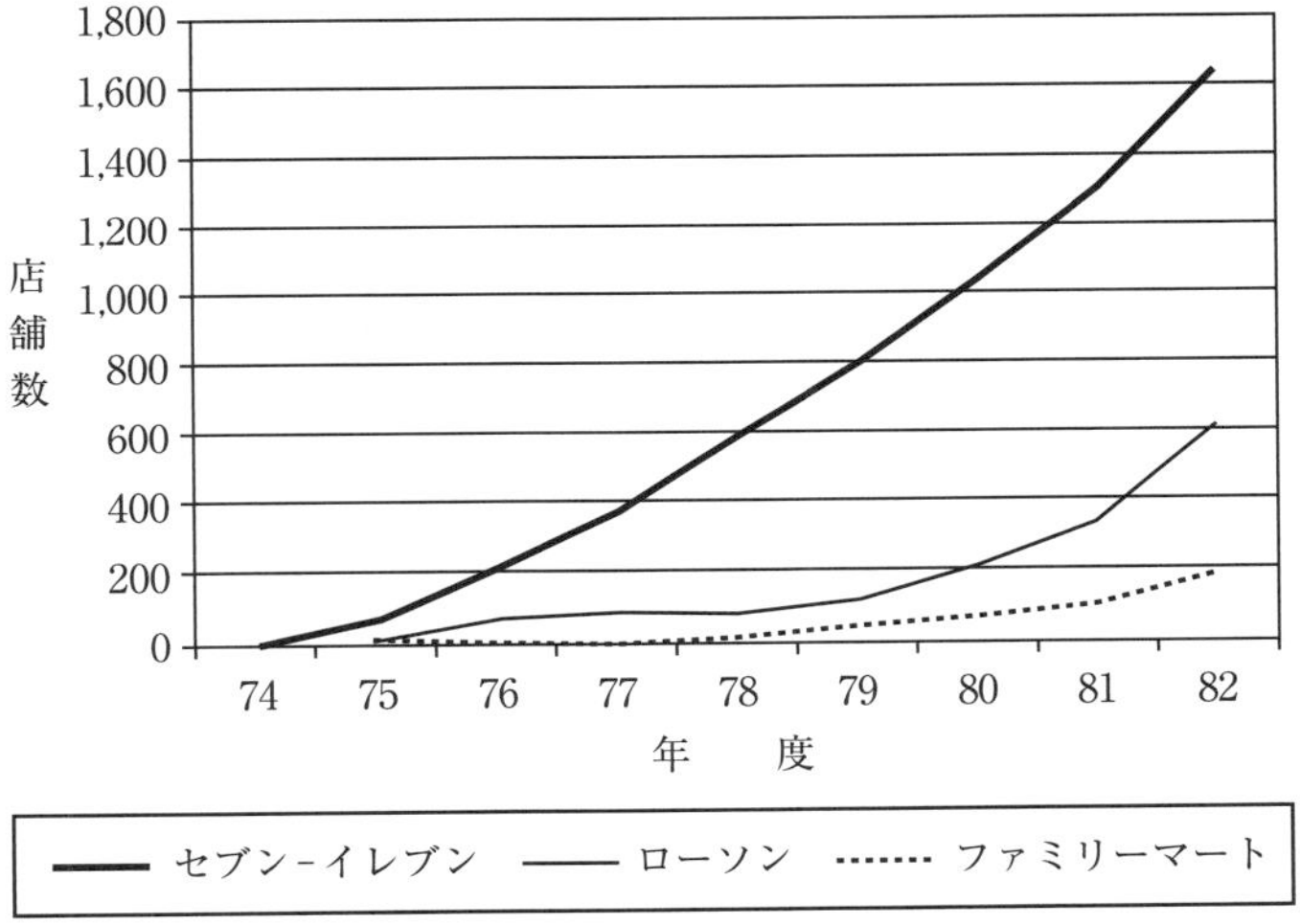

データ源：日経流通新聞「日経コンビニエンスストア調査」（日本経済新聞社編、1975-8）

さらに、契約には最低開発義務が年度別に割り当てられていた。七四年度の一〇店舗を手始めに、以後八一年度までの各年度に六〇、一九〇、三七〇、五七〇、七七〇、九八〇、一、二〇〇の累計店舗を開設せねばならなかった（セブン-イレブン・ジャパン、一九九二）。セブン-イレブンの店舗展開のスタートダッシュは、この最低開発義務を果たすために不可欠であった。

契約上の義務達成というプレッシャーがあるとはいえ、その速度は目を見張るものがある。それはセブン-イレブンとほとんど同時に創業したローソンやファミリーマートの店舗展開速度と比較すればより明らかになる（図3-6）。離陸直後の上昇率にたとえれば、ローソンやファミリーマートは、プロペラ軽飛行機のごとくであったのに対して、セブン-イレブンはまさしくジェット機のように急上昇した。このようなスタートダッシュがなぜできたのだろうか。

サウスランド社（アメリカのセブン-イレブン）の店舗展開は、本部が自ら店舗を開発し、その後に加盟店主を募集して店舗運営を任せるという方式をとっていた。店舗展開の業務は、店舗開発、加盟店募集、加盟店選別からなる。本部が店舗開発するため、店舗（フロント・フォーマット）の標準化は容易であった。しかし、店舗開発投資を要するため、店舗開発速度は資金力や出店適地の不動産物件の探索に大きく左右される。

セブン-イレブンは、サウスランド社のこのノウハウを利用しなかった。急速な店舗展開を自社開発していくほどの資金力をまだ持っていなかっただけではない。東京のような高密度都市化地域で、適切な不動産物件を探索する作業が時間と労力を要したからである。セブン-イレブンは、直営店数は必要最小限にとどめ、既存の中小商店を加盟店に勧誘し、コンビニ化する方法を中心にした。

ローソンやファミリーマートの当時の直営店数データはない。日経コンビニエンスストア調査によって、七九年度での全店売上高に占める直営店売上比率を計算してみると、セブン-イレブン（四・一％）、ローソン（一七・二％）、ファミリーマート（一二・五％）である。これから類推すれば、ローソンやファミリーマートの出店が、セブン-イレブンよりもさらに大きく、直営店に依存していたことは明らかである。直営店ではなく加盟店を中心にしたこと、これが店舗展開を加速した一因である。

直営店よりも既存店を加盟店化する方が、はるかに早く店舗展開をできる可能性がある。標準直営店を建設できる不動産物件を見つける作業が省けるからである。この作業は、種々な建築物が密集した東京都内のような、高度都市化地域では手間を要した。既存の中小小売商から加盟店を勧誘する場合、店舗展開速度の迅速化は既存店のコンビニ化の速度を効率化できるかに依存した。

セブン-イレブンは、既存中小小売店のコンビニ化という方法によって、どのように店舗展開速度を速めることができたのだろうか。

セブン-イレブンで店舗展開を担当したのは、リクルート・フィールド・カウンセラー（ＲＦＣ）やオペレーション・フィールド・カウンセラー（ＯＦＣ）と呼ばれる社員である。ＲＦＣが加盟店候補の探索・選別を担当し、ＯＦＣが加盟店契約後の開店準備を担当した。店舗展開速度の秘密は彼らの業務遂行のパターンにあった。

◆探索・選別のまなざし

加盟店募集の説得材料は、本部支援による品揃え拡大や商品情報提供による生産性向上、共存共栄、そして最低保障制度などであった。最低日額制度や最低保障年額制度は、加盟店の売上が悪かったときに、加盟店主の収入を一定限度保証する制度である。たとえば、七四年から実施した最低保証日額制度では、標準で一日三万二〇〇円を保証した。七六年から最低保障年額制度に変わった。店舗物件を保有する加盟店に対しては、初年度について一、一〇〇万円を保証した（セブン‐イレブン・ジャパン、一九九一）。

ＲＦＣの業務は、これらの説得材料について加盟店募集の広告を出し、応募者から選別するという、いわば受動的な探索ではなかった。彼らは町に出て、加盟店候補になりそうな中小商店をまさしく能動的に探し求めた。ただむやみに探し求めたわけではない。東京都内にかぎっても、七四年には一四七、三四六の小売店（事業所）があった。人口千人あたりで見ると一二・六店である。創業時の少人数のＲＦＣで、それらの中から適正な加盟店候補を発見することは至難の業であろう。

セブン‐イレブンは、加盟店候補についての明確な探索ルールを、探索活動の中から早期に作り上げた。店舗立地選定基準としては、店前の通行量が多いこと、それを店内吸引するため店舗間口が五間（約九メートル）あること、商圏範囲は五〇〇メートルとし、その範囲に駅、大学、専門学校があることなどである。しかし、これらの基準だけでは、探索活動は東京都内にかぎっても膨大なものになったであろう。

急速な店舗展開を促進した効率的な探索ルールとしてもっと重要なのは、探索の範囲をさらに絞り込むルールであった。それは、

- 探索の地理的範囲を特定地域に限定する
- 探索業種は酒販店を中心にする
- 特定地域内でも面的支配を目指すドミナント（地域内集中）型の出店を目指す

というものである。これらのルールによって、加盟店候補の探索活動を効率化したのである。

セブン-イレブンの第一号店は江東区埋め立て地の豊洲店である。この加盟店主は将来に危惧を持った酒販店の若き二世経営者であった。イトーヨーカ堂がサウスランド社と提携したことを新聞で知り、コンビニ化をいち早く依頼してきたのである。一号店は開店後に酒販店時代の五割増しの売上を達成した。客筋もそれまでの中高年男性や主婦に加え、子供や若者が混じるようになり若返っていた。

この変化はなぜ生じたのか。セブン-イレブンはただちにそれを見抜いていた。それは、コンビニの提供便益を高く評価してくれるのは新世代消費者であること、そして江東区は都内でもこれらの新世代消費者が多く住む地区であることである。なぜ江東区が一号店の出店先になったのか。加盟希望の第一号が江東区の酒販店であったということは偶然の産物である。しかし、そこがセブン-イレブン創業の出発地域に設定されたというのは、新世代消費者を狙うセブン-イレブンの戦略ビジョンの産物である。

鈴木敏文は加盟店探索地域の対象として、「深川（江東区）から一歩も出るな」と厳命した。これが創業時の出店範囲の基本探索ルールであった。七五年での江東区人口は三五五、三八二人である。東京都の千人あたり商店数から推計すれば、江東区の商店数は四、四七九店である。探索対象の商店数は大幅に減ることになる。

さらに同一地域内でもドミナント方式の出店を目指した。一店舗の商圏を五〇〇メートルとすれば、たとえば、半径二・五キロメートルの地域内に商圏の隙間ができないように、三〇店程度の集中出店をする方式である。この方式はコンビニのような小型店である地域を面的に支配し、競争者への参入障壁を形成するためだけでなく、各店舗への商品の小口配送を効率化するためにも不可欠であった。セブン-イレブンの戦略構想によれば、コンビニの競争単位は各店舗ではなく、ドミナント出店した店舗群とそれへの商品供給者からなる企業群である。

しかし、ドミナント出店は、このような狙いだけでなく、加盟店を迅速に確保するためにも不可欠であった。中小小売商は、共存共栄や生産性向上など、抽象的なスローガンだけで動くものではない。彼らを動かすのは成功の具体例である。彼らにはそれを眼で見せる必要があった。また同じ中小小売商仲間の成功談を聞かせる必要があった。ドミナント出店はこのような情報源を加盟店候補者の身近に用意した。少数の革新的な中小小売商をのぞけば、残りの中小小売商は草原の馬と同じである。一頭が走り出せば、他もそれに追随する。ドミナント出店はこの草原の馬の状況を作り出す巧妙な方法でもあった。

こうして、セブン‐イレブンは、ドミナント方式による面的支配の領域数が、江東区など特定地域内で潜在コンビニ市場の上限に達すると、探索地域を江東区以外の周辺地域に拡大していったのである。

探索ルールはこれだけではない。二四時間営業を見据えて、探索対象業種を酒小売業を中心にした。その理由は、酒類販売が免許制であったというだけではない。店前の通行量の店内誘因には店の間口は五間を必要としたが、このような条件を満たす業種店は米穀店か酒販店ぐらいしかなかった。またコンビニ化のための改装費用だけでも当時、一、五〇〇万円ほどかかった。この投資をできるには、酒販店のように、その資産内容は他の業種店にくらべて良いことが不可欠であった。七四年度の日本小売業で酒小売店の比率は六・九％である。この比率を使えば、江東区の酒小売店数の推計値は三〇九店になる。

しかし、ＲＦＣは以上のルールを手がかりに街をあてもなく歩いて、飛び込み営業だけをやったわけではない。彼らは通常の営業と同じように、多様な人脈やツテを頼りに加盟店候補の紹介を求めた。人脈やツテの源泉は、イトーヨーカ堂の提携会社、各地の酒販組合や商工会議所、セブン‐イレブンへの酒類納入業者、取引関係のある銀行、建築事務所、会計事務所、またすでに加盟店になったオーナーたちである。

以上のような探索ルールの活用により、ＲＦＣの探索活動は大幅に効率化された。地区限定によって探索のための移動時間は少なくなり、また候補の探索対象業種が絞られていたからである。彼らは酒販店を探し、その立地点の周囲に新世代消費者の居住場所があるかどうかで探した。つまり社員寮、民営マンションがあるかどうか、駅や学校があるかどうかである。また、通行者に新世代消費者が多くいるかどうかをチェックした。これらによって、コンビニ化した場合の改装費用の見積もりをしたり、どの程度の売上高が見込めるかを予測した。

加盟店候補が見つかると、ＲＦＣの次の仕事はその店主に面談し、コンビニ化へ説得することである。この過程で、その候補店の取引先の問屋筋からも、しばしば強力な妨害があった。セブン－イレブンは仕入先指定を基本方針としていたから、候補店の問屋から見れば、コンビニ化によって顧客を失うことにもなったからである。

◆加盟店の選別基準

加盟店候補を説得する作業はとくに創業時には困難を極めたが、コンビニ化を希望するすべての候補店を受け入れたわけではない。とくに重要なことは、加盟店として選別してもよいかどうかを判断することであった。加盟店探索やその後の加盟店実績の経験蓄積に伴い、加盟店選別の判断基準も、次第にチェックリストの形をとるようになる。チェック項目の中で、何よりも重視した項目は店主のやる気や、人柄、つまり商人としての資質であった（緒方、一九七九）。セブン-イレブンは、その経験蓄積を通じて、コンビニ化のような中小小売商近代化の決め手が、店主の企業家精神にあることを的確に見抜くようになっていたのである。

俗に企業家精神といわれるものは、いくつかの指向からなる。危険負担指向（少々の危険はあっても将来性のある事業は手がける）、革新指向（新しい事業のやり方がないかと絶えず研究する）、成長指向（個人資産を増やすよりも、収益を事業に投資してそれを拡大する）、資本家指向（事業拡大にさいしては従業員を増加させることをいとわない）などである。セブン-イレブン創業のニュースを知って、自らコンビニ化をセブン-イレブンに申し出た中小小売商たちは、まさしくこような企業家精神を持つ商人たちである。

しかし、当時の中小小売商のすべてが企業家精神的な指向だけを持っていたわけではない。多くの中小小売商は生業指向（今の商売は生計を維持できる程度の収入があれば十分である）、地元志向（現在の立地場所で商売を始めた以上、これからもこの場所でのみ商売を続けていくつもりである）、同族指向（今の商売は子供に継がせるつもりである）といった指向も持っていた。

当時、筆者は大阪商工会議所の依頼によって、大阪市の中小小売商意識に関して、回収標本数四、八二八という大規模な調査を行った（田村、一九八一）。それによると、重複回答による各指向の保有比率は、革新指向（七三％）、成長志向（五六％）、地元志向（五四％）、危険負担指向（四七％）、生

図 3-7　中小小売商指向の発展経路

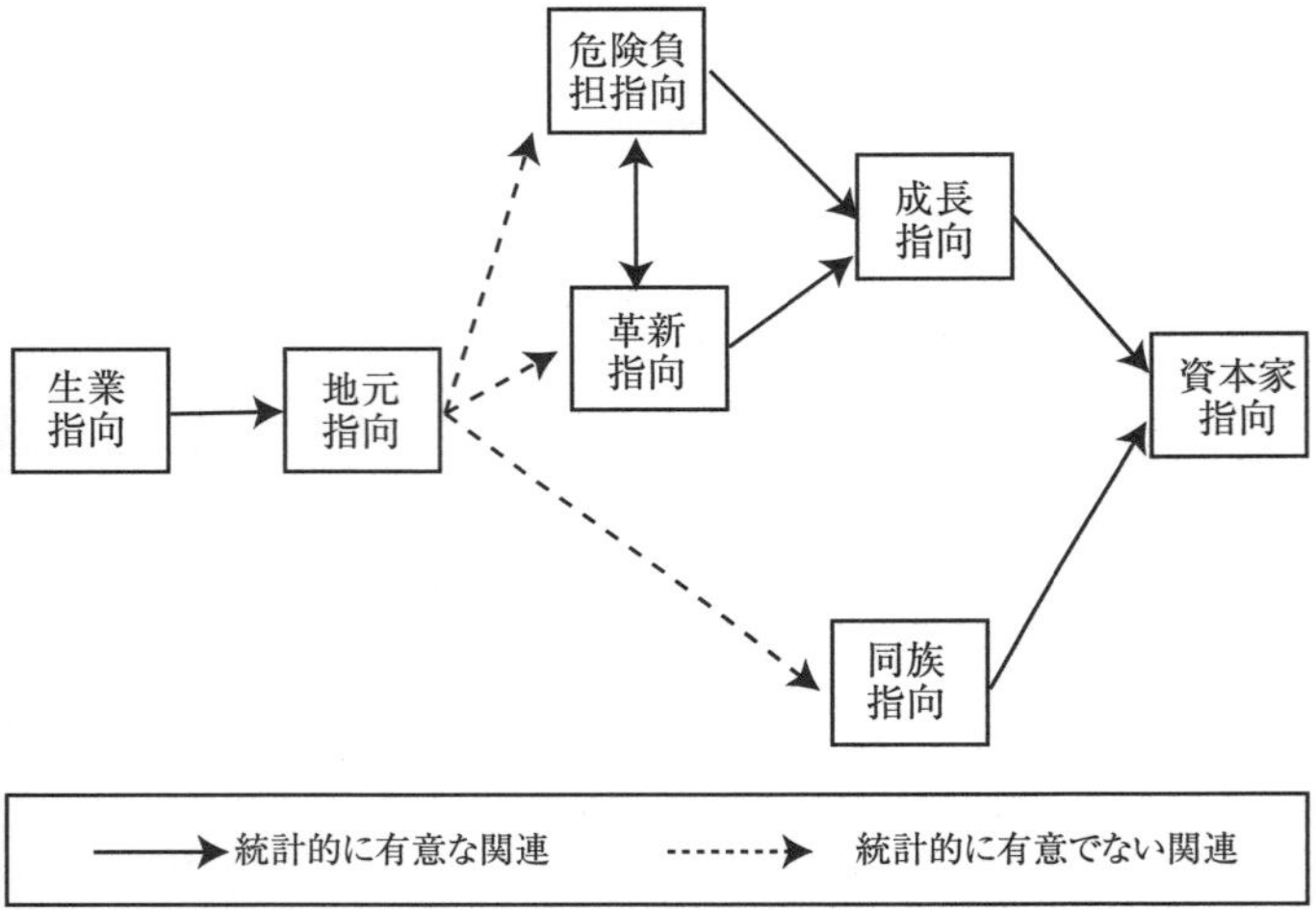

データ源：田村、1981 年

業指向（四〇％）、資本家指向（三七％）、同族指向（二五％）であった。

これらの指向間の関連を、指向の発展経路という観点から分析すれば、図3-7のようになった。生業指向から始まり資本家指向に到達する経路である。

この発展経路で重要な点は、生業・地元指向から企業家精神を構成する諸指向への経路に横たわる溝である。この溝は中小小売商といっても、企業家精神を持つ者と持たない者にほぼ二分されるということを示している。同調査によれば、店主の年齢が若い、後継者が決まっている、事業が成長しているという条件があるとき、中小小売商は溝を乗り越えて企業家精神を持つようになる。

店主のやる気や商人としての資質に基づき、

加盟店を選別するというセブン-イレブンの選考基準は正鵠を得ていた。中小小売商の近代化を謳ったセブン-イレブンも、その相手はすべての中小小売商ではなく、企業家精神を持つ中小小売商であった。当時の国の流通政策が、流通近代化計画などで、生業店も含めたすべての中小小売商の振興を目指したのと対照的である。

店主の企業家精神とともに、彼の財務状態も選考の重要なチェック項目であった。コンビニ化のための店舗改装には資金がいる。コンビニ化した場合の収益力から見て、店主はその投資に耐えられるかどうか、借金をする場合には返済計画が無理なく立つのかが基準であった。これらの選考基準に合格し、店主がコンビニ化に同意すれば、ＲＦＣはその資料を本部に委ね、彼の仕事を終えた。

◆開店準備の効率化

コンビニ化への契約が終わると、次に開店までの種々な作業がある。セブン-イレブンはこれらの作業を迅速に進めるノウハウを急速に蓄積した。その焦点は種々な作業をパターン化し、各パターンについて作業を標準化することであった。

まず、コンビニ化にあたって、既存建物の外装や内装を変えるだけでよい場合と、大幅な改築・改装を要する場合とがあった。建築スタッフがこの作業にあたり、それぞれの場合の設計と、投資見積もりを行った。店舗のレイアウトは、面積規模、元酒販店であったかどうかなどにより、異なるいくつかのパターンから選択・適用した。

建築仕様が決まり、実施するのと平行して、品揃えを決定しなければならない。各地区のＯＦＣがこの作業を担当する。加盟店の面積は多様であるので、標準的品揃えで統一することはできない。ＯＦＣはいくつかの品揃えパターンを持ち、その中から適切なものを適用した。

品揃えパターンについてとくに注目すべき点は、そのパターンがゴンドラの組み合わせによって構成されていたことである。ゴンドラとは、商品陳列用の店舗什器である。縦、横、奥行きなどの異なる種々な寸法のゴンドラがある。ゴンドラは雑誌、日用雑貨、飲料、菓子など商品カテゴリー別に設定される。それぞれのゴンドラを基本単位として、その組み合わせパターンによって品揃えを決定したのである。ゴンドラを基本単位とすることによって、異なる売り場面積についても、品揃え作業を標準化することが可能になった。品揃え品のレイアウトもパターン化されていた。

品揃えが決定すると、商品部に送られ、その管理者が決済する。これと同時に開店日が決まり、商品の配送計画や開店日のチラシなど、販促計画が標準化されたマニュアルに沿って用意された。

しかし、開店準備にあたっての最大の問題は加盟店主の教育であった。当時行われた日経調査（日本経済新聞社、一九七八）によれば、コンビニ展開上の問題点は多い順に、加盟店の育成（人材教育）、物流、立地選定、資金調達、品揃えであった。加盟店主の教育はそのトップである。

生業店と比べれば、企業家精神を持つ中小小売商は向上心に燃えている。彼らは経営改善に必要な知識をどん欲に吸収する。セブン-イレブンの速い店舗展開は、まず、中小小売商の中でも、この種の中小小売商を加盟店対象として選別した上で、きわめて早期にこの教育システムを整備したことによるものである。

創業間もない頃で加盟店が少なく、まだ赤字を出していた一九七五年三月に、セブン-イレブンは総工費約二億円をかけて大規模な研修センターを建設していた。それは最新の教育設備だけでなく、宿泊施設も備えていた。教育内容はコンビニ経営の基本、セブン-イレブンのシステムなどの実務知識である。この五日間の研修が終わると、新加盟店主はさらに直営店でマニュアル等の実務研修を五日間受けた（緒方、一九七九年）。セブン-イレブンの業務手順の多くがシステム化され、マニュアル化されていたので、このような短期間でも十分だったのだろう。

森の樹木を見ても、ミズナラ、コナラ、トチ、杉、ホウノキなど大木になるものの幼木は枝葉をのばす前にまず根を広く、深く張ることから成長を始める。店舗展開が樹木の枝葉とすれば、根は加盟店主の教育に該当する。セブン-イレブンにおける早期の教育投資は、この大木の成長過程に似ていた。新加盟店主の短期での教育養成の設備とシステムの事前整備は、加盟店による急速な店舗展開の必要条件の一つであった。

加盟店効率化のための新しい経済性追求

◆効率化追求の新方策

加盟店営業利益（セブン-イレブンの営業利益のうち加盟店から得る部分）の伸びは、加盟店数の増加だけで達成されたわけではない。加盟店を支援するためのセブン-イレブン販管費以上に、加盟店の売上高が伸びたことにも依存していた。前述のように、二部上場までの年平均成長率は、平均販管費が二一％であるのに対して、平均売上高は二七％であったからである。セブン-イレブンから見た加盟店の効率は急速に向上していた。

いずれの流通企業でも、効率性追求のために店舗数を増加し、企業全体の売上高を拡大しようとする点では変わりはない。そのためにかかる主要な費用は販管費である。前述のように、販管費は多様な費目を含んでいる。スーパー量販店などチェーン展開を指向する流通企業、たとえばダイエーについて見ると、販管費に占めるその主要費目構成比は、一九七四年度で人件費・福利厚生費（四五・六％）、賃借料（八・〇％）、広告宣伝費（七・七％）、減価償却費（六・一％）、荷造・運搬・保管料（二・

図 3-8　売上販管費率の推移

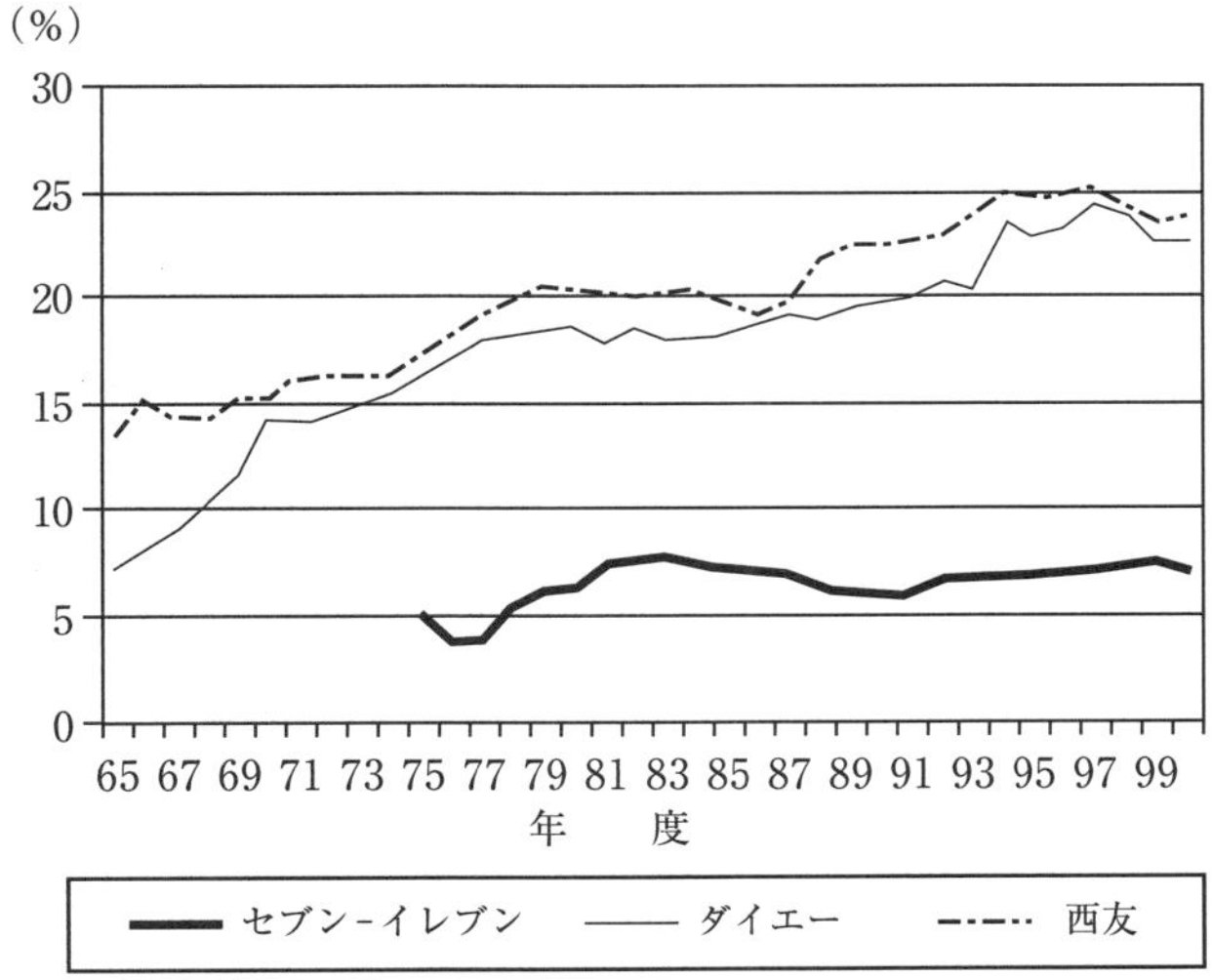

（注）セブン-イレブンの売上高は加盟店も含む全店売上高
データ源：基本活動 DB

一%）であった。

ダイエー、西友などの売上販管費率は、流通革命当初はかなり低かったものの、二一世紀にかけて店数や売り場面積の拡大につれて一貫して上昇傾向を続けた。人件費・福利厚生費だけでなく、地価高騰を反映して店舗用地ための賃借料などが上昇したからである。これに対して、セブン-イレブンの売上販管費率は、創業直後は高かったが、黒字化した七六年には一気に一〇%以下に低下する。

スーパー量販店とは対照的に、セブン-イレブンの売上販管費率は、この間に店舗数が急速に増加していったにもかかわらず、長期的にほとんど一定である。これはセブン-イレブンの際だった特徴である。一九七六年から七八年はまさにこの長期傾向の入り口であった。東証二部上場までにセブン-イレブンは、販管費を効率化する仕組みを確立していた。

このような仕組みは、主としてフランチャイズ・システムによるものである。セブン-イレブンの多くの店舗は直営店でなく、加盟店であった。つまり店舗については加盟店主の資産を利用した。スーパー量販店のように店舗用地や施設を買い取ったり賃貸する必要はほとんどなかった。加盟店はまた独立の事業主体である。その従業員はセブン-イレブンの従業員ではない。その人件費・福利厚生費は加盟店主の負担である。このフランチャイズの仕組みによって、スーパー量販店の売上販管費率をその後に押し上げていった人件費・福利厚生費、地代や賃借料など、費用上昇要因の影響を免れることができた。

セブン-イレブンはまた店舗レベルの効率追求の方法についても、百貨店、スーパー、専門店などの通常業態とは異なっていた。通常業態の店舗レベルでの効率性追求は、規模の経済性や範囲の経済性によるものである。

規模の経済性というコンセプトは、通常は生産企業を念頭に概念化されている。それは生産量が増大するにつれて、製品一個など生産単位の平均生産費が低下していくことをいう。流通企業はモノではなくサービスを生産するため、その生産単位を把握することは難しい。このため、流通企業では、売場効率（売場面積一㎡あたりの売上高）や従業員生産性（従業員一人あたり売上高）によって効率を測定してきた。流通企業において、店舗レベルでの規模の経済性の追求は、店舗の大型化である。それによって店舗の商圏を広げ、売場効率を高めようとしたのである。

範囲の経済性とは、企業がその事業範囲を水平的に、つまりより多くの事業を展開することによる事業運営の効率化である。その源泉は複数事業で共通の経営資源を利用することにある。通常業態の流通企業は、店舗レベルでも範囲の経済性によって効率を追求しようとしてきた。その主要な方法は店舗の品揃え範囲を拡大することであった。範囲の経済性が生じる源泉として、ある商品を買いに来た顧客がついでに他の商品も購買することを期待した。百貨店やショッピングセンターのワン・ストップ・ショッピングはこの範囲の経済性を狙ったものである。

セブン-イレブンは、規模の経済性も範囲の経済性も狙わなかった。売り場面積が一〇〇㎡前後であり、品揃え範囲の中心が加工食品、日用雑貨を中心に三、〇〇〇品目程度というのは、創業以来、今日に至るまでほとんど変わることのないセブン-イレブンの不動点である。セブン-イレブンのコンビニ店における効率向上は、新しい経済性の追求によって達成されたものである。この新しい経済性は、時間の経済性や編集の経済性と呼べる新しい効率追求策であった。

◆時間の経済性

時間の経済性とは、店舗設備を時間の許すかぎり稼働させることによって達成される効率の向上である。その極限は年中無休で二四時間営業することにある。創業後間もない七五年六月、セブン-イレブンはサウスランド社のデータに触発され、二四時間店の実験を開始していた（田中、二〇〇六）。それは立地特性が異なる三種の直営店で行われた。一つは福島県郡山市の中心に立地する虎丸店、次は東京江東区の下町に立地する東陽店、そして神奈川県相模原市の郊外ロードサイドに立地する相生店である。

虎丸店はオフィスビルが建ち並ぶ郡山市の中心街にあるから、夜一〇時ともなれば周囲の人影もまばらになる。それまでの七時から二三時までの営業時間の場合、来店数は一日七〇〇人、売上は三六万円であった。しかし、二四時間にすると、来店数は一二〇〇人に、売上は五四万円に増えた。

この数字をもとに一時間あたり来店数と客単価を計算すれば、七時から二三時以前は客数が四三・七人、客単価五一四円、それ以外の時間帯では客数が六三人、客単価は三六〇円になる。時間あたりの売上は両時間帯ともに二・二五万円である。来店客は新聞配達など早朝より働いている人、残業しているサラリーマン、深夜まで起きている学生、タクシー運転手やサービス業就業者など、深夜まで就業している人たちであった。

立地特性が異なるにもかかわらず、他の二地区での実験も同じような売上結果を示した。下町の東陽店では、昼間では雑誌や中食用食品が目当ての高校生、夜間では残業で遅くなり帰宅後に食事の準備をする時間のない人、腹を減らした大学生などの顧客がいた。

とくに注目すべきは郊外ロードサイド店である。周囲が田畑であっても、前の国道や県道には多くの車通行量があった。トラック便は二四時間通行していた。運転手はどこかで食事をとらねばならない。さらに都内への車通勤に時間を要するので、朝食や夕食を準備する時間的余裕がない共稼ぎのサラリーマンの客がいた。

ロードサイド店の商圏は店舗立地点から円形に広がるような商圏ではない。この円形商圏は周囲の居住者を吸引している。ロードサイド店の商圏は前面道路の通行量といういわば線商圏である。車の普及や人口の郊外化などが、この種の新しいかたちの商圏を生み出していた。この商圏は居住者をその居宅から吸引する固定商圏に対して、店周囲の通行者からなる流動商圏と呼べよう。コンビニのロードサイド店は、大型専門店、外食チェーンなどとともに、車社会とともに登場したこの新しいタイプの商圏の発見者である。

いずれにせよ、これらの実験は、コンビニの提供便益を高く評価する新世代消費者が、江東区だけでなく都内全域に面的に広がり、さらに東京への人口集中とそれに伴う郊外化、さらには車の普及によって首都圏全域にも広がりつつあることを示していた。こうして実験の翌年になると、加盟店の二四時間化がスタートした。このような加盟店の労働力は、パートの採用とワークシフト体制によって確保されていた。労働市場の変化に対してもコンビニはその先端的適応者であった。パートの人件費は低く、また冷蔵庫に要する電力代もほとんど変わらなかった。

二四時間化した加盟店はその売上を五〇％以上も伸ばしただけでなく、粗利益率も向上した。夜間市場の多くの客は粗利の大きいファストフードを求めたからである。二四時間化による時間の経済性の追求は、品揃えの編集にも大きく影響した。セブン-イレブンは、おにぎりを始めファストフードを、以後次々に品揃え品目に追加していくことになる。二四時間化した加盟店の比率は、七八年八月には一六％、七九年には二五％に増え、以後年を重ねるごとにその比率を拡大した。二〇〇三年には九九・四％とほぼ全店採用にまで達する（緒方、二〇〇三）。

年中無休で二四時間営業すれば、年間営業時間は八、七六〇時間になる。大型店や商店街の当時の営業時間を二、七〇〇時間とすれば、三・二四倍になる。さらに重要な点は、大型店規制を受けたり、人手不足によって閉店している店舗は、競争上から見ると無店舗と同じであるという点である。セブン-イレブンが七時から二三時の営業時間の場合、大型店や商店街との無競争時間帯はその営業時間の五四％を占めた。二四時間営業になると、それは六九％に拡大した。

前述のように、無競争時間帯は、キムとモボルニュ（二〇〇五）がいうブルー・オーシャンである。それは競争者同士が客を奪い合い、血みどろの戦いを繰り広げるレッド・オーシャン（既存市場）ではなく、茫洋とした青き大海原のような無競争市場である。七〇年代から九〇年代の初頭まで続いた厳しい大型店規制によって、このようなブルー・オーシャンが現れていた。それは、同じコンビニとの同業態間競争が本格化する八〇年後半まで存在することになる。二四時間店比率が増えるにつれて、セブン-イレブンはこのブルー・オーシャンで時間の経済性をあくことなく追求し、加盟店売上高を急速にのばしていったのである。

◆編集の経済性

長時間営業をしても、そこに魅力的な商品がなければ客は来ない。セブン-イレブンは新世帯消費者を標的として絞り込んだ品揃えを行い、新しい経済性を追求する必要があった。

緒方（一九七九）は、阿部幸夫によって作成された、セブン-イレブン一号店開店当時のレイアウトのスケッチを紹介している。それを見ると、三〇を超えるゴンドラで商品が陳列されている。壁面の商品陳列を見ると、入り口側には、ハンカチ、スーパーバッグ、週刊誌、メガネ、たばこ、コーラ、スラーピー（セブン-イレブンのみで販売される清涼飲料）、ジュース、コーヒー、ポップコーンなどが並んでいた。

右側壁面には、サンドイッチ・ホットドック、牛乳・卵・水物・漬け物・佃煮、飲料品・ワイン、ビールがクーラーに入れられていた。左側の壁面は冷凍ケースに入れられた冷凍食品、アイスクリームである。奥の壁面は、洗剤、ベビー用品、マッチ、ティッシュ、台所用品、和洋酒、子供雑誌のゴンドラが並ぶ。

店の中央には三つのゴンドラ群がある。一つは、総菜、コーンフレーク、嗜好品、パン、ナッツ、調味料、缶詰からなるゴンドラ群である。その横のゴンドラ群は、婦人雑誌、キャンディ、袋菓子、乾物を置いている。最後のゴンドラ群は、靴下、文房具・電球・雑貨、医薬品・化粧品、粉乳であった。

これらの商品のほとんどは、伝統的に零細な業種店によって別々に取り扱われていた。日本標準産業分類における酒、菓子・パン、料理品、乾物、卵・鶏肉、牛乳、書籍・雑誌、化粧品、紙・文房具などの小売業である。一九六〇年代から本格化した流通革命で、その担い手のスーパー量販店は、その店舗大型化によってこれらの業種店の品揃えのすべてを、大型店品揃えの一部に包含しようとした。範囲の経済性を追求したのである。量販店に行けば、これらの業種店の取扱商品を発見することができた。

セブン-イレブンの品揃えはこれらの業種店すべてに関わっている。しかし、重要な点は業種店の品揃えのすべてを包含しようとしたのではないことである。これらの業種店の平均売場面積を一九七四年度の商業統計から計算してみると、酒（三八㎡）、菓子・パン（二三㎡）、料理品（三二㎡）、

図 3-9　セブン-イレブンの売場効率（1㎡あたり売上高）**の推移**

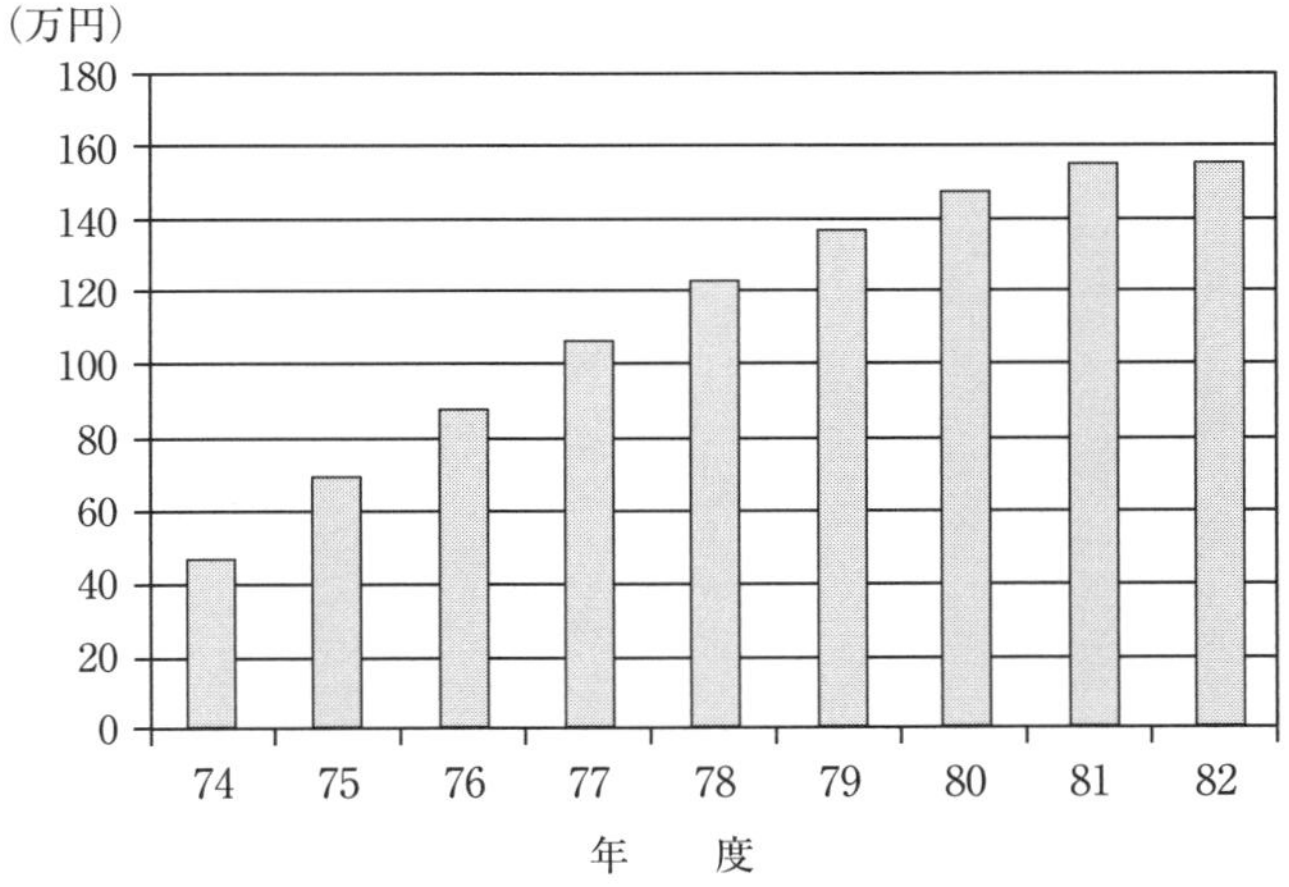

（注）セブン-イレブンの店舗売り場面積を 100㎡と想定した
データ源：基本活動 DB

卵・鶏肉（二〇㎡）、牛乳（二〇㎡）、書籍・雑誌（四八㎡）、化粧品（三二㎡）、紙・文房具（三〇㎡）などとなる。セブン-イレブンの売り場面積は平均一〇〇㎡前後といわれる。各業種店と比べると五倍から二倍程度の売り面積である。しかし、関連業種店の売り場面積の合計は二四三㎡になる。これはコンビニの売り場面積の二倍以上である。

コンビニは、量販店とは異なり、これらの業種店の品揃えのすべてをその品揃えにしたのではない。コンビニはこれらの業種店の品揃え品目の一部分をピックアップした。たとえば、書籍・雑誌店からは雑誌のみをピックアップした。料理品店からは総菜を中心にピックアップした。セブン-イレブンはそれまでの食品・日用品雑貨の多様な業種店の取扱商品の中から、適切な品目を選別・編集して新しい品揃えを形成しようとしたのである。このピックアップの編集方針は、新世代消費者が使う商品であること、購買後一時間以内に消費されるような商品であった。

一〇〇㎡前後の売り場面積に、多くの業種店にまたがる商品を編集した上で集約したのである。これによってコンビニの品揃えは、新世代消費者に焦点を合わせたものになり、彼らにとって提供便益が増えた。店舗数が増え経験が蓄積されるにつれて、編集方針がより明確になり、品揃えもより洗練されていった。

七四年から七九年はセブン-イレブンの全史の中で、売場効率（一㎡あたり年間販売額）がもっとも急速に伸びた時期である。七四年には約四七万円に過ぎず、関連業種店の売場効率と比べてとくに効率的であるとはいえなかった。同年での各業種店の売場効率は、商業統計によると、酒（五五万円）、菓子・パン（三〇万円）、料理品（七八万円）、乾物（四五万円）、卵・鶏肉（四九万円）、牛乳（七四万円）、書籍・雑誌（三六万円）、化粧品（三一万円）、紙・文房具（三〇万円）だったからである。

しかし、七八年になると、セブン-イレブンの売場効率は一一三万円へと飛躍的に向上する。これはその翌年の商業統計が示す関連業種店のすべての売場効率をも上回るものである。ちなみに七九年度商業統計によれば、関連業種店の売場効率は、酒（八七万円）、菓子・パン（四七万円）、料理品（一一八万円）、乾物（六六万円）、化粧品（七〇万円）、書籍・雑誌（一〇〇万円）、紙・文房具（五〇万円）、卵・鶏肉（七八万円）である。

従来の業種・品種の区分にとらわれることなく、それらから標的顧客の欲求に合うものだけを選択・編集して新しい品揃えを作る。顧客にとっては自分の欲しい商品がそろっているから、来店頻度が増え関連購買も増える。これによる売場効率の向上が編集の経済性である。編集の経済性は時間の経済性と相乗作用しながら、セブン-イレブンの売場効率を飛躍的に向上させていった。

◆取引数単純化による伝統経路への挑戦

編集の経済性追求は、標的顧客への品揃え適合による店舗魅力の向上を狙ったものである。しかし、品揃え適合を計画することと、それを維持し続けるとは仕組みが違う。新規開店当初はすばらしい品揃えであっても、しばらくすると欠品が目立ち始め、品揃えの化粧崩れを起こす店は少なくはない。編集の経済性追求には、品揃え適合を維持し続けられる仕組みが不可欠である。

消費者のアクセス便宜性を追求するために、コンビニは一〇〇㎡前後の小型店で拡散立地した。売場面積の制約はコンビニ業態の持って生まれた変えることのできない業態制約である。編集の経済性を追求するには、この狭い売り場に多様な品種を編集して陳列しなければならなかった。このためには同一品種内の品目数を絞り込み、また各品目の店頭在庫量を削減する必要がある。商品回転率の高い生き筋商品だけに品目を絞り込み、各単品在庫量をできるだけ削減する。これは編集の経済性を追求するさいの不可欠の大前提である。

東証上場までのセブン-イレブンは、まず単品在庫量の削減に向かって挑戦した。単品在庫量を削減するには、短期的には発注を手控えればよい。しかし、そうすると欠品が生じ、在庫があれば実現できたはずの売上を失う。いわゆる機会損失である。機会損失を抑えながら、在庫を維持する方法は、取引ロットの小さい発注を短い引渡時間で実現してくれる商品供給体制しかない。多頻度小口の配送システムである。しかし、セブン-イレブン創業当時の伝統的流通経路は、このような要求を満たすにはほど遠い存在であった。

それは一号店への商品供給のために到来した多数のトラックに象徴される。一日に七〇台のトラックがやってきたといわれる（セブン-イレブン・ジャパン、一九九一）。しかもその配送ロットは大きく、段ボール箱単位であった。当時、流通段階での最小取引ロットは、工場段階でのメーカー・ケース・ロットを基準にしていたからである。コンビニは用地内で売場をできるだけ広くとるため、バックヤードは狭い。段ボール単位の配送では店内に在庫保有はできなかった。加盟店主が荷受け作業に時間をとられると、営業や仕入れなど、店の収益をもっとも大きく左右する肝心の営業活動が大きく阻害される

セブン-イレブンの品揃えは、それまでは異なる業種小売店で取り扱われていた商品の中からピックアップして、編集の経済性を追求しようとした。しかし、これらの商品の流通経路は、当時は業

種別に編成されていた。このことはたとえば酒、乾物、菓子・パン、荒物、医薬品、化粧品などの業種については、たとえば酒卸売業、酒小売業といった同じ業種名を冠した卸売業と小売業が日本標準産業分類に登場することに示されている。

しかもこの業種別流通経路は複数の卸売り段階を経由する長い流通経路であった。これは各業種について小売販売額に対する卸売販売額の比率、つまりいわゆるW／R比率を商業統計によって計算してみれば明らかである。七四年度については、酒（一・五四）、乾物（五・四六）、菓子・パン（一・一二）、荒物（四・六六）、医薬品（四・二七）、化粧品（三・九四）などとなる。

卸売り段階が一段階であるならば、小売り粗利益率の分だけ卸売販売額は小売販売額よりも小さくなり、W／R比率は1を下回るはずである。しかし、そうなっていないのは、複数の卸売段階が介在して、段階ごとの卸売販売額が加算されるからである。零細過多の業種小売店とそれを支える長い流通経路は、当時の日本の流通経路の構造特質であった（田村、一九八六）。

この長い流通経路には種々な卸売商が介在した。大別すれば、統合卸、第一次卸、第二次卸になる。統合卸はメーカーの販社などである。消費財にかぎっていえば、第一次卸には元卸（生産者あるいは国外から仕入れ、卸に販売）や直取引卸（生産者あるいは国外から仕入れ小売に販売）がいた。第二次卸には中間卸（卸から仕入れて他の卸へ販売）と最終卸（卸から仕入れて小売に販売）がいた。経路が長くなるのは、元卸や第二次卸が介在したからである。

ブランドを持つ有力メーカーは、このような流通経路の卸売段階を、自社専用の流通経路に再編しようとしていた。かれらは五〇年代後半からの高度経済成長の過程で、果敢なマーケティング活動を展開して、ブランド・マーケターとして台頭していた。そのマーケティングを支えた支柱は、新製品をブランド品として継続的に開発すること、それを攻勢的な広告宣伝によって消費者大衆に告知すること、そして流通統制を行うことであった。これらによって、競合品を上回る価格設定で価格プレミアムを獲得しながら、大量販売を狙っていた。いわゆるマス・マーケティングである（田村、一九九六）。

新製品開発や広告宣伝に関しては先端的マーケティング技術を駆使したが、そのマーケティング経路に関しては伝統的経路を利用しようとした。つまり、多数の零細業種店への長い流通経路を使った。零細業種店を使った理由は全国各地への稠密な販路を確保するためであり、長い販路を使ったのは多数の販路への商品分散機能を確保し、また売れるかどうかわからないという流通在庫リスクを分散するためである。

このような経路で価格プレミアムを維持して販促活動を展開するため、卸売商を特約店制で統制した。他社製品を取り扱わない代わりにリベートを提供して、卸売商の営業活動を統制した。また小売段階ではその品揃えを狭い範囲にかぎろうとした。メーカーと流通企業の間で品揃え範囲が食い違うと、それだけ流通統制は困難になったからである。こうして有力メーカーが存在する場合、業種別経路がさらにメーカー別に細分された。セブン‐イレブンの一号店に多くのトラックが押しかけたのは以上のような事情による。

ブランド・マーケターは消費者指向を強調していたけれども、それはあくまでも自社製品という枠組みを通して捉えた消費生活であった。これにたいして、セブン‐イレブンが品揃え形成をする場合のまなざしは、それが標的とした新世代消費者の生活実態を踏まえたものであった。それを見据えて、セブン‐イレブンが編集の経済性を追求しようとしても、流通経路がこのような状態では、編集の経済性を追求する品揃えは維持できない。伝統的経路は伝統的業種店それぞれ向けに個別化され、編集の経済性を追求しようとするセブン‐イレブン用の経路ではなかった。

編集の経済性を実現しそれを維持し続けるには、セブン‐イレブンは伝統的経路に挑戦しなければならなかった。新しい商品供給システムを創造し、編集の経済性を実現できる売場を支えねばならない。矢作（一九九四）は、これをコンビニの革新性の一つとして指摘している。たしかにその通りだが、メーカー・マーケティングが支配的な体制の時代に、いかにしてこの革新ができたのだろうか。

この問題に七六年からセブン‐イレブンがとった行動は、メーカー支配型の経路や古い商慣習が支配する経路に、蟻の一穴を開けることから始まった。兵法書の孫子（一九九一）はその形編で、勝つためには敵の敗形、つまり弱い態勢部分に乗じることの重要性を説いている。セブン‐イレブ

図 3-10　セブン-イレブンの出店地域比率

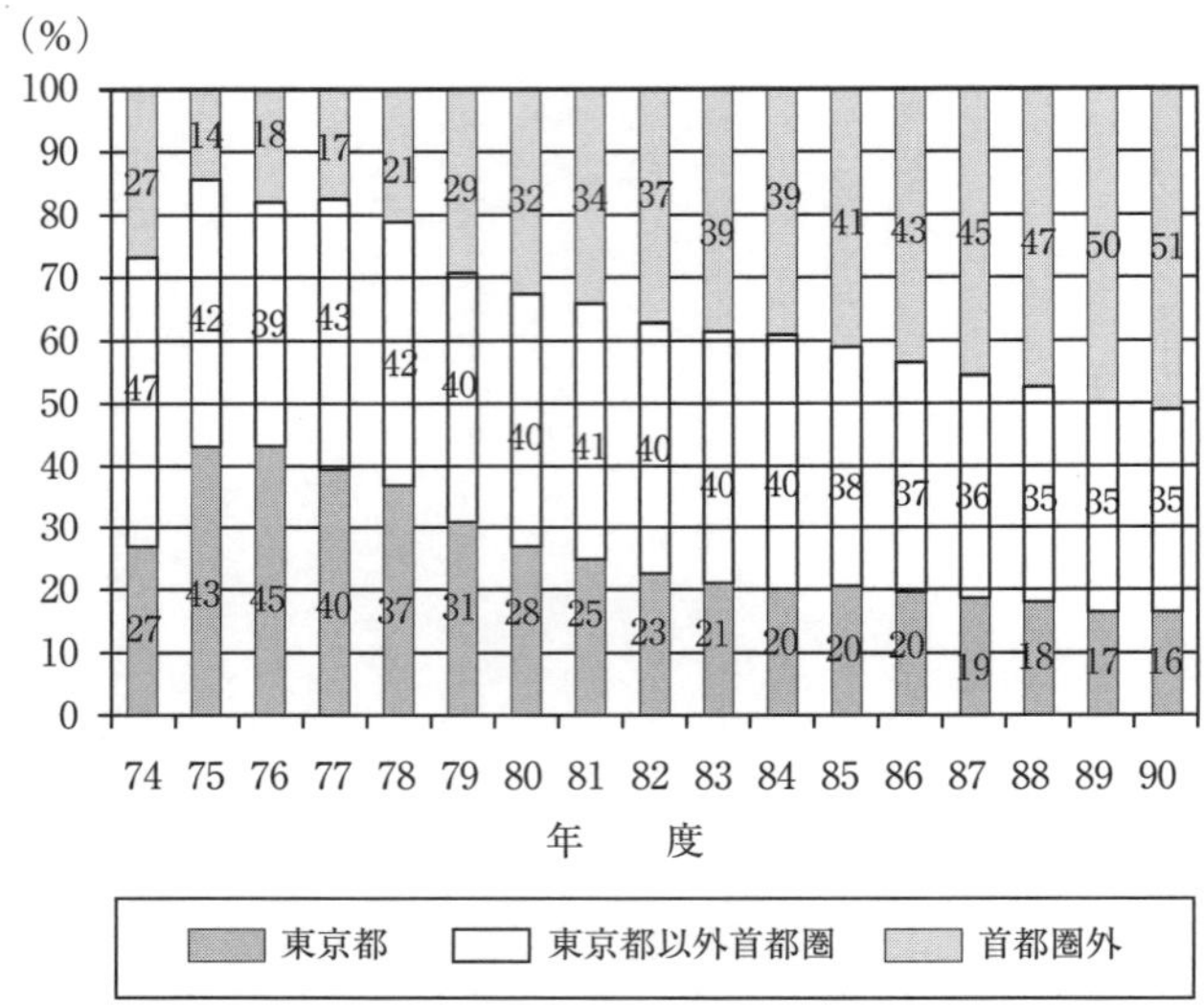

データ源：出店 DB（本書「データベースの構築」p.31 参照）

ンの商品供給システムにおける革新も、この孫子兵法に従っていた。セブン-イレブンが蟻の一穴を開ける最初の標的は、伝統的経路のもっとも弱い部分、つまり第二次卸であった。

第二次卸の主要機能は第一次卸から仕入れ、小売商に販売するという分散機能である。しかし、六〇年代からの流通革命によってこの分散機能は大きく風化しつつあった。急成長したスーパー量販店の仕入れロットは大規模化し、第二次卸はそれへの納入業者としては排除されつつあった。また、その主要顧客である全国の中小小売商もスーパーなどとの競争の中で急速に停滞しつつあった。第二次卸の多くはその将来の存続に不安を感じていた。成長販路をつかんで生き残ることは彼らの共通の願いであった。

伝統的な流通経路に対して、セブン-イレブンの攻撃は果敢であり、かつ相手の足下を見て巧妙であった。まず手始めは、八〇社あった取引問屋を半数の四〇社に選別することから始まる（日経新聞夕刊、七六・七・一三）。イトーヨーカ堂を親会社に持つセブン-イレブン（ヨークセブン）のいうことを聞かなければ、帳合いから外される。取引問屋の選別・削減の実施は、弱体化しつつあった第二次卸にとって、取引条件交渉の威嚇として機能した。

メーカー支配型の経路については、小ロットによる個店配送、配送スケジュールの遵守を要請した。これに対応するため、菓子問屋の高山はセブン-イレブン対象に営業所網作りを始めた（経済流通新聞、七六・一一・一八）。この要請の背後には親会社のイトーヨーカ堂のバイイング・パワーがあった。

日用雑貨や日配品など有力メーカーが存在しない経路では、業績の良くない問屋にセブン-イレブン専用の倉庫を設けるよう勧誘したり、メーカーの共同配送を提案した。七六年には雑貨問屋の青木商店がセブン-イレブン専用倉庫を設けた。同じ年に、余裕のあるメーカーの既存施設を共同配送センターとして、牛乳、麺類、漬け物、サラダなどの共同配送が本格化した。

専用倉庫や共同配送センターは、取引数単純化という流通システムの原理（田村、二〇〇一）の応用である。たとえば、五人ずつの売り手と買い手が直に取引すると取引総数は二五であるが、中間段階を置き、売り手と買い手がこれを経由して取引すれば取引数は一〇に減少する。この取引数単純化の原理によって、セブン-イレブンの要請に対応した問屋はその物流費を大幅に削減できた。それに対応してセブン-イレブンも商品回転率を高めることができただけでなく、商品の仕入れ価格を切り下げることができたであろう。

◆密度の経済性

さらに物流費の削減に大きく貢献したのは、密度の経済性である。密度の経済性とは、ある地域に顧客が密集しているときに起こる費用低減である（ベサンコ、ドラノブ、シャンリー、二〇〇二）。セブン-イレブンの店舗は、ドミナント出店というその店舗展開方式によって、狭い地理空間に面的に展開し高密度で立地していた。そのためその地域への物流にさいしては、物流施設やトラックなどをより集約的に利用することができた。これによって、配送効率が向上した。

さらにセブン-イレブンはコンビニの提供便益を高く評価する新世代消費者が流通新大陸であることに早期に気づいたが、七五年から七八年まではその店舗展開は首都圏が八〇％を超え、その半分は東京都であった。新世代消費者がもっとも急速に台頭し、しかも頭数がもっとも大きい地域に集中出店したのである。これらの地域はドミナント出店網によって埋め尽くされていった。以上のような首都圏への集中出店戦略も、全体として密度の経済性を大いに高めることになったのである。

情報のマトリックス統合

セブン-イレブンはフランチャイズ・システムであるから、その全店売上高の大部分を支えるのは加盟店である。法的にいえば、加盟店は独立経営主体である。商品の発注、それに伴う在庫責任は加盟店が負う。しかし、セブン-イレブンは創業直後から、加盟店をまるで直営店であるかのように管理するユニークな組織機構を作り出していた。この中核がOFCを全国から毎週本部に招集して行うFC会議である。この会議には、本部幹部だけでなく、RFCも招集された。

七九年度でOFCは約一二〇人いた（緒方、一九七九）。同年の従業員数は四八五人であるから、その約四分の一がこの職務を担当していた。OFCの職務は、一人で七～八店程度の加盟店を担当し、その営業や管理について援助することであるとされている。しかし、OFCがセブン-イレブンで果たしている役割は、同時に本部と加盟店との間の連結ピンとして、セブン-イレブンの戦略に従った業務遂行を、各加盟店まで落とし込む営業活動でもあった。

FC会議は、OFCのこのような役割遂行を効果的に行わせるために不可欠な組織機構であった。この点はFC会議の運営様式に明らかである。FC会議では時間帯ごとに、表3-1のようにいく

表 3-1　FC 会議の運営様式

時間帯別会議	内　　容
鈴木敏文	・基本戦略・業務についての講話
商品本部	・商品情報と必要な対応
各事業部門	・連絡事項、加盟店への徹底事項
オペレーション部門分科会	・推奨商品取り消し ・新規推奨商品の売れ行き動向 ・システム改革や販売促進活動
リクルート部門分科会	・リクルート中の事案についての経過報告 ・開店後の業績についての検討
ゾーン・ミーティング（ゾーンごとの分科会）	・その地域のその週の加盟各店への対応 ・OFC の事例報告と問題点討議
ディストリクト・オフィス・ミーティング（ディストリクトごとの分科会）	・ディストリクト内の個店レベルの問題点、対応策、OFC への注意事項など

データ源：セブン-イレブン（1991）の記述に基づき作成

つかの会議が運営される。組織の縦と横にわたって出来事情報をマトリックス統合して、組織全体の目的と行動方向についてコミュニケーションを徹底する場として機能したということである。

組織の縦とは、トップや本部機構から第一線（ＯＦＣ）に至る組織の垂直的な側面である。セブン-イレブンでの意思決定機関は、取締役会とＥＣ会だけである。後者は役職役員だけで構成される。ＦＣ会議はこれらのトップ意思決定を伝達するための会議である。セブン-イレブンでは通常の企業におけるように、意思決定にも参加する中間層は存在しない。いわば少数の将軍と多数の兵卒からなる軍隊のような極度に権限集中した組織である。そしてＦＣ会議を通じて、意思決定者は業務担当者に直接にその意思を伝えた。

　ＦＣ会議は、鈴木敏文とＯＦＣが直接にコミュニケーションできるフラットな組織構造を作り出した。鈴木の講話によって、ＯＦＣは組織がどの方向に向かおうとしているのかを理解しようとした。優れた組織では、トップの一般的・抽象的な戦略方向を第一線の社員が各自の特異な作業現場ですべき業務に落とし込める能力を持っている。鈴木は自分の考え方を聴講者が理解しているか、また関心があるかを、かれらの顔色を見て判断していた（鈴木、二〇一三）。

　オペレーション部門は商品本部伝達や、加盟店の経営相談・指導を業務とする。その分科会では、各地域情報の本部集約によって、市場の一般的動向を伝えた。また加盟店売場を活性化するのに必要な新製品情報を伝えた。新製品を発注してもらうことは、加盟店売場を活性するだけでない。同時にセブン‐イレブン本部の経常利益向上に多大の貢献をした。後述するように、新製品はたんにその粗利益だけでなく、仕入先から多額の販促協力金を獲得できたからである。ＯＦＣ分科会も、発注業務を中心に本部が集約した全国的情報を伝えた。リクルート分科会は、加盟店リクルートや新規加盟店の情報を伝えた。

　ＦＣ会議はまた組織の横方向への情報伝達にも貢献した。セブン‐イレブンの加盟店は広く地理的に分散している。各地域により消費者行動や競争条件も異なる。地域別の分科会では、各個別現場から出てきた優秀なアイデア事例を紹介した。新しい改善方法などの情報を伝えるとともに、それがどの程度に他の店でも適用できるかの範囲条件を明らかにした。

地域のゾーンを狭めると、問題の出方はより同質的になる。セブン-イレブンは店舗数が増えるにつれて、地域をゾーンとディストリクトの二段階でくるようになる。ゾーンは七七年、ディストリクトは七八年に設定されている。各ゾーンは管理情報システムの状態によって異なったが、約五〇〇の店舗を守備範囲とした。ディストリクトはそれをさらに狭く区分けしたものである。約七〇店舗を担当していた。これらの地域分科会は、地域特有の問題を議論した。

ＦＣ会議での情報のマトリックス統合によって、セブン-イレブンは機動的に迅速に行動できる企業となった。鈴木敏文の言葉によれば、「社員全員が私と同じ経営の考え方を持ち、ベクトルを合わせて仕事に向かっているのが、セブン-イレブンという企業なのです」（鈴木敏文、二〇一三）ということになる。情報のマトリックス統合によって、セブン-イレブンは流通新大陸を制覇するためのフォーマットを急速に確立していった。それは創業時の飛翔のドラマだけでなく、その後の持続成長へとつなぐ組織インフラとして機能していくことになる。

Ⅳ　正面から迂回へ
――後発参入への迎撃戦略――

セブン-イレブン東証第二部上場から一〇年ばかり後の八〇年代の終わり頃まで、コンビニ業界は、いわば群雄が割拠し領土拡張を争う、戦国時代の様相を呈していた。流通業界全体を見ると、七〇年代から続く厳しい大型店規制の下で、暗雲が垂れ込め停滞感が支配した。流通革命を先導したダイエーなど大型店は、その発展の芽を摘まれ、収益力を急速に低下させていた。この時代的背景の中で、コンビニの急成長はまさしく一条の光であった。多くの流通企業がこの大型店規制を受けない領域に活路を見いだし殺到した。

コンビニ市場は流通新大陸として、まさに大平原における開拓競争の場となった。どの地域に出店して店舗ネットワークを張るのか。どのようなフロント・フォーマットで消費者に価値提案を行い、それをどのようなバック・フォーマットで支えるのか。コンビニ各社が追求した競争優位性の基盤はきわめて多様であった。その中でセブン-イレブンはどのような足跡を残していったのか。それはブルー・オーシャン・メカニズムに代わる、持続成長の新しいメカニズムを構築する道行きを示している。

急成長するコンビニ市場

◆地域拡大を伴う急成長

きわめて短期間でのセブン-イレブンの上場は、新世代消費者を中核とした流通新大陸が登場しつつあることを実証した。それまで及び腰であった企業も含めて、参入時期をうかがっていた多くの企業がこの市場に殺到した。

MCR（Manufacturer CVS Rseacher）によれば、一九七九年のコンビニ店数は推定で九〇〇〇店あった。八九年になると実数で三八、〇〇〇店に増加していた（阿部、二〇〇二）。MCRとは、酒類、食品、菓子の主要メーカー三社が、各社一〇名ほどの出向社員をだして外部コンサルなどの協力も得ながら、コンビニの実態調査を行うために設けた機関である。

MCR統計の特徴は、その「コンビニ店」の中に、コンビニだけでなくミニスーパーも多く含んでいる点にある。そのためコンビニ数は後年の他の調査にくらべて過大推定になっている。コンビニの定義項目の一部として、売場面積が五〇—二三〇㎡、酒類、菓子類を含む広義食品の店売りシェアが全体の五〇％以上、酒類、生鮮食品、菓子、ファストフーズ、弁当・総菜および非食品のうち、どの部門の店売りシェアも全体の六〇％以下であること、などを採用しているからである。また八一年以前については売上高のデータはない。

八一年以前で、店数だけでなく売上高の様子をとらえた資料は日経の調査しかない。これによると、東証二部上場時の一九七九年度でも、主要コンビニ企業三一社で店舗数は三、一九二店、売上高は三、八四七億円あった（日本経済新聞社編、一九八二）。この一〇年後の八九年度になると、主要コンビニ企業四六社の店舗数は一六、二〇八店、その売上高は一兆三、四七六億円に達していた（日経流通新聞編、一九九二）。この一〇年間の年平均成長率は、店舗数が一七・六％、売上高が一三・四％になる。

流通業界全体の数字から見ると、これらの年平均成長率がいかに驚異的な数字であったか。商業統計によれば、ほぼ同じ期間の七九年度から八八年度にかけて、日本小売業における商店数は一、六七三、六六七店から一、六一九、七五二店に減少していた。八五年度から日本の商店数は、中小小売商の衰退によって、歴史上初めて減少に転じ始めていたのである。この間の年平均成長率はマイナス〇・四％である。

販売額の変化を見ると、七三五、六四四億円から一、一四八、三九九億円に変化していた。その年平均成長率は五・一％である。商店数減にもかかわらず、販売額が増加しているのはこの間に店舗の大型化が進んだからである。いずれにせよ、小売業全体と比較すれば、コンビニの年平均成長率はずば抜けていた。

代表的な流通企業と比較しても同じである。ダイエーは七〇年代初頭に日本小売業のトップの座についた。その後、店舗の大型化を率先して促進して、八〇年代でもトップの座を維持し続けていた。七九年度から八九年度にかけてのダイエーの成長の様子を見ても、日本小売業全体の様子と大きくかけ離れてはいない。

この間に、ダイエーの直営店数は一三四店から一八五店になり、売上高は九、四〇五億円から一兆六、七五三億円へと拡大していた。しかし、その年平均成長率を計算してみると、直営店数が三・三％、売上高が五・九％である。厳しい大型店規制の継続によって、その潜在成長力は抑圧されていた（田村、二〇〇四）。他の大型店企業についても事情は同じである。

全体としてのコンビニ市場が拡大したというだけではない。この市場の地理的範囲も全国的に拡散した。コンビニは酒・飲料品、総菜、ファストフードなどの加工食品と日用雑貨を主要品揃えにする一〇〇㎡前後のいわゆる最寄り店である。その商圏は五〇〇メートル前後で、アクセス便宜性を提供便益の一つにする。

このような店舗特質によって、コンビニの立地パターンは、同業種あるいは異業種とともに集積立地して商業中心地を形成するのではなく、孤立立地もいとわない地理分散的である（田村、二〇〇八)。そのため、コンビニ市場の成長を他の業態にくらべてみると、その市場の地理的拡散ははるかに広がっていた。

コンビニ店舗数が四七都道府県にどのように分布していたのか。各都道府県が全国に占めるコンビニ店舗数シェアを七九年度と、データが利用できる九二年度について比較してみよう。

七九年度については、主要三四社の三、一〇一店舗の都道府県分布のデータがある(日本経済新聞社編、一九八二)。九二年については、セブン-イレブン、ローソン、ファミリーマート、サンショップヤマザキ、サークルK、カスミCSV、ミニストップの八社の二〇、六一三店舗の立地データ(株式会社アイテマイズ)が利用できる。この間に大手への集中が進んだので、両年度で調査対象社数は異なるが、両年度の比較によってコンビニ市場の地理的拡大における基本傾向は見てとれるだろう。

図4-1はその全体像を示したものである。図中の点が各都道府県の位置を示している。七九年度では大半のコンビニは首都圏と京阪神都市圏に集中していた。首都圏についてシェアを見ると、東京(二四・六%)、千葉(五・〇%)、埼玉(六・四%)、神奈川(六・七%)で、首都圏シェアは四二・七%に達した。京阪神圏では、大阪(一二・五%)、京都(五・五%)、兵庫(四・六%)となり、合計二二・〇%である。約三分の二のコンビニは首都圏か京阪神圏に立地していた。

九二年度になるとこの立地分布は大きく変貌する。首都圏では千葉(六・〇%)、埼玉(六・六%)、神奈川(八・九%)と若干拡大したものの、東京は一三・九%と大きく減らしたため、首都圏のシェ

図 4-1　コンビニ店舗数の 47 都道府県シェアの推移

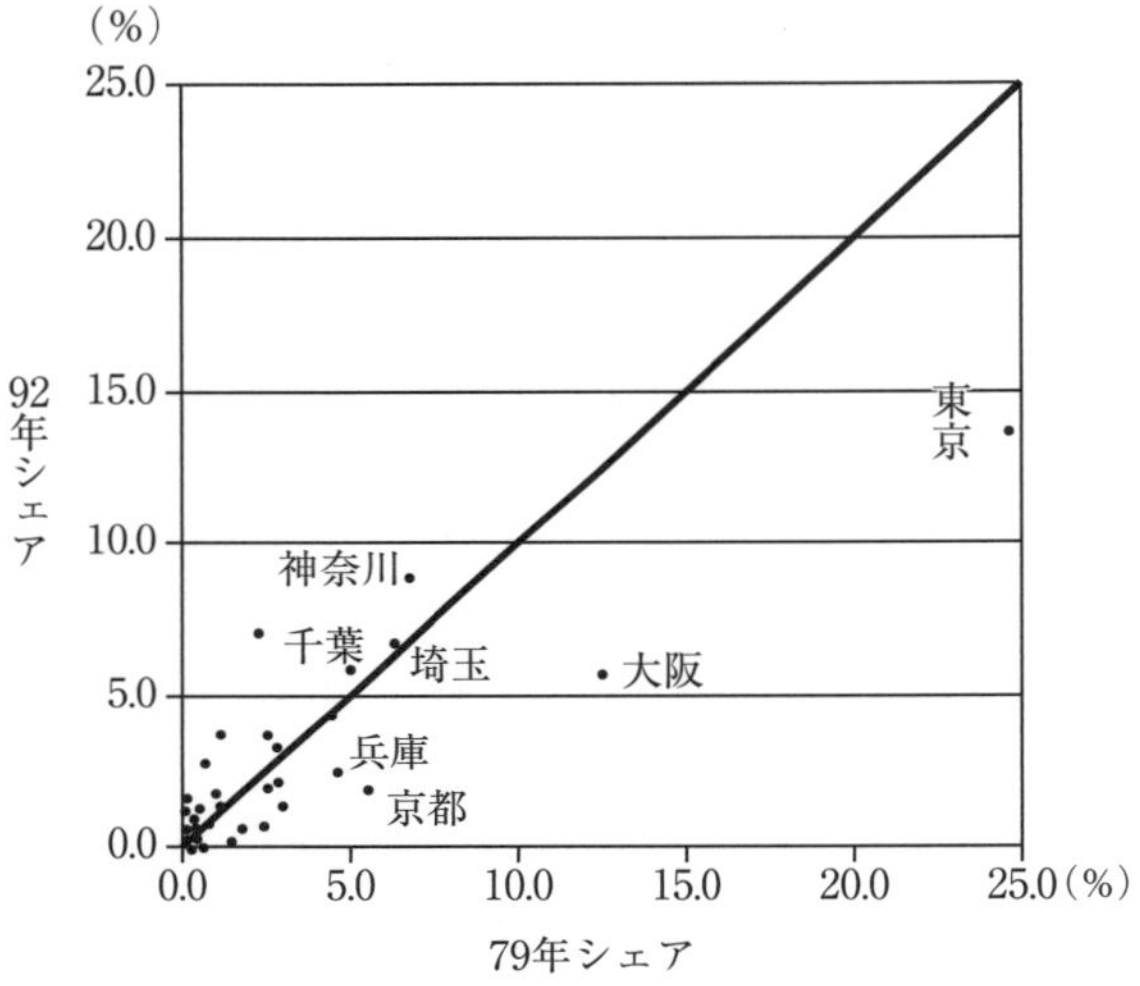

データ源：基本活動 DB

アは三五・四%に低下した。京阪神圏では各府県が軒並みシェアを減らし、京阪神シェアは一〇・五%に低下した。

大都市圏にもっとも多く集中しているという点で、コンビニ立地の基本構造に変わりはないけれども、全国のほとんどの地域にコンビニ市場は拡散していった。七九年度で三〇店以上のコンビニがある都道府県は二〇ヶ所に過ぎなかったけれども、九二年度になると三〇店舗未満の地域は鳥取と島根の二県だけになっていた。七九年からほぼ一〇年間の変化は、大都市圏に極度に集中していたコンビニ立地が、ほぼ全国に拡散していく過程である。

◆コンビニ顧客層の拡大

なにがコンビニ市場の急成長を生み出したのだろうか。それは社会経済構造の変化による消費市場の大転換と、それを市場機会ととらえたコンビニ企業のマーケティング努力の相乗作用の結果である。七〇年代から八〇年代にかけて、消費市場の大転換が起こった。それまでのように家族の購買代理人として行動する専業主婦消費者に加えて、多様な個人消費者が数多く出現したからである（田村、二〇一一）。

少なくとも六〇年代頃まで、多くの人は家族生活を営み、そこで主婦は家事を専業とした。とくに食料品や日用雑貨の買い物はこの主婦に委託されていた。消費者といえば、まず専業主婦を連想した。この基本構造は七〇年から八〇年代にかけて崩壊し始めた。家族の各成員が個人消費者として主体化し始めたからである。

個人が消費者として主体的に行動するには三種の条件がいる。(1)他人とは異なる独自の個人的欲求を持つこと、(2)商品選択の自由権を持つこと、そして(3)個人的な購買力を持つことである。専業主婦が消費者の中心であった時代では、家族の他の構成員はこれら三つの条件を多かれ少なかれ制約されていた。とくに若者や子供はそうである。

しかし、戦中・戦後生まれで頭数の多い新世代消費者は、この基本構造の変化の推進者となった。コンビニが登場した七〇年代の半ば頃には、新世代消費者は二〇歳から三五歳になっていた。これらの消費者の多くは、経済成長の過程で工場労働者として、あるいは高学歴化に伴い大学生として単身で首都圏、京阪神都市圏など大都市に流入し、卒業後そこで職を得た人たちである。八〇年代にかけてこれらの人は結婚適齢期を迎え、そこで新世帯を形成し子供をもうけた。

創成期のコンビニは、若い工場労働者や大学生、あるいは単身サラリーマンを主要顧客にした。しかし、八〇年になると新世代消費者は二六―四〇歳に、八五年には三〇―四五歳になり、中・高校生、大学生を子供として持つ人たちが増えていった。加齢と世帯形成によって、新世代家族は人口の六九・五％を占めるまでになっている。そして大都市圏に典型的に見られたこの構造は、多くの地方都市でも多かれ少なかれ見られるようになっていた。

新世代家族はそれまでの家族とまったく異なっていた。家族の各成員が個人的欲望を主張し、商品選択の自由を持ち、それを支える自由裁量資金を多かれ少なかれ持つようになったからである。専業主婦に代表される家族消費が分解し始め、各成員が個人消費者として主体化していったのである。

まず専業主婦が少なくなり、女性の社会進出も急速に進んだ。高度成長期の労働力不足を補う主婦のパートから始まり、高学歴化に伴って種々な職場に進出した。女性の大学進学率は六〇年（五・

五％）、七〇年（一七・七％）、八〇年（三三・三％）と急上昇している。少なくとも育児期に入るまでは、新世代家族の妻たちは専業主婦よりも共稼ぎを選ぶ人が増えていった。また進学率の高まりによって受験戦争が厳しくなると、子供たちは塾通いを始めるようになっていった。

マクロ経済が低成長期に入ったとはいえ、九〇年代初頭のバブル崩壊まで、人々の所得は毎年向上していた。消費という点から見ると、八〇年代はまさに豊穣の時代である。これを時代背景にして、民主教育を受け各人が自我をより強く主張し、子供でさえも商品選択を親に代わって自分でするようになっていった。親も子供の主張を認めるようになる。小中学校の子供たちの小遣いも増え、高校生以上になると小遣いが足らなければ、コンビニや各種サービス業でのアルバイトによって稼ぐようになる。単身で都会に出て新世代消費者となった親たちとは異なり、親と同居していても子供たちは個人消費者として行動するようになっていった。家族消費者は個人消費者へ分解していったのである。こうして、コンビニ市場の新しい消費者をとらえるには、鈴木敏文が対談で語ったように、客の変化とチエくらべをしなければならなくなった（日経流通新聞、八三・四・一一）

コンビニ企業はこの新興消費市場に果敢に挑戦した。とくにトップ企業であったセブン‐イレブンはそうである。セブン‐イレブンは他のコンビニとは異なり、創業以来その広告活動に力を入れている。そのコマーシャルに盛られたメッセージの変化は、コンビニの潜在顧客の変化の様子を映し出している。

創業時から八〇年頃まで、「セブン　イレブン、いい気分、あいててよかった！」と、コンビニという新しい業態を理解してもらうために、二四時間営業などの時間的アクセスの便宜性を訴えた。その標的は明らかに都市に集中していた三〇歳未満の新世代消費者である。八二年になると、「時間を大切にする人の…」と呼びかけるようになった。その標的は生活の多様化で忙しい三〇代になった新世代消費者も含むように変化した。

八五年になると、「セブン・イレブンで朝ごはん買ってから行こうか」との男の声があり、中年サラリーマンは「ああ、そりゃあいいやー」と相づちを打つコマーシャルが登場する。単身赴任者や共稼ぎで朝飯を作らない主婦の増加を彷彿とさせる。さらに、八七年になると、「セブン‐イレブンは若者だけのお店ではありません」と主張する。人口の過半を占めるに至った新世代家族全体向けのコマーシャルである。

以上のように、新世代消費者の加齢と世帯形成、女性の社会進出と専業主婦の減少、若者消費者の主体化など、社会経済構造の変化によって、八〇年代以降、コンビニ顧客層が大きく変わり始める。コンビニの主要顧客は、都会に住む若者消費者から、より広い顧客層へと拡大し始めた。この変化傾向はその後も続く一貫した時代の流れである。

図 4-2　コンビニ売上高構成比の変化

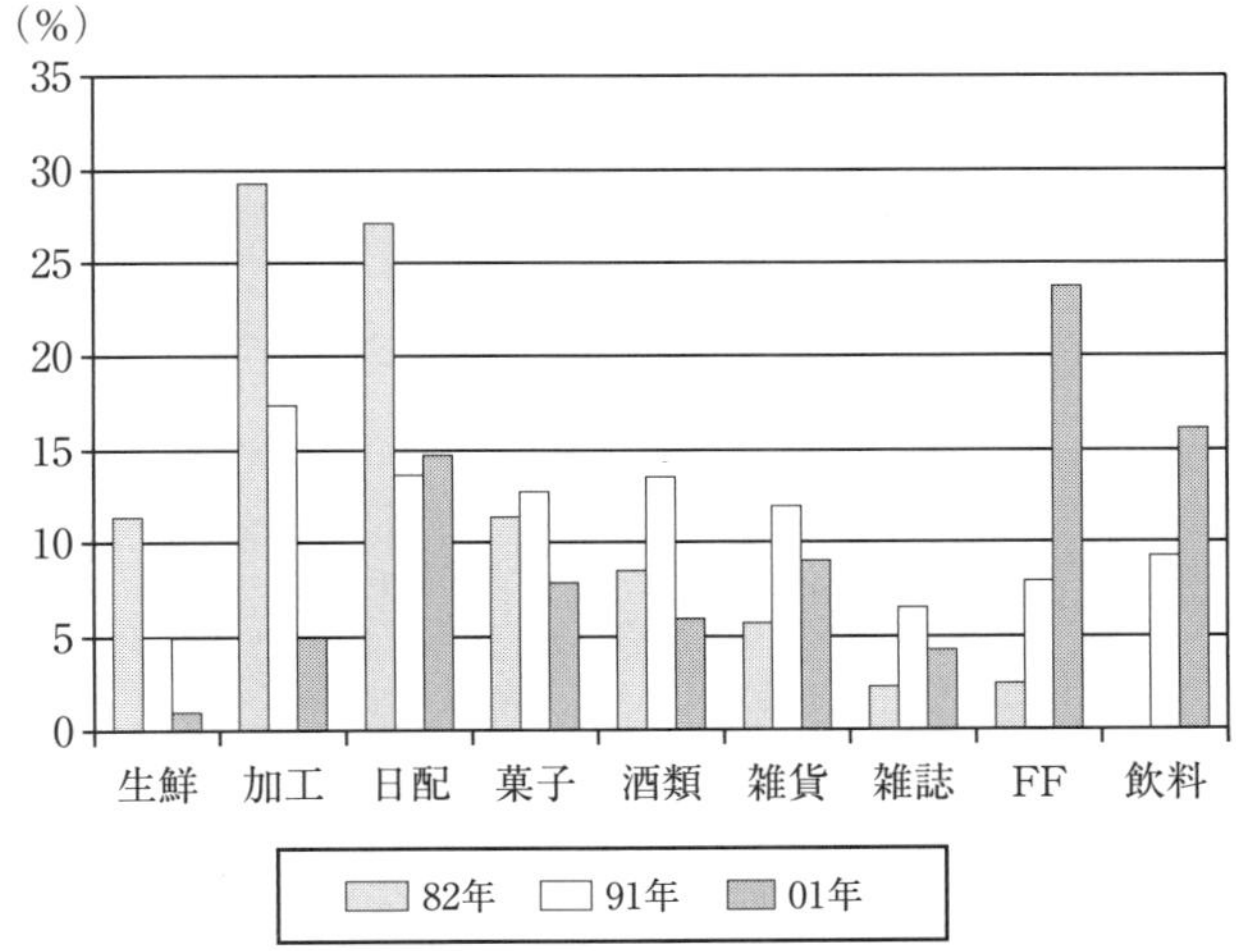

データ源：阿部（2002）のデータより作成

◆コンビニ商品構成の変化

顧客層が変化すれば、コンビニで取り扱う商品構成も変えねばならない。八〇年代以降、コンビニはこの課題に取り組まねばならなかった。どのような方向に商品構成が変化したのだろうか。MCR統計がとらえた、コンビニ売上高構成比の変化（図4-2）から、その一般的方向をうかがうことができる。

構成比を大きく下げたのは、生鮮と加工である。生鮮をコンビニで扱うべきかどうか。これについてはコンビニ創成期から両論あった。魚、肉、野菜など生鮮三品はとくに買い物のアクセス便宜性が強調される商品であった。しかし、その仕入れ流通や小売店頭での必要業務は他のコンビニ商品とは異なっていた。

それだけでなく、欲求発生後に即消費というコンビニ商品コンセプトにそぐわない商品でもあった。調理を要したからである。生鮮構成比の低下はこの議論への回答であった。生鮮の業務処理問題だけでなく、コンビニに来る客は、調理時間も十分に持たない時間貧乏の客であったからである。

しかしこの種の客でも、加工食品だけで済ませたわけではない。学生、若者単身者などと異なり、中年にさしかかっていた新世代消費者は、たとえ調理時間を持たない時間貧乏でも、より高い食生活の質を求め始めていた。八五年にマンガ「美味しんぼ」が大ヒットしたことは当時の世相を象徴している。加工構成比が急減する一方で、日配構成比は下げ止まり、なによりもFF（ファストフード）構成比が急上昇し始めるのはこれらの傾向の反映である。これを通じて、コンビニは外食産業との激しい顧客獲得競争に直面していくことになる。

菓子、雑貨の構成比率は八〇年代では上昇し、九〇年代以降下がる山形を描く。これはコンビニ客層の時代的変化をそのまま反映している。また酒はバブル不況を境として同じように山形を描いている。これは時代の転換だけでなく、若者世代の飲酒率が低下したこと、新世代消費者が中年に入ったことを反映し、飲料構成比が伸びていることはその裏返しである。

顧客層の拡大に伴うコンビニ商品の変化に対して、セブン‐イレブンはどう対応したのだろうか。すでに七六年に弁当販売を手がけていたし、七九年には「日本デリカフーズ」設立を主導して、メーカーと共同でサンドイッチなど日配商品の供給体制を整えつつあった。八〇年には業務用電子レンジを全店設置し、八四年にはローソンの跡を追っておでんを本格展開し始める。しかし、新世代家族を標的にした商品を導入し始めるのは八五年以降である。その主要な新製品は次のようになる。括弧内は新聞記事に登場した日付である。

共稼ぎなどで忙しい新世代家族の親たちの炊事作業軽減のため、牛乳、パン、弁当、ハンバーガー、ミニおむすび、ミニ弁当など朝食商品を強化（八五・一〇・七）し、レトルトカレー（八六・六・二）、レトルト食品（八八・三・一一）が現れた。

生活の質を高め、潤いを与える商品群も付け加わる。折り詰め、高級総菜の仕出し（八六・三・一七）、生け花の宅配受付（八六・四・二一）、ＰＢおにぎりの原料米をコシヒカリ、ササニシキへ高級化（八六・六・二三）、仕出し弁当を全国で（八六・一〇・一三）、クリスマス・パーティ用の花（八六・一一・二〇）、おせち料理の予約販売（八六・一二・一）などである。

女性客の増加に伴い、パンストなど主婦用の商品（八八・一・一九）やガス料金代行徴収（八八・四・三〇）、クリーニング取次（八八・七・二六）、保険料払い込み（八八・一一・二二）といったサービス商品も追加する。

新世代家族の子供や若い世代に向けては、雑誌・コミックスの強化（八五・一〇・二）、学研のカービデオ雑誌（八六・一一・二四）、テレホンカードや小物類を詰めたお楽しみ缶（八六・一二・一）、オリジナル・テレホンカード（八六・一二・一八）、輸入チョコ（八七・五・二九）、ミネラル・ウォーター（八八・五・一七）、新刊文庫本（八七・八・六）、また若い女性向けに化粧品、ファンシーグッズ、生鮮食品などを開発した。（八八・九・五）

急成長市場への出店戦略

◆岐路に立つ成長戦略

全国的に拡大しながら急成長するコンビニ市場、そこに殺到する後発参入者、これらを目前にしてセブン‐イレブンの成長戦略は大きい岐路にさしかかっていた。とくに大きい問題は、コンビニ市場の拡大に対応して店舗展開をどう進めるのか、そして競争的差別性をどう立て直していくのかということであった。持続成長はこれらの問題にどう対応するかによって大きく分かれる可能性があった。

八〇年代に全体としてのコンビニ市場は急成長していったけれども、業界内部はまさに群雄が割拠し、栄枯盛衰が生じる戦国時代の様相を呈していた。それを端的に示すのは、表4‐1に示すコ

表 4-1　売上高ランキングの変化

（単位：100 万円）

売上高順位	店名	79 年度	店名	89 年度
1	**セブン-イレブン（FC）**	109,775	**セブン-イレブン（FC）**	780,392
2	K マート（VC）	78,500	**ローソン/サンチェーン（FC）**	430,200
3	マイショップ（FC）	47,880	**ファミリーマート（FC）**	264,459
4	サンチェーン（直営）	25,069	**サンエブリー/ヤマザキデイリーストア（FC）**	222,749
5	モンマート（VC）	13,000	**サークル K（FC）**	93,900
6	**ローソン（FC）**	12,900	コミュニティストア（VC）	67,600
7	清水フードチェーン（FC）	10,476	**サンクス（FC）**	62,800
8	中村屋ホームマート（FC）	8,840	モンマート（VC）	61,408
9	ハイマート L&W（VC）	8,312	ココストア（FC）	50,000
10	KD サカエチェーン（VC）	7,740	セイコーマート（FC）	46,600

（注）括弧内は経営形態、太字は大手流通資本系
データ源：日経流通新聞「コンビニエンスストア調査」（日本経済新聞社編、1982）
日経流通新聞「コンビニエンスストア・ミニスーパー調査」（日本流通新聞編、1992）

ンビニ企業の売上高ランキングの激しい変化である。

七九年のトップテンには、大手流通資本系はセブン-イレブンとローソンの二社に過ぎない。他は独立系のボランタリーチェーンが多くを占めていた。また、コンビニのコンセプトが固まっておらず、食品を中心にするミニスーパーとの境界も曖昧であった。このため、後にはミニスーパーとして区分されるKマート、マイショップなども含まれている。

しかし、一〇年後の八九年度になると顔ぶれは一変する。上位三位はセブン-イレブン、サンチェーンと合併したローソン、ファミリーマートなど大

手流通資本系が占める。これらのコンビニはフランチャイズ・チェーン（FC）である。これら以外にも、サンエブリー、サークルK、サンクスなど、フランチャイズチェーンが上位を占める。ボランタリーチェーン（VC）に代わって、フランチャイズチェーンが主流を占めるようになる。

わずか一〇年で、コンビニ業界は中小資本も参加して相争う業界から、大手流通資本が中心となってフランチャイズチェーンを展開する業界へと大変化を遂げた。この大変化の中でセブン-イレブンは、その成長経路をどのように歩んでいったのであろうか。

◆出店戦略

七九年度におけるセブン-イレブンの店舗数は八〇一店である。コンビニ・フォーマットの先発者として展開した全店舗の七〇・九％は首都圏に集中している。首都圏以外では、福島（九・六％）、茨城（〇・二％）、長野（七・四％）、静岡（一・〇％）と首都圏周辺県に出店し始めていたが、首都圏から離れたところは北海道（五・四％）、福岡（二・九％）に過ぎなかった。主要出店先を首都圏とその周辺に集中したのは、そこが規模と成長率から見て、もっとも肥沃なコンビニ市場だったからである。

セブン-イレブンは計画的なドミナント出店によって、出店地域を面的に押さえていた。この意味でセブン-イレブンの出店地域に後発参入するには障壁があった。しかし、三〇店舗ほどからなる一つのドミナント出店地域は、せいぜい半径五キロメートル程度の地理的範囲に過ぎない。

コンビニ市場はこれらのドミナント地域外でも急速に発展していた。コンビニ市場は全体として急成長し始めただけでなく、その地理的領域は首都圏や京阪神圏のような大都市圏だけでなく、全国へと拡散しつつあったのである。セブン-イレブンのドミナント地域外で、コンビニ市場への後発参入者は、セブン-イレブンとの競合を気にすることなく、それぞれの地域でブルー・オーシャンを開拓することができた。

七九年時点で見ても、北海道ではセブン-イレブンとほとんど同じ時期にコンビニを手がけたセイコーマートが八二店に達していた。新潟では清水フードチェーンが七七店に達し、愛知県ではココストアが五四店になっていた。京阪神地区では、Kマートが六六二店、マイショップが三九八店を展開した。足下の首都圏でもその広大なコンビニ市場を狙って、サンチェーンの二四〇店舗を手始めに、モンマートやサカエチェーンが展開し始めていた。

しかし、セブン-イレブンにとってもっとも大きい潜在的脅威は、大手流通資本のコンビニ参入が本格化し始めたことである。七九年にはダイエーのローソン（七五年一号店）は一二〇店に達し、西友系のファミリーマート（七七年一号店）は四四店になっていた。八〇年になると、サークルK（ユニー）、サンクス（長崎屋）、ミニストップ（ジャスコ）など、残りの大手流通資本もこぞってコンビニ市場に参入した。

セブン-イレブンの創業時の一九七三年では、これらのコンビニの親会社はセブン-イレブンの生みの親であるイトーヨーカ堂よりも大手であった。親会社の売上高順位で見ると、ダイエー(四、七七六億円)、西友ストア(二、二六九億円)、ユニー(一、五六五億円)、ジャスコ(一、四五三億円)であり、イトーヨーカ堂(一、三九六億円)はこの後塵を拝していた。これらの大手は後発であっても、その資本力によってセブン-イレブンの先発優位性をひっくり返せる(シュナース、一九九四)と読み、その様子を見ながら参入タイミングをうかがっていたのであろう。

セブン-イレブンの短期的な大成功によって、彼らは参入タイミングがきたと読んだ。これらの後発参入者の猛烈な追随により、とくに八五年頃までコンビニ市場には出店競争の嵐が吹き荒れた。業界全体で見ると、出店数の前年比は二割増を超えていた。八〇年代の後半になっても、毎年一割以上の出店数増加があった(日本流通新聞編、一九九三)。大手流通資本系のコンビニは、セブン-イレブンのフォーマットを模倣しながら、その未出店地域を狙って出店した。

愛知を中心にした中部地区には、そこに本拠地を置くサークルKだけでなく、ローソンとファミリマートが参入した。中四国にはローソンが参入し、京阪神や九州にはローソンとファミリーマートとが参入した。未参入府県数は九二年度でローソンが六、ファミリーマートが一七、セブン-イレブンが一四である。関西、中部、中四国、南九州など、セブン-イレブンの未参入地区では、セブン-イレブンはコンビニ企業として潜在的後発者の地位に置かれることになる。

それだけではない。セブン-イレブンにとってとくに問題なのは、その本拠地の首都圏にも各社が攻め込んできたことである。ファミリーマート、サンクス、ミニストップは首都圏を中心に店舗展開し始めた。中内ダイエー傘下のローソンはその資本力を背景にもっと攻撃的であった。八〇年にサンクスとの提携を始め、八八年には合併する。こうして首都圏への大量参入を行ったのである。その出店攻勢は、「俺が通る、そこをどけ」といわんばかりであった。東証上場までのセブン-イレブンの急成長を支えたブルー・オーシャン・メカニズムは働かなくなった。

七九年から八九年にかけて、出店数の年平均成長率はローソンが二五・二％、ファミリーマートが四五・八％の高率であった。これらに対して、セブン-イレブンは一七・五％に過ぎない。店舗数から見ると、セブン-イレブンは次第に近づく彼らの足音を背後に感じ始めていた。しかし、このような動きの中でも、セブン-イレブンは過熱気味の店舗数拡大競争に全面的に参加しようとはせず、その出店パターンを変えようとしなかった。つまり、店舗数拡大競争に対抗して、自らも同じ程度の店舗数拡大を目指すという正面攻撃を控えたのである。

店舗の全国展開にかんして、セブン-イレブンがなぜローソンやファミリーマートなどの競争者と同じ程度に競おうとしなかったのか。その理由は出店数を支える背後の資本力の格差、また八〇年代初頭までセブン-イレブンに余剰投資資金がなかった（本書V参照）というだけではない。セブン-イレブンの出店が、たんに出店数を増やせば良いというのではなく、一種のシステム出店であったことも重要な理由である。この出店パターンは次の三つを条件にした。まず、ある地域の面的支配を可能にする複数店舗の同時出店、次に、それを背後で支える情報と物流体制の構築、そして必要ならば納入業者の倉庫、工場、営業所の移転である。

収益確保という点から見ると、セブン-イレブンの店舗展開は独特の仕組みで支えられていた。三〇店舗ほどが面的に稠密に連携してドミナント出店をする。加盟店のリクルートに際しては、本部からの手厚いノウハウ提供の見返りに、競争相手よりもはるかに高いロイヤルティで加盟店を募集する。ロイヤルティ率はローソンやファミリーマートが三〇％程度であったのに対して、セブン-イレブンは四〇％を超えていた。

都道府県レベルで見ると、その市場規模に応じて、いくつかのドミナント地域を設定した。これらの店舗群を強力なバック・フォーマットが支える。それは店舗、本部、そして納入業者を連携させる強力な物流・情報ネットワークから成り立っていた。ドミナント地域とそれを支えるバック・フォーマット、これらは地域進出にさいしてのセブン-イレブンの戦略的行動単位であり、高収益確保の基本的な仕組みであった。この戦略的行動単位が機能しなければ、セブン-イレブンは出店しなかったのである。

この出店戦略によりセブン-イレブンは、出店地区のほとんどで店舗シェア・トップの地位を得、高収益店舗を作ることができた。しかし、同時にセブン-イレブンの持続成長を目指す将来戦略に大きい課題を残すことになった。多くの未出店地域では、セブン-イレブンが潜在的な後発参入者の地位に置かれることになったからである。

◆競争的差別性の退化

コンビニ市場の急成長と競争者の集中豪雨的な参入によって、八〇年代にセブン-イレブンを取り巻く競争環境は一変した。表4-2はこの様子を要約している。セブン-イレブンでは、三〇店舗前後が最小限の戦略的行動単位である。これによって、納入業者、本部、加盟店の連動体制が組み上がり、高収益構造ができる。

七〇年代には首都圏と福島、長野、北海道で戦略的行動単位が完成した。八〇年代には、ローソンやファミリーマートにくらべて出店速度は遅かったけれども、あらたに茨城、栃木、群馬、静岡、山梨など首都圏外域、そして宮城、新潟、山口、広島、岡山、佐賀、福岡などが加わった。

しかし、九〇年の競争者の出店数から見ると、八〇年代にはこれらの地区の過半数で競争相手との激しい競争に巻き込まれていった。とくにセブン-イレブンの過半数の店舗が展開される首都圏と静岡は、ローソンおよびファミリーマートとの激戦区になった。北海道では地元のセイコーマー

表 4-2　セブン-イレブンを取り巻く競争環境

出店地域	セブン-イレブン			競争者の出店数（90 年）					
	1 号店出店年	30 店到達年	90 年出店数	ファミマ	ローソン	セイコーマート	関東スパー	ポプラ	九州スパー
東京	74	75	673	664	614				
福島	74	77	213	0	0				
埼玉	74	77	459	235	104				
神奈川	74	77	509	333	370				
千葉	75	76	369	116	124				
長野	75	78	170	0	11				
北海道	78	79	272	0	122	314			
茨城	79	83	165	15	29		195		
栃木	79	81	152	0	0				
静岡	79	81	141	55	73				
福岡	79	81	225	0	156				
群馬	81	84	125	10	39				
宮城	82	83	124	0	65				
広島	82	84	93	0	64			106	
佐賀	82	88	40	0	10				
山梨	83	84	77	16	30				
山口	83	88	46	0	8				
新潟	86	87	60	0	51				
熊本	87	90	27	0	15				62

データ源：出店 DB

トとローソンに対抗しなければならなかった。福岡でもローソンとの戦いが待っていた。茨城と広島ではそれぞれ地元の関東スパーやポプラが待ち構えていた。

　セブン-イレブンの持続成長にとってもう一つの問題は、これらの激戦区でそのフロント・フォーマットの競争差別性を長期にわたって維持できなくなってきたことである。セブン-イレブンが創業時に苦労して作り上げたフロント・フォーマットの差別性も、比較的に短期間で退化し始める。セブン-イレブンのフロント・フォーマットは、多くの競争者による模倣標的になったからである。

コンビニのフロント・フォーマットは、メーカー製品のように特許で守られず、また技術秘匿が難しい。店舗を実際に見れば、フロント・フォーマットの模倣はきわめて容易である。いつの時代でも、新フォーマット店の開店日などにさいして大挙到来する客の中には、模倣を狙った業界人が多く含まれている。

中小小売商を店主とするフランチャイズ加盟店、一〇〇㎡前後の売場面積、生鮮食品比率をできるだけ押さえた品揃え、二四時間営業、高い粗利益率を維持できる価格帯、これらセブン-イレブンの創業時のフロント・フォーマットは、全体として見ると、七〇年代ではコンビニの中では異端のフロント・フォーマットであった。当時、流通業界でコンビニ・フォーマットとして問題になった側面のすべてについて極値をとっていた。

当初、追随者たちはセブン-イレブンとの差別化を図ろうとして、そのフォーマットを差別化のベンチマークとした。たとえば、四〇㎡前後の小型店化や二〇〇㎡前後への大型化、生鮮食品比率の増加、飲食コーナーの併設や書店の取り入れなどの複合店、品揃えの高級化あるいは安売りなどである。しかし、セブン-イレブンのフォーマットから外れた試みは、いずれも大きい成功を収めなかった。フランチャイズではなく、ボランタリーによるコンビニも次第に力を失っていった。サンチェーンなどは直営からフランチャイズへ切り替え始めた。

加盟店獲得競争が激化して、セブン-イレブンも八三年一月より加盟店ロイヤルティの引き下げを宣告しなければならなかった（日経新聞夕刊、八二・一〇・二二）。「セブンを追え！」、これは後発参入者の合い言葉になる（日経新聞夕刊、八二・一二・二）。かれらはセブン-イレブンのフロント・フォーマットを模倣した。それによって、セブン-イレブンの未進出地域を中心に、ひたすら店数の増加に邁進した。

店内に入ってしまえば、模倣によってセブン-イレブンと区別のつかない競争者のコンビニが各地で増えた。八六年になると、セブン-イレブンは他チェーンとの違いを明確にし、店舗イメージを鮮明にするため、全店舗の外装を一新するに至る（日経流通新聞、八六・一・一三）。これほどまでにセブン-イレブンは、競争者の模倣と追撃の対象になっていた。

異端として出発しながらも、時がたてば多くの模倣者の追随によって業界標準になる。これは流通業界のあらゆる革新フォーマットがたどる運命である。八〇年代の前半にはセブン-イレブンのフロント・フォーマットは、多くの後発企業の模倣的追随によって、異端フォーマットから業界標準フォーマットに変わっていった。

しかし、セブン-イレブンから見れば、それはその競争的差別性が退化していく過程でもある。

新たな競争的差別性をどこに求めるのか。これは出店戦略とともに、持続成長を維持するために解決しなければならない課題になった。つまり、新しい持続成長メカニズムを創造する必要があったのである。

戦略構想基盤としての情報武装

◆危機的状況の発生

店舗競争力は各店舗の売上高によって近似的に測ることができる。企業全体では、店舗平均売上高がその企業の店舗競争力の指標となろう。店舗競争力が強くなっていれば、その店舗売上高は大きくなっていく。しかし、競争の激化により、八〇年代に入るとすぐにセブン-イレブンの店舗競争力は低下し始めた。それを端的に示すのは、企業全体の売上高成長への店舗競争力の貢献率が次第に低下し始めたことである。

セブン-イレブン全体売上高は店舗数と店舗平均売上高の積である。各年度の企業全体の売上成長は、図4-3に示すように、三種の効果の和として生じる。次年度の売上成長は次年度売上高

図4-3　企業売上成長を生み出す3つの効果

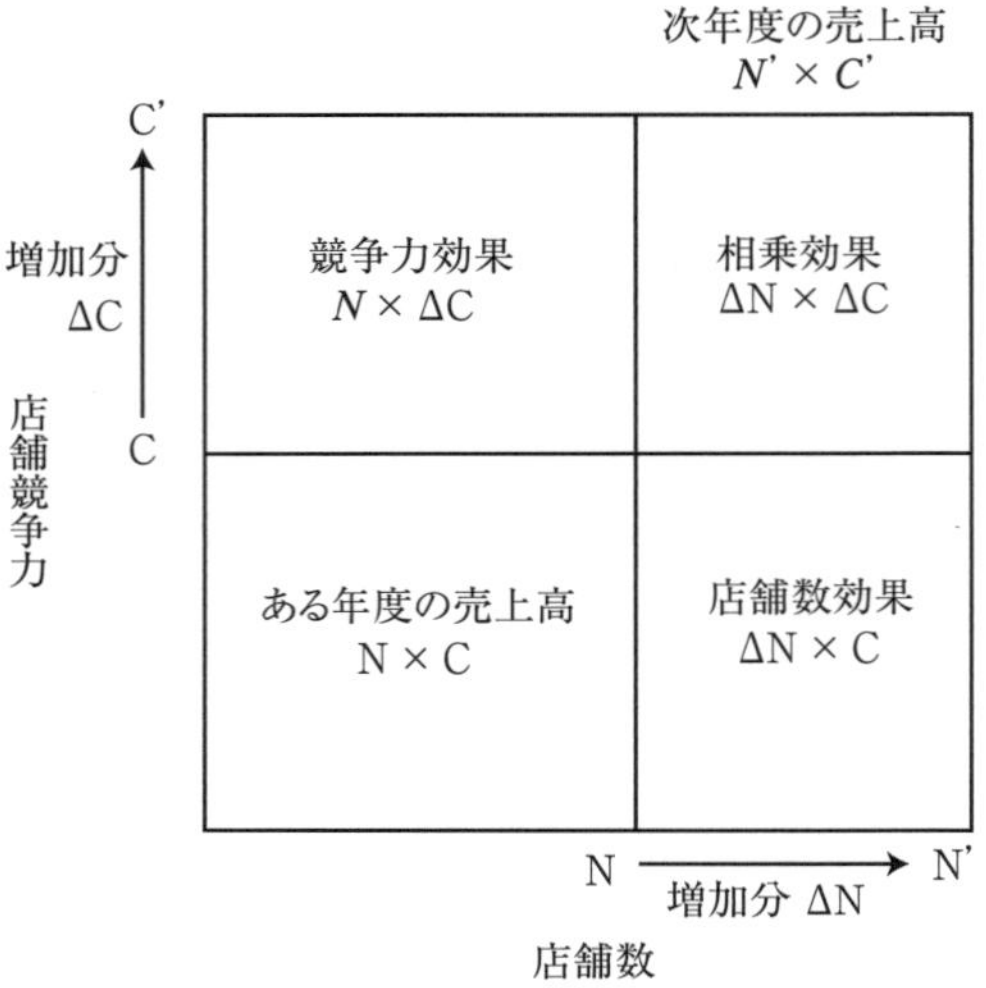

（N'×C'）から、ある年度の売上高（N×C）を差し引いた残りの面積である。これは競争力効果（店舗平均売上高の伸びによって達成された成長部分）、店舗数効果（店舗数の伸びによって達成された成長部分）、そして相乗効果（店舗売上高の伸びと店舗数の伸びの相乗作用によって達成された成長部分）からなる。

各年度の売上高成長に占めるこれら三種の効果の比率、つまり各効果の貢献率を計算すれば、図4-4のようになる。株式上場までの創業期では、フロント・フォーマットが固まり、その提供便益が評価されたために店舗売上高が成長し、また店舗数が急速に増加していった。そのため、上場の七九年までは三種の効果がそれぞれ売上高成長に貢献した。

しかし、模倣的追随による後発参入者の激し

図 4-4　セブン-イレブンの売上高成長への店舗数と店舗競争力の貢献率

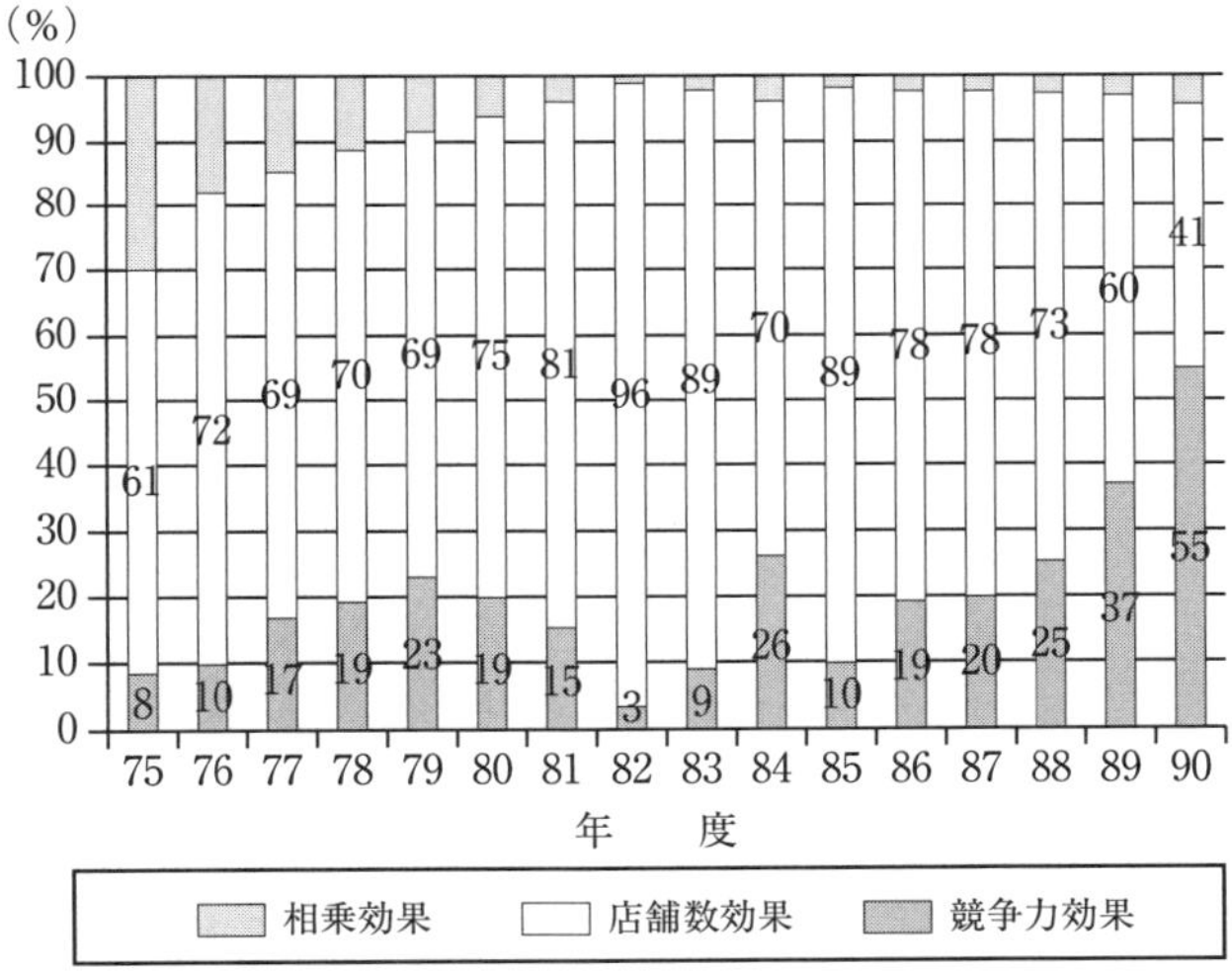

データ源：基本活動 DB

い出店攻勢の中で、セブン-イレブンの差別的優位性は退化し始める。それを反映して八〇年度から八二年にかけて、競争力効果は急速に減少していくことになる。

セブン-イレブンの社史も、八〇年までは加盟店で在庫減少、店舗平均売上高や粗利益率の上昇が見られたが、八一年から八二年にかけてこれらの傾向の鈍化や減少が見られると記している。その原因を社史は、それまでの成功への慢心や業務のマンネリ化のせいであるという（セブン-イレブン・ジャパン、一九九一）。しかし図4-4のデータに照らして見ると、店舗競争力の衰退が明らかな主原因である。セブン-イレブンにおいても、売上成長のほとんどは店舗数効果によって生み出されるようになっていた。

この傾向はセブン-イレブンにとっては、その売上高持続成長を脅かす戦略的危機の状況を作り出した。店舗展開速度を競争者より抑え、成長エンジンが店舗競争力だけになっているのに、それが弱化し始めたからである。それだからといって、後発者の出店攻勢に対抗して、それを上回る店舗展開で立ち向かうという正面攻撃は無理であった。

出店競争は多額の投資資金を要する物量作戦である。その優劣の多くは投資資金力によって大きく左右される。親会社の資本力をバックに攻め寄せるローソンやファミリーマートにくらべると、イトーヨーカ堂もまだ資本力という点では相対的に非力であり、セブンイレブンにも多店舗展開を強力に推し進める余剰資金がなかったからである。

セブン-イレブンの選択肢には、戦略行動単位の質的強化によって店舗競争力を高めるという途しかなかった。店舗競争力さえ高めておけば、攻め寄せてくる競争者の攻撃に耐えて首都圏を中心にしたその主要商圏を守り、また将来に未進出地区への後発参入者としても、その店舗競争力を活かして成功裏に参入できる望みがあった。しかし、どうすれば店舗競争力を回復できるのか。

企業トップのもっとも重要な機能は、日常業務から見ると例外的な状況が発生した場合に、それに対処する的確な判断を下すことにある。組織が過去に蓄積した経験では判断できない異常事態で的確な判断を行い、その実施を推進する強力なリーダーシップを発揮する。これほど企業の持続成長に欠かせないものはない。すでに七八年三月に、それまでの常務から社長に昇格していた、鈴木敏文はまさにこの任をはたした。後のカリスマ経営者への第一歩である。

後発参入者の進出に備えるために、まず行ったことは直営店の増加による戦略行動単位の強化である。セブン-イレブンは加盟店による店舗展開が基本である。直営店はその地区の需要特性や納入業者の状態を調べるための実験店として、また新加盟店主の教育訓練用に出店した。このような目的のためには、その数は地区加盟店数の数%あれば十分であった。しかし、七九年から八二年にかけて直営店数は急増した。八五年まで全店舗数に占める比率は一割前後まで上昇している（本書Ⅲ、図3-3参照）。

どのような地区で直営店がとくに増加しているのか。セブン-イレブンでは、直営店も新たに経営者が見つかれば、その店舗物件を貸与し加盟店化する。同社のいうCタイプの加盟店である。そのため各年度の直営店数は増減を繰り返す。このような増減を加味して七九—八五年間での直営店舗の純増減を見れば、一八二店の純増になる。このうち五九%は首都圏である。それ以外の主要地区は、北海道（八・二%）、宮城（一一%）、広島（六%）、福岡（八・二%）である（川辺、一九九四の第一〇表より計算）。

このような数値は直営店増加の戦略目的を明確に示している。首都圏ではドミナント地区間の隙間を早急に埋めるために直営店が必要であった。都内では中心部のオフィス街で事業所ビル、ホテル、病院、学校などのテナントとして立地機会が増えていた。都下では人口郊外化の進展によりロードサイドなどに立地機会が増えた。これらの地区では加盟店化の対象となり得るような中小商店は少なかった。そのため、立地機会を早く押さえるために、とりあえず直営店で出店したのである。

一方、首都圏以外の北海道、宮城、広島、福岡などは、将来の全国進出の重要な戦略拠点であった。これらの地区における戦略的行動単位を早期に固めるため、直営店出店でドミナント出店を加速する必要があった。一号店から三〇店までに要する期間は、これらの地域では他の地域より短期であることがこれを物語る。とくに北海道や宮城では一号店を出店した翌年には、三〇店舗を超えドミナント地域を確立している。

しかし、直営店の増加による対応は、危機的状況へのいわば二次的な措置であった。鈴木が危機的状況に直面してとった主要な戦略は、出店速度を競争者よりも控え、店舗競争力の根幹になる新しい情報システムに投資することであった。革新的な情報武装によって、納入業者、本部、加盟店からなる戦略行動単位を、価値創造のための企業間ネットワークとしてさらに強化する。そうすれば、店舗競争力を蘇生して競争者に対する圧倒的な優位性基盤を築ける。死地を脱する活路はそこにしかなかった。

この戦略はリデル＝ハートの戦略論（リデル＝ハート、二〇一〇）における間接的アプローチを彷彿とさせる。リデル＝ハートは戦史を研究し、戦いに勝つためには正面攻撃以上に間接アプローチ戦略が重要であると説いた。それは迂回攻撃、敵が予期していない地点での優位性の確保、戦力を支える背後の兵站の充実、敵への心理的攪乱など一連の行動から構成されている。

リデル＝ハートが敬愛してやまなかった兵法家孫子も、「兵（＝戦争）とは詭道（＝正常なやり方に反したしわざ）なり」、「凡そ戦いは、正（＝定石通りのやり方）を持って合い、奇（＝新規なやり方）を以て勝つ」と説き、軍の態勢の極致は無形になることと考えていた。無形であれば、その戦略的意図が相手に読み取れないからである。

ＰＯＳによる情報武装戦略は、当時の状況では競争相手から見ればまさに孫子のいう「詭道」であり、「奇」であるだけでなく、無形であった。それはセブン-イレブンのやることは何でも模倣してきた競争者たちが、ことＰＯＳ導入に関しては数年間も追随しなかったことに示されている。しかし、この戦略によって創造される情報武装は、セブン-イレブンの新しい持続成長メカニズムを作り出し、同社の独走態勢を支える主要エンジンになっていくのである。次にその過程をたどってみよう。

◆発注のオンライン化

競争者の出店攻勢の中でも、鈴木敏文は、ＰＯＳによる情報武装をすれば、店舗競争力を飛躍的に向上させうると睨んでいた。コンビニ店の競争力はその店頭に顧客の欲しい商品が欠品なく並んでいるかどうかで決まる。一〇〇㎡前後にかぎられた売場でこれを実現するには、単品在庫量を削減すること、そして単品の生き筋、死に筋を商品回転率によって見分けるという二つの方法しかない。すでに単品在庫量の削減については、創業直後より流通経路の川上に向かって働きかけ、多頻度小口物流システムの構築に取りかかっていた。ＰＯＳ導入で得られるデータをこのシステムの参加者に流せば、システムがさらに高度化する見通しがあった。

それだけでなく、この情報武装は商品回転率による単品管理への道を開くものとも思われた。コンビニ顧客層の拡大によって、商品欲求が多様化し始め、またそれに対応する新製品が次々に導入され始めていた。絶えず代わる商品世界の中で、生き筋、死に筋を早期発見することは店舗競争力の根幹になろうとしていた。さらに重要なことは、フロント・フォーマットと比較すれば、ＰＯＳによる情報武装は競争相手から見えないことである。これにより模倣速度が遅くなり、優位性基盤をより長く保持できる。

七〇年代後半から九〇年代にかけての情報武装の基本的な流れは、セブン–イレブンで表４–３のように進行した。この流れはＰＯＳ導入前と以後の二段階に分けることができる。この前段階では、情報武装は加盟店からの直接発注機ターミナル・セブンでとらえた発注情報を、本部、納入業者に迅速に流してネットワーク全体で共有することであった。加盟店から本部へは公衆回線を通じて発

表 4-3　セブン-イレブンの情報武装の流れ

年度	内容	狙い
第 1 次店舗システム（78―82）		
78	ターミナルセブン：加盟店から本部へのコンピュータ発注	・発注番号のバーコード化 ・商品台帳兼発注表の作成 ・発注会計処理精度と効率の向上
79	VAN：本部から納入業者へ電子発注 新発注システム：加盟店の電子発注を地区事務所へ	
80	新型ターミナルセブン：加盟店と本部が双方向通信 リアルオンライン会計システム：地区事務所が加盟店財務情報を掌握	
第 2 次総合店舗情報システム（82―85）		
81	POS 導入を決意 TC（ターミナル・コンピュータ）	・発注精度の向上 ・欠品防止 ・個店対応と単品管理の深耕 ・POS 情報活用 ・共同配送の推進
82	企業間物流情報システムの構築開始：加盟店、本部、納入業者間の物流情報	
83	POS レジスター全店導入完了 EOB：発注用ハンディターミナル 物流センター・コンピュータ・システム強化：電子ピッキング	
第 3 次総合店舗情報システム（85―90）		
85	グラフ情報分析パソコン：加盟店の情報利用促進 双方向 POS レジスタ：ホスト・コンピュータへの問い合わせ可能 納入業者統合システム拡充：統合パッケージシステムと電子仕分け 計画的配送システム：納入業者との一体化	・グラフ表示による加盟店の販売データ利用促進 ・予約商品の在庫問い合わせなどネットワーク活用ビジネスの可能性
第 4 次総合店舗情報システム（90―97）		
90	GOT ＝グラフィック・オーダーターミナル（ノート型発注パソコン） ST ＝検品スキャナー（店舗納入商品のスキャナー） SC ＝ストア・コンピュータの店舗導入	・POS 分析情報、催事 ・温度変化による販売変化情報による発注 ・単品管理の高度化 ・大量データ通信の迅速化 ・店頭サービスレベル向上 ・情報サービスの向上
91	ISDN（総合デジタル通信網 NTT）の導入開始	
92	新型 POS レジスタの導入開始	

データ源：セブン-イレブン・ジャパン、1991、2003

注情報がオンライン化された。

しかし、本部から納入業者へは、異業種間でのコンピュータ通信を禁じる公衆電気通信法上の規制により、公衆回線でつなぐことはできなかった。当初は国際VAN利用などによって衛星を経由して接続しようとしたが、通信費が高価についた。

VANはインターネット普及前に使用できたデータ通信サービスである。既存の通信回線を利用し、単なる通信だけでなく異種コンピュータ間の処理手順の相違、商品コードの変換など高度な情報処理やデータ蓄積といった付加価値を施した。八〇年代初頭の日本では、このようなVAN事業は法規制によってできず、あえて接続しようとすれば米国などの国際VANを利用して迂回しなければならなかった。

しかし、まもなく法改正によって規制がなくなり、国内VANの専用回線を通じて本部と納入業者間をつなぐことができた。さらに、本部の地区事務所を分散設置して、加盟店の発注情報はまず各地のコンピュータに集められた。分散配置によって非常時に対するシステムの安全性が向上した。

納入業者までの発注オンライン化は、まず加盟店や納入業者での省力化に貢献した。それまでの電話発注では、加盟店からの電話注文を受けた納入業者は、受注票、出荷指示書、商品のピックアップ、納品書、請求書といった作業を人手で行っていた。のちに、七八年にスリップ方式が導入されると、加盟店からのオーダーシートはオペレーション・フィールド・カウンセラー（ＯＦＣ）によって回収され、地区事務所に持ち込まれた。地区事務所の会計係はそのデータをコンピュータにインプットして、加盟店別の仕入れ伝票を紙や磁気テープに出力した。これを納入業者に手渡していたのである。

店舗数が急速に拡大するにつれて、これらの作業は繁雑になって多くの人手を必要とし、ミスも増えた。発注オンライン化はこれらの問題を一気に解決し省力化に貢献した。これによって発注から納品までの時間、つまり引渡時間が短縮された。この短縮によって、加盟店の必要在庫量が減っただけではない。その発注のための需要予測も、より直近時点までの予測で足りたから、適切な商品の発注精度が向上した。

三、〇〇〇品目程度のコンビニでは、その店舗競争力はその品揃えの適切さに大きく依存している。そして品揃えの善し悪しは、来店客の欲しい商品が店頭にあるかどうかで決まる。それを決めるのは、加盟店が適切な時点で適切な商品を発注する精度である。発注のオンライン化は情報処理・物流作業の省力化によって、引渡時間を短縮化し加盟店の発注精度を向上させた。

発注オンライン化の効果はこれだけではない。ターミナル・セブンは発注機能のほかに加盟店の売上金額と来店客数を本部に知らせるという機能を持っていた。加盟店は小型店であるからバックヤード在庫はほとんど持てない。欠品がないかぎり発注データがそのまま各加盟店の販売動向を示すとも想定できた。

しかし、このシステムでは単品についての販売データを把握することはできなかった。発注商品のコード体系がまだ詳細に整備されず、単品ベースではなかったからである。さらにセブン-イレブンが先頭を切って導入したこのシステムも、すぐに後発参入者の模倣の対象になった。ターミナル・セブンを導入した翌年の七九年にはミニストップが、そして八〇年にはファミリーマートがターミナル・セブンと同等のシステムを立ち上げて追随してきた。ターミナル・セブン導入の優位性は急速に消滅しつつあった。

八〇年代初頭には、セブン-イレブン店は一、〇〇〇店を超えていた。数が増えたというだけではない。それが首都圏からさらに各地に広がり、二四時間化も進んでいた。各地での需要条件は多様に異なり、後発参入による競争条件も地域間で多様化する傾向にあった。各加盟店との日常の接触で、本部は加盟店によって客層が異なり、また曜日や時間帯によって売れ方が違うことを肌で感じつつあった。フランチャイズ・システムでは、本部が加盟店にどのような情報を発信できるかによって、加盟店の競争力は大きく変動する。創業期には加盟店への発信情報はいずれの加盟店にもあてはまるような一般情報で事足りた。

しかし、コンビニ市場の急成長により、各加盟店の需要条件や競争条件が急激に変化した八〇年代初頭には、提供すべき情報の質は大きく変化した。店舗競争力を向上させるには、加盟店が個店として固有の品揃え形成ができるような情報でなければならない。このためには、各加盟店の客層、需要の時間帯・曜日変動に対応して、どのような単品を品揃えの中に入れるべきかを伝えねばならなかった。これを可能にするシステムはＰＯＳを基軸とするシステム以外にはなかった。しかもこのシステムは競争者がすぐには模倣できないシステムとして構築する必要があった。

◆ＰＯＳを基軸とする統合的情報システムの構築

ＰＯＳはもともと米国で使われ始めた店舗情報機器である。米国での使用目的は、それまで金銭登録機の打鍵をしていたレジ担当者の腱鞘炎などの職業病を防止し、レジでの計算ミスを少なくし、作業の迅速化、さらに不正を防止するためであった。米国のスーパーなどのレジ担当者は低所得階層出身者が多い。家族、親戚、友人などがレジを通るとき、レジ担当者は代金を過少に計算したり、また受け取らずにレジを通過させることが生じていたが、ＰＯＳ導入によりこのような不正を防止することができた。ＰＯＳ導入によるこれらのメリットはハード・メリットと呼ばれる。

セブン-イレブンのＰＯＳ導入の狙いは、このハード・メリットではなく、むしろソフト・メリットであった。ＰＯＳによって各店での単品販売情報をとらえ、この情報に基づいて統合的な情報システムを構築しようとしたのである。これは世界でも初めてのきわめて挑戦的な試みであった。しかし、この先端技術機器をすでに一、〇〇〇店を超える全店舗に導入するためには巨額の投資が必要であった。

ＰＯＳをいつ導入するかについて鈴木敏文も迷っていた。八一年にも検討を開始していたが、同年七月には「導入のためのグラウンドがまだ整備されていない」といったん打ち切られている。巨額投資の決断だけではない。ＰＯＳは商品のバーコードを光学的に読み取るが、ほとんどのメーカーはまだそのソースマーキングを行っていなかった。公衆電気通信法も異業種間のコンピュータ通信をこの時点で自由化していなかった。これらがなければ、ＰＯＳを起点として戦略行動単位を統合する情報システムの構築はできない。

しかし事態は急速に動いていた。とくに八二年には公衆電気通信法の改正があり、自由な回線利用が認められるようになる一方、中小企業ＶＡＮ制度も創設される。これにより中小企業者を対象とする付加価値通信サービスを民間企業も行えるようになった。店舗の競争力も急速に低下し始め、単品管理に移行しなければ、それを蘇生させることは不可能に見えた。

このような動きを素早く読んでいたのであろう。ＰＯＳ検討の打ち切り後、わずか四ヶ月後の八一年一一月、鈴木敏文は全店へのＰＯＳの早期導入を方針決定した。朝令暮改との社内空気に対して、かれは「全体的な状況バランスから見て導入の時期が来たと判断した。変化している時代に朝令暮改は当然である」と応じて動じなかった（セブン-イレブン・ジャパン、一九九二）。日常業務のそれまでの流れから飛躍するまさに経営神学的決断である。

こうして八二年秋から導入を始め、八三年二月には全店導入を終えるのである。店舗でのＰＯＳシステムの基本構成は、事務所に設置されるターミナル・コンピュータ、カウンターでのＰＯＳレジスター二台、発注用のハンディ端末機二台から構成される。ハンディ端末機は電子発注台帳ＥＯＢである。女性パートタイマーにも使いやすい小型の軽い機器であった。また、ＰＯＳ情報分析システムもほぼ同時に導入された。

店頭で発生する販売・発注データは、通信回線を通じて本部や納入業者など、セブン-イレブンの戦略事業単位の各部署に即時に送られた。それはバック・フォーマットの各部署の機動連携の高速化を促進する高度な神経系として動き出したのである。とくに重要な点は、これらの情報系が物流などの実物系と連動したことである。これによって多頻度・小口配送を迅速に行う情報基盤ができた。

本部に集められた各店からの販売情報は、店舗競争力の強化に不可欠な情報を生み出した。各店舗の品揃え品目のそれぞれについて、販売の数量、日付、時間帯、売り切れ時点、廃棄数量、そして購買客の性差や年齢層など、各店の市場状況を詳細に把握できる情報である。

この情報分析により、利益率の高い米飯・調理パンについては、客層ごとの購買特性や品切れによる機会損失の推定が可能になった。また加工食品、雑貨については、商品回転率が把握できるようになった。これらによって、各店舗を個店として個別的に支援できる途が開け始めた。

店舗の二四時間化、利益率の高いファァストフードの比重増大といった傾向を踏まえると、ＰＯＳシステムのとくに重要な貢献は、時間帯市場の特質を明確にしたことである。時間帯によって、客数や客単価が大きく変動する。コンビニ店一般についていえば、客数に客単価を乗じた時商額のピークは、昼食時（一〇―一四時）と夕食時（一六―二〇時）である（阿部、二〇〇二）。

しかし、もっと重要なことは、時間帯によって来店客層が異なり、それに伴って売れる商品が大きく異なることであった。たとえばファーストフードとはいっても、朝食、昼食、夕食のいずれの用途かによってその内容は異なり、夕食時には酒類を伴うことが多い。とくに二四時間店は、その客層と需要品目が大きく異なる、いくつかの時間帯市場に直面しているのである。

店舗競争力強化の要は、各時間帯市場に適応して店頭品揃え品目を機動的に変えられるかどうかである。いわばコンビニ店頭の機動売り面化が求められる。セブン-イレブンの戦略構想では、それをバック・フォーマットとして支えるものが、ＰＯＳによる単品情報とそれによって起動する多頻度・小口物流システムであった。

図4-3に示した店舗競争力の貢献率の推移が示すように、ＰＯＳ導入による競争力効果は八五年にかけて徐々に上がっていった。ＰＯＳのような先端情報技術を現場、とくに加盟店主やパートタイマーが習得・利用し戦力化するには数年を要する。加盟店でのＰＯＳデータ利用を促進するため、八五年に双方向通信機能を持つＰＯＳレジスターとグラフ表示コンピュータが各店に導入され

る。

前者によって本部からの指示も可能になり、後者によって数値データはグラフ表示になり加盟店でもデータの意味が容易に理解できるようになった。八五年以降になると、その効果は加速的に高まっていくのである。これによって、セブン‐イレブンは店舗競争力の低下問題を解決しただけでなく、未参入地区に後発者として将来に参入するさいの強力な武器を手に入れることになる。

ＰＯＳを基軸とする情報システムは、セブン‐イレブンで何故このような効果を発揮し始めたのか。その最大の要因は競争相手の追随が大幅に遅れたことである。ＰＯＳ導入は、ミニストップとサークルＫは八七年、ローソンとスリーエフは八八年、ファミリーマートは九〇年である。競争者のＰＯＳ導入は大幅に遅れた。このとき、情報武装に向かって先頭を走るセブン‐イレブンの背中は小さくなってほとんど見えなくなっていた。各地での競争は、長篠の戦いにおける鉄砲部隊と槍部隊との戦いのような様相を呈し始めていた。

しかし、このように効果を発揮するＰＯＳを、セブン‐イレブンの動きを絶えず監視していたはずの競争者たちは、なぜすぐに模倣できなかったのか。そのわけは、競争者たちがセブン‐イレブン流の情報武装の戦略的狙いを完全に理解できなかったからである。出店競争に全面的に参加せずに、出店資金を割いてまで莫大な資金を情報武装に向けたセブン‐イレブンの間接的アプローチの戦略的狙いは何か。それを理解し始めたのは、セブン‐イレブンの情報武装が完全稼働し、その経営成果が目に見える形で現れだしてからである。

◆ユーザー・イノベータを目指す

セブン‐イレブン流の情報武装には、当時の競争者にはすぐに見えていない、あるいは理解できないいくつかの特徴があった。これが競争者による早期模倣を遅らせる要因として作用した。それらの要因の中でとくに重要なのは

・ユーザー・イノベータを目指す
・実物系（物流活動、発注活動など）との連動を目指す

といったセブン‐イレブンの情報武装指向であった。

情報武装にさいしてセブン‐イレブンはつねに先端技術を導入しようとした。若干の例を挙げると、ターミナル・セブン（七八年）、VANシステム開発（七九年）、POSシステム（八二年）、新発注端末EOB（八二年）、グラフ分析用コンピュータ（八五年）などである。いずれもその時代の先端を走る技術であり、セブン‐イレブンはその技術に基づく具体的製品の最初の採用者であった。

しかし、セブン‐イレブンはメーカー仕様の先端技術商品を、そのまま購買したりリースしようとしたのではない。「既製の物ではなくて自分たちのニーズに基づいてシステムを試行錯誤しなが

ら開発」しようとしたのである（鈴木・矢作、一九九三）。重要な点は、セブン-イレブンも製品開発に協同参画して、セブン-イレブン独自仕様の商品として協同開発した点にある。たとえば、POS導入を検討した当時、コンビニにふさわしいPOS機器は存在しなかった。セブン-イレブンは、メーカーに明確なユーザー・ニーズを出した。それは操作の容易性、単品動向の把握、新発注方式の確立、そして店―本部―納入業者からなる戦略行動単位を支える総合システムの効果に資することなどである。

このユーザー・ニーズは、POSシステムの具体的なユーザー仕様という形をとった。そして基本技術を持つメーカーに、これらの仕様の実現を要求したのである。セブン-イレブン仕様のPOSシステムを一社で開発できるメーカーはいなかったので、複数のメーカーを動員する必要があった。それらはターミナル・コンピュータと発注用ハンディターミナルを担当した日本電気、POSレジスターを担当した東京電気、ホストシステム開発を担当した野村総研などを始めとする数社である。

POSシステムはわずか一〇ヶ月という短期間で完成した。それはユーザー・ニーズとメーカー基本技術の結晶であった。この種のイノベーションはユーザー・イノベーションと呼ばれる。それはユーザー起点のイノベーションであり、技術情報とユーザー・ニーズ情報を一社が同時に持つことが情報移転費用などの点で困難な場合に生じる（小川、二〇〇〇）。

セブン-イレブンの情報武装のほとんどは、ユーザー・イノベーションの産物である。八〇年代におけるその例として、ターミナル・セブン、POSシステム、新発注端末EOB、グラフ情報分析コンピュータ、ISDNなどをあげることができよう。

しかし、戦略的に重要なことは、これらがユーザー・イノベーションであったということではない。むしろその先発者であることによる利益、つまりユーザー・イノベーションにおける先発者利益を獲得した点にある。絶えずこの先発者利益の獲得を目指す。これはセブン-イレブンの持続成長を支える重要な条件の一つである。

ユーザー・イノベーションの先発者利益は、二番手以下では手にすることができない先発者だけの利益である。新規市場参入などによる先発者利益にくらべると、ユーザー・イノベーションの先発者利益ははるかに確実に確保できる。

その第一は、二番手以下よりもはるかに安い価格で、そのイノベーションを取得できることである。たとえばターミナル・セブンの場合では、松下電器の同種商品が約八〇万円もしていたのに、セブン-イレブンはその半額の約四〇万円で日本電気に作らせている（セブン-イレブン・ジャパン、一九九二）。

メーカーがこのような要求に対応するのはなぜか。それはまず先端的なユーザー・ニーズ情報の収集が難しく、収集しようとすれば費用が高くつくからである。共同開発はこの種の情報を得るまたとない機会になる。それだけではない。開発したイノベーションとの同種商品を、後発ユーザーにもっと高い価格で販売し、開発費用を回収できるという計算も成り立つ。

第二に、ユーザー・イノベーションの先発者は、その製品仕様を自社の業務システムにもっとも適合するように開発できる。これに対して後発者は、購入価格を抑えようとすれば、多かれ少なかれ標準化された製品を購入しなければならない。その製品仕様が後発者の業務システムに適合する程度は、先発者よりも低くなる可能性がある。

第三に、セブン‐イレブンはユーザー・イノベーターであるという評判が関連業界で確立して行った。それにつれて、セブン‐イレブンは先端情報技術メーカーの営業における最初の標的となった。つまり、先端技術情報の動向を他社より早く入手できるという関係性ができることになる。セブン‐イレブンが情報技術導入のフロント・ランナーであり続けているのは、この関係性によるところが大きい。

◆物流システムとの連動を目指す

ＰＯＳシステム導入について競争者の模倣が遅れた要因には、それを単なる情報機器ととらえたこともある。実際に、ＰＯＳをたんに情報機器としてとらえる見方が当時の業界の支配的な通念であった。しかし、セブン-イレブンにとって、それはより大きい統合システムの一部に過ぎなかった。その戦略行動単位における全体システムの機能強化を目指す情報系に過ぎないとみなしていた。戦略事業単位は情報だけでは動かない。情報流が納入業者、本部、加盟店間の物流や商流を動かさなければ、戦略的行動単位のシステム全体が動いたことにはならないからである。

比喩的にいえば、情報があってもそれに基づいて手足が付いて行かなければ、その情報には価値がない。たとえば、店舗で売れ筋商品やその欠品情報が即時にわかったとしても、それらを調達できるマーチャンダイジング力がなかったり、手足となる納入業者からの物流体制が未整備ならば、未納・遅納がつねに発生する。戦略行動単位での情報系と実物系の連動をめざす。いわば異企業にまたがる先進的な価値創造ネットワークの構築である。これはセブン-イレブンの情報哲学ともいうべき同社の情報武装指向である。ターミナル・セブンの場合もそうであるが、ＰＯＳ導入に際してもセブン-イレブンはまず納入業者から加盟店への物流との連動に取りかかっていた（日経新聞朝刊、八四・五・二一）。

セブン-イレブンは店舗への物流業務は問屋に負担させる。しかし、セブン-イレブンは仕入れ先指定や物流目標設定など荷主機能を持っている。ＰＯＳシステムの導入後まもなく、セブン-イレブンは、配送頻度、指定納入の時間厳守、問屋による店頭配送など厳しい要求を出した。「足のない問屋は不要だ」。これはセブン-イレブンと取引できる問屋の資格要件であった。

納入業者全体についても、セブン-イレブンはとくに物流に関して厳しい要求を出した。その内容は、各メーカーは同社指定の問屋を経由すること、商流はそのままでも物流は集約すること、そして問屋の共同配送を促進するというものであった。問屋の集約化、共同配送の進捗状況は、各店舗へ到来する一日の配送車台数の変化に明確に現れている。

創業時の七〇台は、七六年になると、集約化や生鮮共同配送によって四二台に減っていた。八〇年代に共同配送はほとんどの取扱商品に拡大した。商品別の共同配送開始時点とそれによる店舗へ到来する台数変化を見ると、牛乳（八〇年、三四台）、加工肉（八一年、三一台）、冷凍品（八二年、二六台）、雑貨（八四年、二三台）、化粧品（八五年、二〇台）、加工食品、米飯（八八年、一五台）である（セブン-イレブン-ジャパン、二〇〇三）。

経済成長期には有力メーカーは問屋を特約店化して、そのブランドの販売促進と価格維持の支柱とした。セブン-イレブンの要求は、自店の品揃えの競争力を活性化するため、経路の川上をサプライチェーンとして逆に再編しようとするものであった。それは経路の川下に向かって特約店化を進めてきたメーカーのブランド・マーケティングへの挑戦の始まりである。

流通革命以降、問屋はますますその機能基盤を弱体化していた。八〇年代の低成長期に入って、メーカーは新しい成長販路を必死になって求めていた。そしてセブン-イレブンは、日本消費市場の中核ともいうべき首都圏市場を押さえ、依然として高い売上成長率を維持していた。これらの事情によって、納入業者はセブン‐イレブンの要求を呑まざる得なかった。

しかし、セブン‐イレブンは納入業者に対して厳しい要求だけを突きつけたわけではない。セブン‐イレブンの要求に応えた納入業者に対して、同社が開発した種々な情報機器・システムを貸与した。提供したシステム・ソフトは、共同配送、配送コース管理、受注／出荷、仕分け、ＰＯＳラベル発行、売り掛け管理、納品時刻管理、在庫管理などにかんするものである。

また、貸与した機器類には、納入業者端末機、ＰＯＳラベル・プリンター、品種別の仕分け機、そして自動振り分け機などがある（セブン‐イレブン・ジャパン、一九九一）。セブン‐イレブンはパートナーにも情報武装の波長をあわせさせたのである。それとともに、セブン‐イレブンは先端情報機器の販路拡大の一翼を担うとともに、リース業者にもなっていった。セブン‐イレブンは流通における先端情報機器を市場に普及させる重要な入り口になる。

こうして、店舗に配送する納入業者は大幅に選別・集約され、セブン‐イレブンが構想した物流システムに業務的に統合されていった。セブン‐イレブンが狙ったのは、戦略行動単位での計画的で迅速な多頻度・小口物流を、ＰＯＳ情報に基づき正確に遂行することであった。これはとくに粗利益率が大きく顧客吸引の決め手であるファストフードの品揃えを強化して、店舗競争力を支える強力なバック・フォーマットして機能し始めることになる。

◆加盟店への支援情報

八〇年代中頃になると、実物系との連動は、とくに加盟店が関わる商流、つまりその発注業務の改革に向かう。八五年にセブン‐イレブンの店舗数は二、六五一店に達していた。各店は約三、〇〇〇品目を品揃えする。ＰＯＳは各店、各品目の販売数量を毎日時間帯ごとに正確に記録する。ほとんどの店舗が二四時間営業店とすれば、単品販売数量データだけをとってみても、数値データ個数は一年間で約七〇〇〇億近くになる。

ＰＯＳシステムで処理されるデータ項目は、単品数量データだけではない。単品についての在庫量、廃棄量、商品回転率、レジでの外打ちで収集される顧客の性別と年齢層が付け加わる。さらに別途ファイルの店舗立地特徴や立地点の気温、陳列棚の幅や位置などのデータが順次、リレーショナル・データベースとして統合されていった。

そのデータ総量はまさしくビッグ・データと呼ぶにふさわしい。ビッグ・データをいかに処理すべきか。セブン‐イレブンは、クレジット・カード会社などとともに、日本でこのビッグ・データ問題に直面した最初のマーケターである。

現代ではコンピュータの処理速度が飛躍的に向上し、またデータ・マイニングなどビッグ・データの分析手法が発展している。これらを使えば、ＰＯＳシステムによるデータベースから本部が店舗競争力の向上に資する多様な分析を行うことができる。しかし、八〇年代にはこのような技術は存在していなかった。本部が店舗に提供できるデータは、全国や地域ベース、あるいは当該店舗の単品販売実績を客層ごとに提供することを主内容にしていた。

八五年にグラフィック・コンピュータが導入されるまで、この種の情報はプリントアウトされた紙ベースで提供された。客層別の単品販売実績レポートなどはまるで統計書であった。小型店であるといっても店主の業務は多様で忙しい。また店主の多くは大量の数値データから有用な情報を読み取る能力も時間も欠けていた。要するに、提供数値データの利用は、店主にとってその認知能力を超える情報処理負荷であった。セブン-イレブンの社史も、本部が提供するＰＯＳデータの集計結果は、ほとんど利用されなかったことを記している（セブン-イレブン・ジャパン、二〇〇二）。

八五年のグラフィック・コンピュータの導入は、この問題を解決するためであった。数値をグラフ化すれば、数値全体のパターンはグラフ画像に縮約され、誰でも短時間で読み取れるようになる。店主の関心はとくに売れ筋商品や回転率の悪い死に筋商品に集中した。そして多くの店主の発注パターンは、死に筋商品の発注を控え、売れ筋商品の補充発注という形をとることになる。

店舗にとって単品在庫は、その商品の将来需要の不確実性への備えである。在庫を増やすと在庫費用は増加するが、実需に対応できるため機会損失は減少する。機会損失とは、もし在庫があればその販売によって実現できるはずの利益を失うという意味での機会費用である。逆に在庫を減らすと在庫費用は少なくなるが、実需に対応できないため機会損失が増える。在庫費用と機会費用の和を最小にできる在庫量が適正在庫である。それは需要予測の精度と引渡時間（発注より納品までの時間）に依存している。

ＰＯＳを基軸にした情報武装によって、単品需要は個店でも即時に正確に捕捉できるようになった。引渡時間の短縮化によって、直近の需要予測でたりるようになったから、需要予測精度が向上した。需要予測の精度は、予測技術よりも予測が必要な将来期間の短さに大きく依存するからである。引渡時間が一日であるならば、前日に発注すれば在庫補充できるので、明日の需要予測で事足りる。店主の多くが補充発注方式を採用したのはこのような事情からであろう。

コンビニ店の品揃えが一定不変ならば、この補充発注でも大きい問題は生じない。しかし年間を通じても単品需要には季節変動があり、飲料などはその日の気温でも変わる。クリスマス、バレンタイン、ホワイトデー、地域の祭りなどのイベントによっても、酒類、菓子類の需要は大きく変化するだろう。またファストフードの発注はとくに難しい。店頭での欠品が多くなると、店舗競争力が低下するし、仕入れすぎると廃棄しなければならない。

しかし、店舗競争力から見ると、補充発注の最大の問題は、新製品などによる商品世界の変化に適応できないことにある。食品、飲料、日用雑貨は新製品の導入頻度はきわめて高い。コンビニ利用者の中核を占める若い世代の消費者は新製品の登場に敏感である。新しいファストフードなども手を変え品を変え頻繁に登場する。それは口コミを通じてすぐに広がり、話題の新製品を欠く店舗は競争力を低下させる。ＰＯＳ情報は既存品揃え品の過去の販売データを示すだけある。それだけでは商品世界の変化に適応するための情報を提供しない。

八〇年代の中頃から、鈴木敏文を先頭にセブン‐イレブンは、加盟店やその経営を支援するＯＦＣに、ＰＯＳは仮説検証の道具に過ぎないことを強調し始める（日経流通新聞、八六・七・一〇）。仮説―発注―検証のサイクルを絶えず回さねばならない。何が売れ筋商品か。この仮説を立てて発注する。その仮説をＰＯＳデータによって検証せよ。その検証によってその単品が死に筋商品ならば品揃えから外し、また仮説―発注―検証のサイクルを回せというのである。

この仮説検証型発注の意味を理解する上で、重要な点は出発点の仮説を誰がどのようにたてるのだろうかということである。フランチャイズ・システムでは、発注に伴う在庫リスクは本部でなく加盟店が負担する。したがって表面的に見れば、加盟店主が仮説をたてて発注しているように見える。コンビニ商品の世界は、新製品が頻繁に登場し品目の需要変動も激しい。このような商品世界で、各地に孤立立地する加盟店主が、約三、〇〇〇品目の品揃えについて、売れ筋商品の仮説を継続的にたてることは至難の業である。

かれはそのような商品世界の動向についての情報を持たないし、また独自に入手したとしても、

図 4-5　コンビニ店における発注担当者

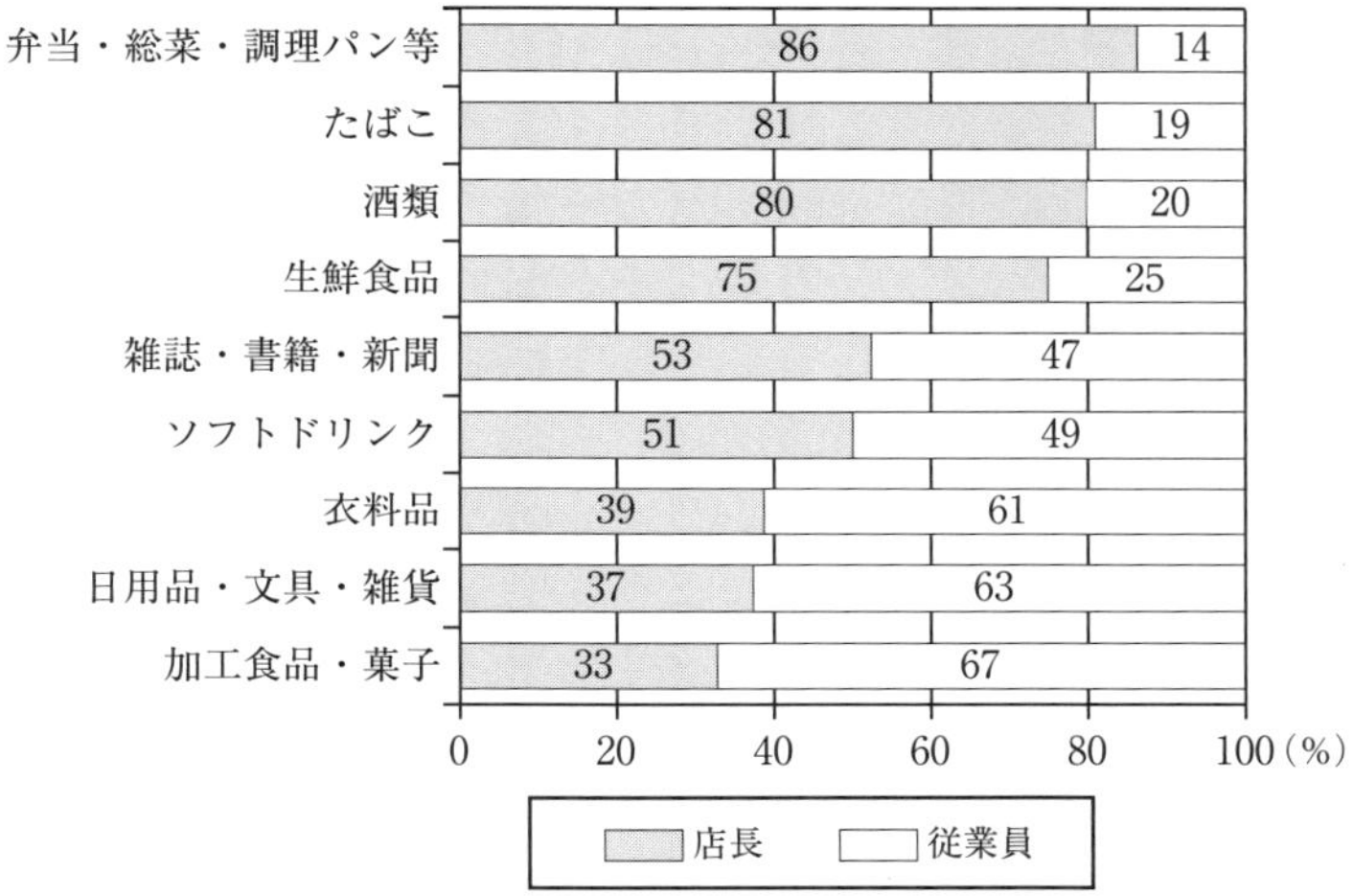

データ源：「日本労働研究機構、1995」のデータを加工不取扱店、不明、送り込みを除く構成比％

それを分析して仮説をたてるための時間もスタッフも十分に持っていない。さらにコンビニ店主は他の店舗業務でも多忙なため、ファストフード、たばこ、酒類、生鮮食品以外の品種については従業員に発注をかなり任す傾向がある。

図4-5に示す九〇年代初頭の調査（日本労働研究機構、一九九五）がそれを示している。八〇年代のセブン-イレブン店舗でも同じような事情にあったと考えられる。しかも、コンビニの従業員の大半は、パートの主婦、アルバイトの高校生・大学生であり、いわば商売の素人である。

加盟店主も含め、このような発注担当者に独自に仮説をたてろといっても、商才に富むごく一部の加盟店主をのぞけば無理である。独自に仮説をたてられないとすれば、これらの発注担当者がもっとも頼りにする情報は本部からの情報である。実際に、商品発注についてはコンビニ店の六割はマニュアル通りに業務を行う傾向がある（日本労働研究機構、一九九五）。

セブン‐イレブンのＰＯＳシステムは、発注のいわば電子マニュアルの役割も担っていた。八三年にＰＯＳシステムの一環として導入された発注用ハンディターミナルでは、商品は新商品や粗利の高い商品など推奨順に出てくるようになっていた。さらに八七年に導入された検品スキャナーを使えば、商品の検品だけでなく、その陳列位置も容易に確認できるようになっていた。

八七年から始まる第四次総合店舗情報システムの狙いは、加盟店、本部、納入業者のネットワークで大量のデータを実時間化することだけでなく、発注業務に関連して、パートタイマーを戦力化することを狙っていた。それによって、加盟店での発注・単品管理をより本部指導の下に行える仕組みを作ることであった。

ＰＯＳシステムによる仮説検証型発注は、加盟店の自己責任発注という形をとりながらも、実質的には本部の推奨や、その意向を受けて各加盟店を週二回訪問するＤＦＣの助言に従ってほとんどの発注を行う仕組みでもあった。セブン‐イレブンの本部には、全国の加盟店からの実需情報が集中している。過去の経験情報しか示さないＰＯＳを補完するため、八〇年代の初頭から、毎年一万人を対象としたフィールド・サーベイによって先行情報を収集し始めていた。また新商品開発動向を探る調査部隊もいた。これらの情報から読み取れる需要傾向が、本部からの推奨商品に縮約されていたのである。

ＰＯＳ全店導入から始まり、数次にわたる総合店舗情報システムの改善をへて、セブン－イレブンの情報武装は高度化していった。これによって、図４－４でも示したように、八五年以降とくに店舗競争力が急速に向上していくことになる。このように、店舗競争力の強化を通じて、持続成長を支えたメカニズムは、情報武装メカニズムと呼ぶことができよう。その主要部分をあげると、ＰＯＳを中核とする情報システム、発注と連動した多頻度小口物流システム、そして市場情報の本部集約にもとづき加盟店への推奨商品情報をつくり出す管理システムなどである。

情報武装メカニズムはブルー・オーシャンに代わる新しい持続成長メカニズムになった。それは八〇年代後半における持続成長の主柱となっただけでなく、それ以降もセブン－イレブンが持つ競争優位基盤としてその持続成長に貢献していくことになるのである。

V　根茎のごとく収益源を張れ——確立する高収益体質——

八〇年代にセブン-イレブンの持続成長メカニズムは大転換を迎えていた。急成長するコンビニ市場で店を出せば儲かる時代は、創業後の数年間で過ぎ去っていた。店舗数の増加から、一店あたりの売上高（店舗競争力）向上へと、収益経路は変わりつつあった。ＰＯＳシステムによる情報武装は、これを推進した一連の事業活動様式である。しかし、この時代における持続成長メカニズムの転換はこれだけではない。セブン-イレブンは特定時期の成長を支えるメカニズムだけでなく、複数期にわたり持続成長を支えるもっと基本的なメカニズムの構築に取りかかり始めていた。

それはまるで根茎（地下茎）のようなメカニズムである。竹、スギナ、蓮は茎を地中にも伸ばす。これが根茎である。地中に埋もれるので、その姿は地上茎のように見えない。よく分枝して、根と並んで植物体を支えている。地上部の樹形のように系統立っていないけれども、横断的な横の関係で相互に絡まっている。地上部が枯れても根茎は生き残り、植物体の維持に重要な役割を果たしている。外見的に見えにくいこと、横断的な絡まりのあること、そして植物体の長期存続を支えていること、これらが根茎の特徴である。

持続成長する企業は、いわゆる本業による収益だけでなく、この根茎のように外部からは見えにくく、相互に絡まって高収益体質を支える収益源を持つことが多い。セブン-イレブンは商企業であり、その本業は流通取引のフランチャイズ事業である。本業収益といえば、直営店によるマージン・ビジネスと加盟店からのロイヤルティ収入である。しかし、セブン-イレブンはこれ以外にも、同社が関わる種々な商取引全般にわたって、根茎のように広がる収益源を構築し、持続成長を支える基盤としていったのである。

安定成長を目指して

◆基準としての持続可能成長率

成長を長期間にわたり維持するには、成長率をできるだけ高位で安定させることが不可欠である。ある時期は急成長したのに、次の時期ではそれが大きく落ち込むといったことが起こると、持続成長は難しい。この点でとくに難しいのは、売上成長率の管理である。売上成長率が、資金繰りなど企業の財務システムと密接に関連しているからだ。

その標的市場が急成長すると、後発企業が次々に参入してくる。たいていの先発企業はそれに対抗するため、売上高拡大に邁進して、財務面から見た成長率の管理を怠ることが多い。ここに大きい落とし穴がある。急成長会社がその過度の成長によって、まもなく失速し、ついには破産にまで至ることはよくあることである。とくに流通産業ではこの傾向が著しい。専門店業態などでのトップ企業の激しい盛衰はこれを反映したものであろう。

過度の成長により、財務バランスを崩して資金繰り問題を発生させる。ここに落とし穴が生じる。売上高を成長させるには店舗、商品など資産を増加させなければならない。ところが貸借対照表の借方と貸方は同額である。借方には資産、貸方には負債と株主資本がある。株主資本は資本の部の合計である。その内容は、資本金、資本準備金、資本剰余金と、過年度からの留保利益である利益剰余金、自己株式などである。貸方は資金の調達先を、借方はそれらがどのように投資されているかを示している。まさしくバランス・シート（貸借対照表）という名が示すように、売上高成長のために資産増加が必要なら、それをまかなう資金の増加がいる。

資金調達の方法としては新株発行による増資がある。しかし、株式上場は費用がかかるだけでなく、財務状態が良くなければ、必要な株価が成立せず、資金を集めることは難しい。とりあえず新株発行をしないとすれば、その源泉は留保利益か負債の増加しかない。留保利益があれば、それに対応して負債も増やすことができる。

資本構成を変えないとすれば、資産成長率は株主資本と負債の成長率に依存する。負債は無際限

持続可能成長率の等式

持続可能成長率をg、またR＝内部留保率＝（1－配当率）とすると、

$$g=\frac{\text{株主資本の変化額}}{\text{期首株主資本}}=\frac{R\times\text{利益}}{\text{期首株主資本}}$$

利益／期首株主資本は株主資本利益率であるから

$$g=R\times\text{株主資本利益率}\qquad(1)$$

そして株主資本利益率は

$$\text{株主資本利益率}=\frac{\text{当期純利益}}{\text{売上高}}\times\frac{\text{売上高}}{\text{総資産}}\times\frac{\text{総資産}}{\text{期首株主資本}}$$

$$=\text{売上高純利益率}\times\text{資産回転率}\times\text{財務レバレッジ}$$

と分解できるから、式（1）に代入すると、

$$g=\text{売上高純利益率}\times\text{資産回転率}\times\text{財務レバレッジ}\times\text{内部留保率}$$

になる。これが持続可能成長率の等式である。

ここで、総資産＝負債＋株主資本だから、

$$\text{財務レバリッジ}=1+\text{負債}／\text{株主資本}$$

になる。財務レバリッジは株主資本に対する負債の比率によって決まる。

に増やせないから、結局のところ、資産成長率は株主資本成長率に依存することになる。利益が出て株主資本が成長するかぎり、それに基づく企業の売上高成長は持続可能である。これが持続可能成長率である。この持続可能成長率に沿って売上高が成長していくとき、その成長は財務的に安定して資金繰り問題などは発生しない。

上記の「持続可能成長率の等式」に示すように、持続可能成長率は、企業の経営業績と財務方針で決まる。経営業績とは、売上高利益率と資産回転率であり、財務方針とはどのくらい借り入れするかを示す財務レバレッジと利益の内部留保率である。内部留保率は

1から配当率を差し引いたものである。持続可能成長率とは、これら四つの比率の安定的な値に見合った売上高成長率である（ヒギンズ、二〇〇二）。

実際の売上成長率がこの持続可能成長率を上回るとき資金不足が生じる。創業まもなく急成長した企業が破産への落とし穴にはまるのは、資金不足を補うため負債（借り入れ）に頼り、負債負担能力を超えて有利子負債を累積させていくからである。逆に実際の売上高成長率が持続可能成長率を下回るとき、資金過剰が生じて経営収益性が低下する。放置すれば、売上成長率の低下につながっていく。資金不足が生じた場合には、財務方針の変更が必要になるし、資金過剰が生じた場合には何らかの経営業績改善策を模索しなければならない。

創業後直ちに急成長したセブン-イレブンは、この種の企業が陥りがちな落とし穴を回避してどのように持続成長への途を歩んでいったのだろうか。これを探るために七〇年代後半から九〇年代にかけて、セブン-イレブンの売上成長率と持続可能成長率の推移を図5-1によって比較してみよう。

全店POS導入を終える八三年まで、セブン-イレブンの売上成長率は持続可能成長率を超えていた。財務的に見ると、資金不足の状態が続いていたのである。コンビニ市場の全国的拡散を伴う急成長、その市場機会を狙った後発企業の参入の中でも、セブン-イレブンは出店競争に全面的に参加することなく、首都圏防衛を中心において出店していた。このような限定した出店でも、持続

図 5-1　売上高成長率と持続可能成長率

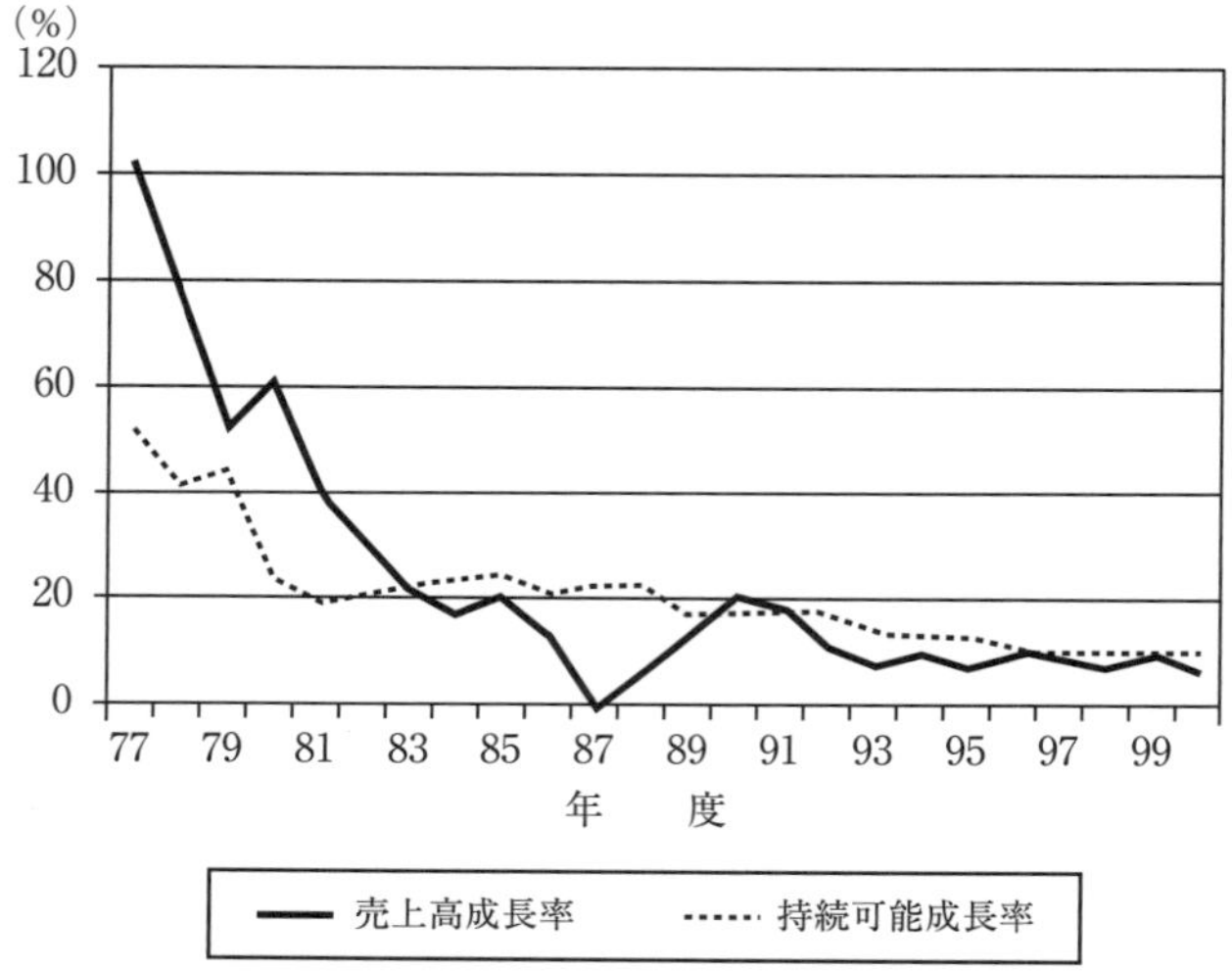

データ源：基本活動 DB

可能成長率から見ると、セブン-イレブンにとっては過重であった。

セブン-イレブンはお膝元の首都圏がローソンやファミリーマートの参入にさらされても、ローソンのお膝元の関西圏やファミリーマートが店舗展開を始めた全国各地へ出店しようとはしなかった。セブン-イレブンは、動かない山のごとく、首都圏と北海道、宮城、福岡など特定地域に事業活動を限定した。もしセブン-イレブンが競争者に対抗して全国的な店舗展開という正面攻撃で対応していたならば、財務的にその事業活動はいつまで持続できたであろうか。

離陸直後の飛行機と同じように、創業間もない企業も不安定である。その収益構造がまだ確立せず、安定成長軌道に乗っていないからだ。八三年頃までセブン-イレブンが目指したのは、出店の地域制限によって売上高成長率をセーブしながら、安定軌道を模索することであった。

持続可能成長率から見て、資金不足状態から資金過剰状態への転換は八三年に訪れた。ＰＯＳの全店導入が終了した年である。鈴木敏文がＰＯＳシステムの導入を決意できたのは、このような転換への見通しがたっていたからであろう。巨額投資を必要とするＰＯＳシステム導入は果敢なイノベーションであり、外見的には博打のように見える。

しかし、セブン-イレブンの場合に、それは財務基盤改善の見通しにも支えられていた。その後もセブン-イレブンはイノベーションを行うが、つねに健全な財務基盤に支えられている。健全な財務基盤に支えられた果敢なイノベーション、これはその後も続くセブン-イレブンの基本的特徴である。

◆資金不足から資金過剰への転換戦略

セブン-イレブンは資金不足から資金過剰への転換を、どのようにして推進したのだろうか。このためにセブン-イレブンがとった方向は、持続可能成長率を規定する四種の比率の変化に示されている。

図 5-2　持続可能成長率の規定因の変化
（77 年数値を 1 とする倍率）

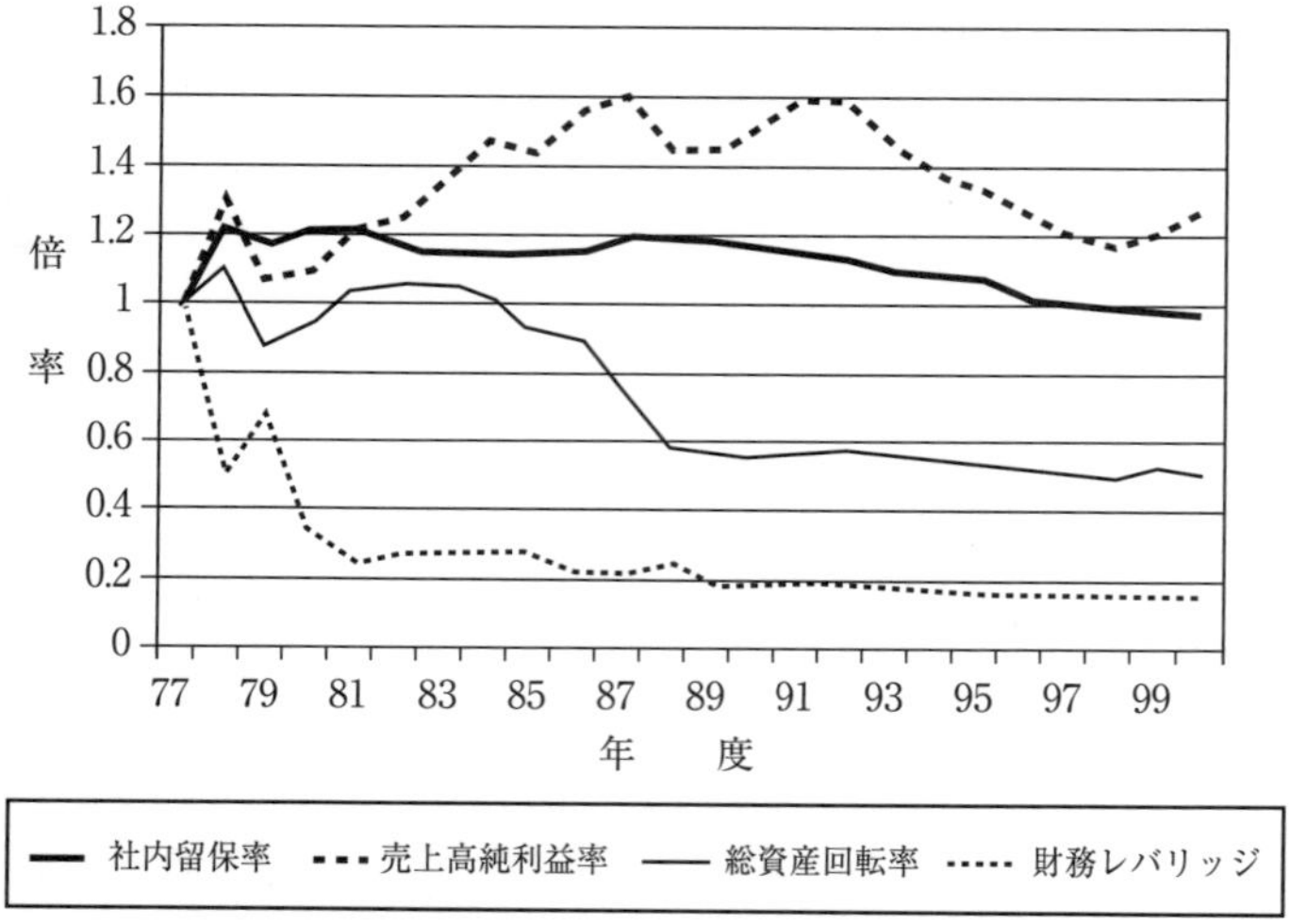

データ源：基本活動 DB

とりあえず八三年までに行ったことは、財務レバレッジを引き下げることであった。もちろん負債（借入）を増やして財務レバレッジを引き上げると、株主資本利益率が向上する。そのかぎりで持続可能成長率を引き上げる効果がある。しかしそれは営業利益などが増加している場合である。それが減少すれば、財務レバリッジはかえって株主資本利益率を低下させ、有利子負債の増加も相まって経営を不安定化させる要因になる。財務レバレッジの引き上げは両刃の剣である。

財務レバレッジを引き下げるために、セブン－イレブンは負債（借入）の伸び率以上に株主資本の増強を図った。このために行ったのが増資である。増資は持続可能成

表 5-2　財務戦略の足跡

年	月	財務活動
79	8	東証上場 2 部、公募増資
80	2	2 割無償増資
80	12	高株価背景に 140 万株公募増資
81	1	2 割無償増資
81	7	東証 1 部に指定替え
82	1	2 割無償増資
82	8	商法改正を契機に全株を無額面化、1 株を 2 株に分割
82	8	配当性向を 20%に
83	4	株価 9,000 円台に乗り、日本一になる
83	6	50 円額面株で初めて、株価 1 万円台
83	8	実質 8 円の増配
84	1	30%増配
84	2	1 割無償増資
84	12	4 円増配
85	10	無額面で百万株の公募増資、80 億円調達
85	12	自己資本比率が 50%を超える
86	1	2 株を 3 株に株式分割
86	2	完全無担保 OB 適債基準達成、資金調達の幅を広げる

データ源：新聞記事 DB

長率の呪縛から売上成長率を解放する。同社は巧妙な株式政策を駆使して高株価を維持し、株式市場から多額の資金を安いコストで調達し続けた。五〇円額面で出発した株価は、八五年には二〇倍に、九〇年には四〇倍に上昇していた。

セブン-イレブンの財務戦略はきわめて巧妙である。八〇年代中頃までの足跡は、表5-2に要約されている。

その基本的なパターンは、無償増資や増配を行って、成長期待以上に株価を上げ、その後に公募増資したり、また株式分割を絶えず行って、大衆資本を吸引しやすくするというものであった。高株価による公募は自己資本比率を高め、セブン-イレブンの財務体質を大きく改善した。またその調達資金は留保利益に上積みされ、直営店開発や情報武装に要する多額の投資資金をまかなったのである。

これによって、セブン-イレブンの株主資本は急速に増加しつづけた。東証二部上場前の七年度における貸借対照表の資本計は二三・四八億円であった。それが二部上場によって三三・二三億円に増え、さらに八一年度の一部上場によって二〇四・七五億円になった。高株価の維持が功を奏して、株主資本は八九年度には一、四五七億円に達していた。資本充実は財務レバレッジを引き下げ、セブン-イレブンの経営を財務的に安定させる。営業利益などの変動に対して頑強な財務体質ができあがっていったのである。

セブン-イレブンの持続可能成長率は、競争激化による収益率の低下などで、八一年に大きく落ち込む。しかし、たんに安定成長するだけでなく、高い水準での安定成長が目指すべき目標であった。このためには、売上成長率を持続可能成長率に合わせるだけでなく、高水準の持続可能成長率を維持しなければならない。幸いにして、セブン-イレブンはその後、八〇年代を通じて二〇％を超える水準を維持し続けた。

安定経営のため財務レバレッジを下げる。高株価維持のために、配当性向を少しずつ引き上げ、その結果、内部留保率が下がっていく。さらに情報武装のための設備投資によって総資産回転率が八五年以降大きく低下する。持続可能成長率を引き下げるこれらの傾向にもかかわらず、セブン-イレブンは高い水準の持続可能成長率を維持し続けた。それを支えたのは、図5-2が示すように、売上高純利益率の急上昇とその水準の維持であった。

純利益は経常利益に特別利益・損失を加味し、さらに税額を差し引いて企業の手元に残る当期利益である。POSの全店導入の八三年以降に売上高純利益率は急上昇した。その後、九〇年代の初頭まで一〇から一三%のきわめて高い水準を維持し続けるのである。もちろんこれを可能にした活動には、情報武装による店舗競争力の強化がある。

しかし、直営店の営業利益や加盟店からのロイヤルティ収入だけが、この高水準の売上高純利益率を支えたわけではない。収益源を根茎のように張りめぐらし、それを多様化していったことも、等しく高水準の売上高純利益率を支えるのに貢献した。それはどのようなものであったか。

収益源の多様化

◆「遊休」資金による財テク

直営店開発や情報武装に多額の投資資金を要した八〇年代前半まで、セブン-イレブンは財テクによっても、経常利益を補った。営業外収支から得られる営業外利益が経常利益に占める比率は、図5-3に示すように大きく増加した。とくに七七年から八三年まで、七九年を除けば営業外利益は経常利益の一〇%を上回っている。

営業外利益は営業外収益と営業外費用の差額である。セブン-イレブンの場合、データが利用できる八〇—八八年度について見ると、営業外利益のほとんどは金融収支によるものであった。金融収支は損益計算書の勘定科目から計算できる。つまり、「受取利息・割引料・有価証券利息」に「受取配当金」を加え、それから「支払利息・割引料」を差し引けばよい。金融収支は、現金など「遊休」資金の現先取引運用などによって生み出される。「遊休」資金を遊ばせず、短期金融市場などで運用する財テクである。

図 5-3　経常利益に占める営業外利益比率

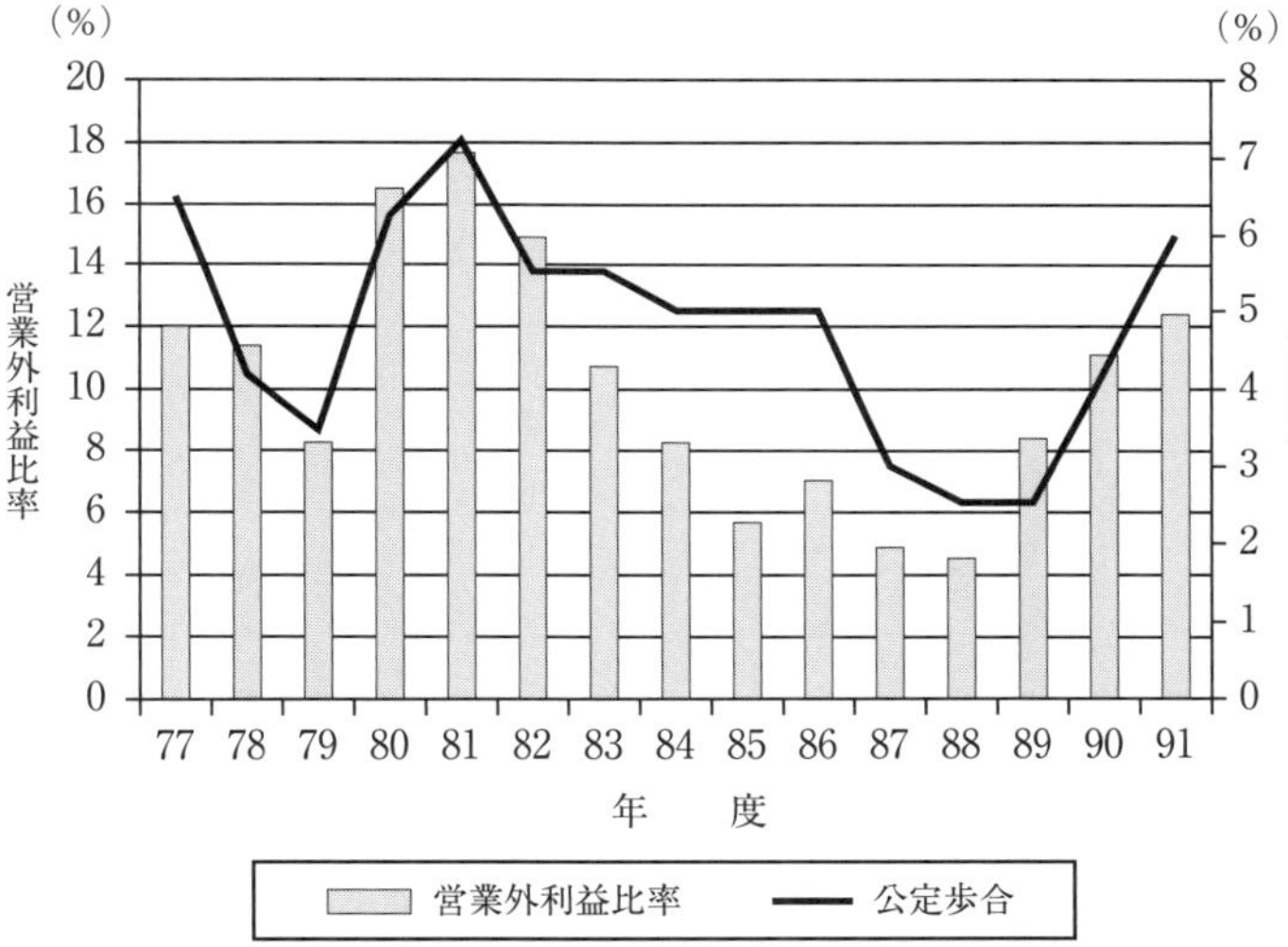

（注）公定歩合は、商業手形割引率ならびに国債、とくに指定する債券または商業手形に準ずる手形を担保とする貸付利率
データ源：基本活動 DB。公定歩合は日本銀行調査統計局「金融経済統計月報」

売上が絶えず日銭となって入る流通業では短期的な「遊休」資金ができる。売上で日銭は日々入ってくるが、仕入先への支払期日は月末など一定期間後だからである。掛け売りをしない小売事業ではどこでもこの種の回転差資金が発生する。フランチャイズ・システムでは、セブン-イレブンのようにオープン・アカウント・システムを採用すれば、さらにもう一つの「遊休」資金源が発生する。それは加盟店からの「預り金」である。

オープン・アカウント・システムでは、加盟店の毎日の販売受取高（売上、加盟店が仕入先などから受け取った値引金、仕入報奨金、および雑収入金）はすべて即日に本部に送られる。フランチャイズ契約条項によれば、加盟店の販売受取額は、本部の許諾と協力によるセブンイレブン店経営の成果であって、加盟店が個人で自由に処分できる金員でないからである。

本部に送られた販売受取額は、セブン-イレブン本部の会計上は流動負債の「預り金」になる。預り金は加盟店仕入れ代金に充当される。また棚卸しなどによる清算後に、それが仕入れ代金を上回るか下回るかによって、加盟店に返されたり、加盟店への貸付金になる。このシステムは加盟店での経理業務負担を削減した。しかし、本部に加盟店売上高の一―二%は預り金としてつねに滞留する。

一―二%といっても、預り金は加盟店売上高の成長に比例して増えていく。加盟店売上高から推定すれば、七七年には五―六億円前後の預り金は、八〇年代の終わりには一〇〇億円前後までふくれあがっていたはずである。このような「遊休」資金が財テク運用などの資金源となったのである。

預り金が増加していっているのに、金融収支を主内容にする営業外利益の比率が年度につれて大きい波動を描いているのはなぜか。それは預り金の運用益は預り金額だけでなく、そのときの金利によっても大きく影響されるからである。公定歩合（商業手形割引率ならびに国債、とくに指定する債券または商業手形に準ずる手形を担保とする貸付利率）は、七〇年代後半から八〇年代にかけて大きく変動した。図5-3が示しているように、営業外利益比率と公定歩合の変動はほぼ同調している。

図 5-4　コンビニ店主の前職と開業動機　N = 528

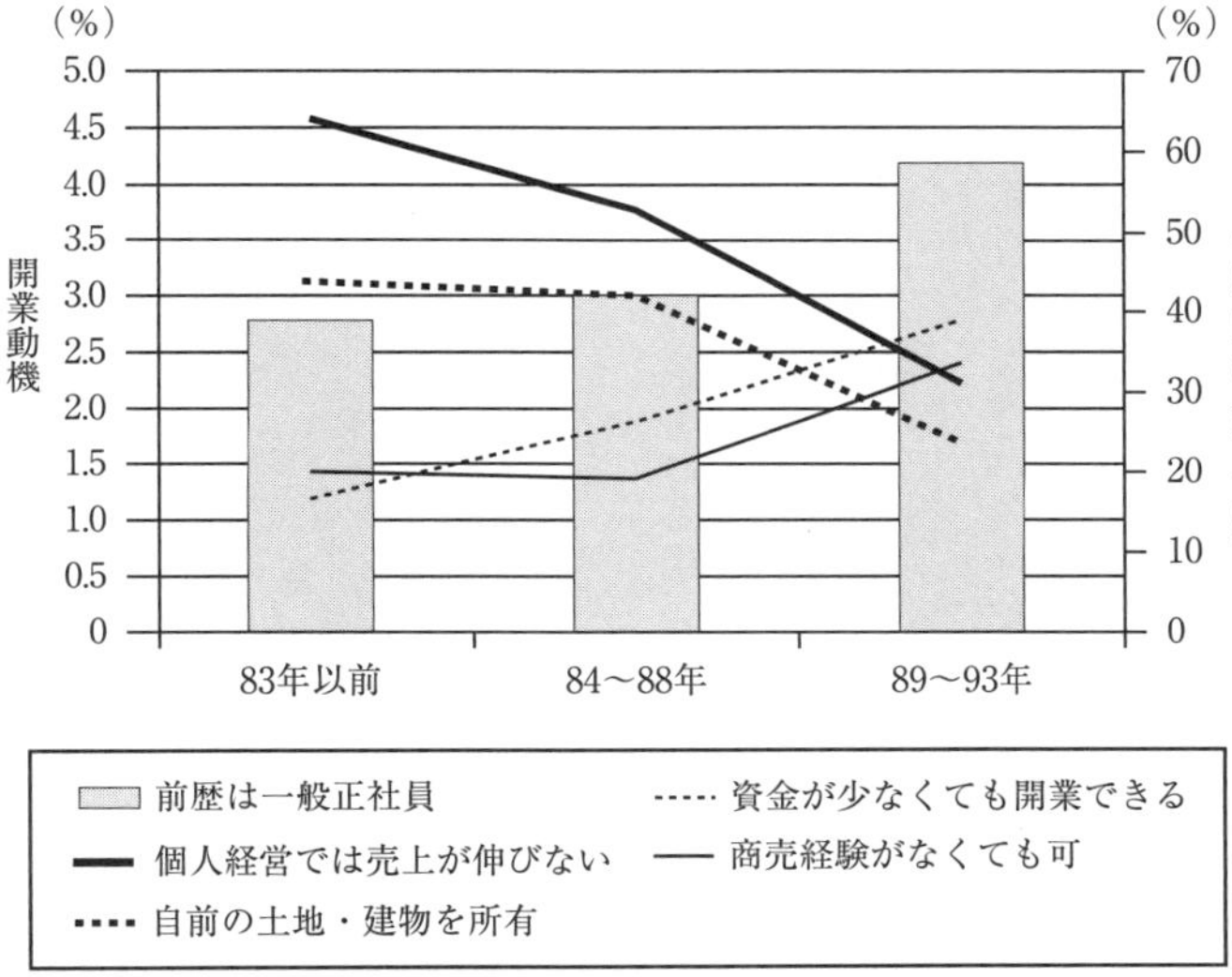

データ源：日本労働研究機構、1995 のデータより作成

◆店舗管理者の役割転がし

セブン-イレブンの店舗展開はフランチャイズが基本である。しかし、創業直後の七四年では直営店が半分強を占めていた。新業態であるコンビニとはどのようなものか。加盟店のリクルートのためにはそれを見せる必要があった。また、加盟店新規参加者や社員の研修用にも必要であった。さらに直営店はコンビニ立地場所、二四時間営業、売れ筋商品などを探る実験店としても使われた。

しかし、加盟店リクルートが軌道に乗るに従い、直営店比率は急速に低下した。黒字転換した七六年には六%、そして七八年には三％まで低下した。一方、七九年以降、直営店比率は急上昇して八〇年代の前半は全店舗の一〇％前後が直営店になった。これはコンビニ市場の急成長に伴う出店競争激化のためである。加盟店のリクルート競争も激しくなった。ドミナント地域を次々に確立していくには、出店適地をいち早く直営店で押さえる必要があったのである。

加盟店のリクルート競争の激化によって、リクルート市場の性格も変わり始めた。酒屋などを中心に既存事業者を加盟店に勧誘することは次第に難しくなった。リクルート市場での加盟店希望者には、商売の素人が次第に増えてきたのである。かれらを受け入れなければ、店舗開発の速度を上げられなくなってきた。すでに八三年以前でも、コンビニ店主の前歴が何らかの企業の正社員であった人、つまり脱サラ組の割合は二五％を超えていたが、この脱サラ組は九〇年代にかけてさらに上昇していく傾向にあった。

脱サラ組のコンビニ開業動機は、酒屋などからの事業転換組とはまったく異なっている。事業転換組の主要なコンビニ開業動機は、個人経営では売上が増えないなどということであった。脱サラ組の動機を見ると、資金が少なくても開業できる、商売経験がなくても可能と考え、また自前の土地・建物がなくても可能、といった動機が並ぶ。加盟店リクルート市場におけるこのような変化によって、加盟店のタイプも多様化し始めた。それらはＡタイプ、Ｂタイプ、Ｃタイプなどと呼ばれる。

Ａタイプ店では、土地・建物は加盟店主の自前物件を使う。Ｂタイプ店では、本部が賃貸した物

図 5-5　セブン-イレブンの店舗タイプの構成変化

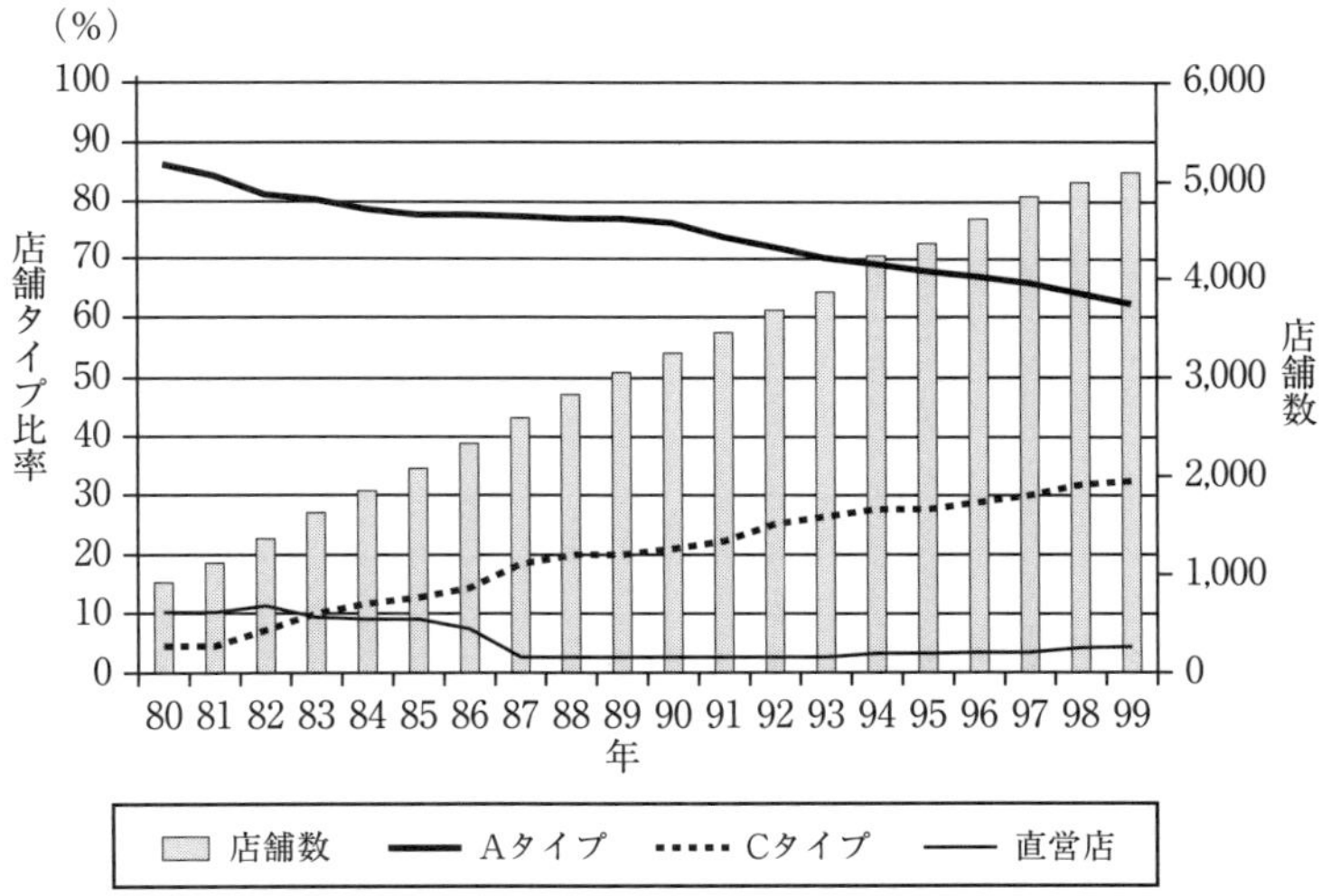

データ源：岩本浩治、2000 のデータより作成

件を加盟者に転貸し、内装投資などは加盟者が負担する。さらに、本部が土地所有者に差し入れた保証金や家賃も加盟店から徴収する。Cタイプでは、本部主導の開発物件を加盟者が受託運営するのである。本部へのロイヤルティは、A、B、Cの順で高くなる。

本部の店舗開発の観点から見ると、Bタイプを使うことが店舗開発費も少なくてすみ、出店速度を上げやすい。しかし、このタイプの店に脱サラ組を当てると、しばしば不採算店が発生した。脱サラ組は資本力がなく、数千万の開業資金の多くを借金に頼る。その返済のために、店舗の損益分岐点はCタイプ以上になることが多かったからである。いくら働いても、加盟店には儲けが出ない。これは本部にたいする加盟店の不満の温床になる危険があった。

図5-5に示すように、セブン-イレブンも加盟店リクルート市場のこのような変化に対応した。しかし、同社はBタイプの加盟店は作らず、Cタイプのみを追加した。創業から数年間は、セブン-イレブンの店舗は直営店かAタイプの加盟店であった。それにCタイプが加わったのである。ロイヤルティはAタイプが四三%であるのに対して、Cタイプでは粗利益に対してスライドチャージ率を乗じた額になる。売上が増えるほど、ロイヤルティは高くなる。それは最高で七〇%にまで達するといわれた。

Cタイプは脱サラ組を狙ったものであり、全店舗に占める比率は、リクルート市場の変化に対応して急速に上昇した。八〇年代の終わりには二〇%を超えるようになる。直営店増加だけでなく、それにCタイプも加わるとなると、店舗開発業務は忙しくなる。とくに問題は店舗開発の大前提になる店舗用地の確保であった。セブン-イレブンは八〇年前後から所有土地面積を急速に増やした。七八年の六、〇〇〇㎡から八五年の一七万六、〇〇〇㎡にまで拡大したのである。

この拡大でとくに重要な点は、店舗開発上で必要な面積を超えて拡大した点にある。八〇年では直営店とCタイプの合計店数あたり二〇〇㎡強であった。それが八五年以降三〇〇㎡を超え始めた。当時、郊外ロードサイド店が増え始めていた。この種の立地では、標準店舗面積に加えて駐車場が不可欠である。この点を考慮に入れても、土地面積増加率は異常である。

この背景には、明らかに八〇年後半の土地バブルに結びついていく地価高騰傾向がある。当時、急速に台頭しつつあった紳士服などの専門店も、郊外ロードサイドに店舗展開を始めていた。それらの中で商才に富む企業は、地価騰貴を収益源の一つとしていた。一つの店舗用地を取得する場合に、必要面積以上に買い求め、出店後に地価が上昇するとその隣接地を売却して、取得価格との差を利益源としたのである。顧客吸引力のある店舗の立地創造（田村、二〇〇八）力による、一種の地上《じあ》げビジネスである。

セブン-イレブンも顧客吸引力のある店舗を郊外に展開した。しかし、同社が立地創造による地上げビジネスをやったという証拠はない。むしろ地上げビジネスのような投機ではなく、地価上昇をより確実に事業システムに結びつけていく方向をとった。具体的には、所有土地拡大と土地騰貴で生まれた含み利益を、Cタイプ店を増やすことによって、確実に実現していく方向である。

Cタイプ店では、本部主導の開発物件を加盟店主が受託運営する。本部は開発物件の時価を反映した高いロイヤルティ率を設定できる。開発物件の含み益は、この高いロイヤルティ率を通じて徐々に実現されるのである。さらにそのCタイプ店の業績が良く、その物件を加盟店主が買いとれば、含み益の実現は完全に終了する。

八〇年代の前半にセブン-イレブンの土地含み益は急速に増加した。各年の土地増加分と全国商業地地価指数の上昇率から、八五年での土地含み益を計算すれば、約二一億程度の含み益が出てい

図 5-6　土地所有状況

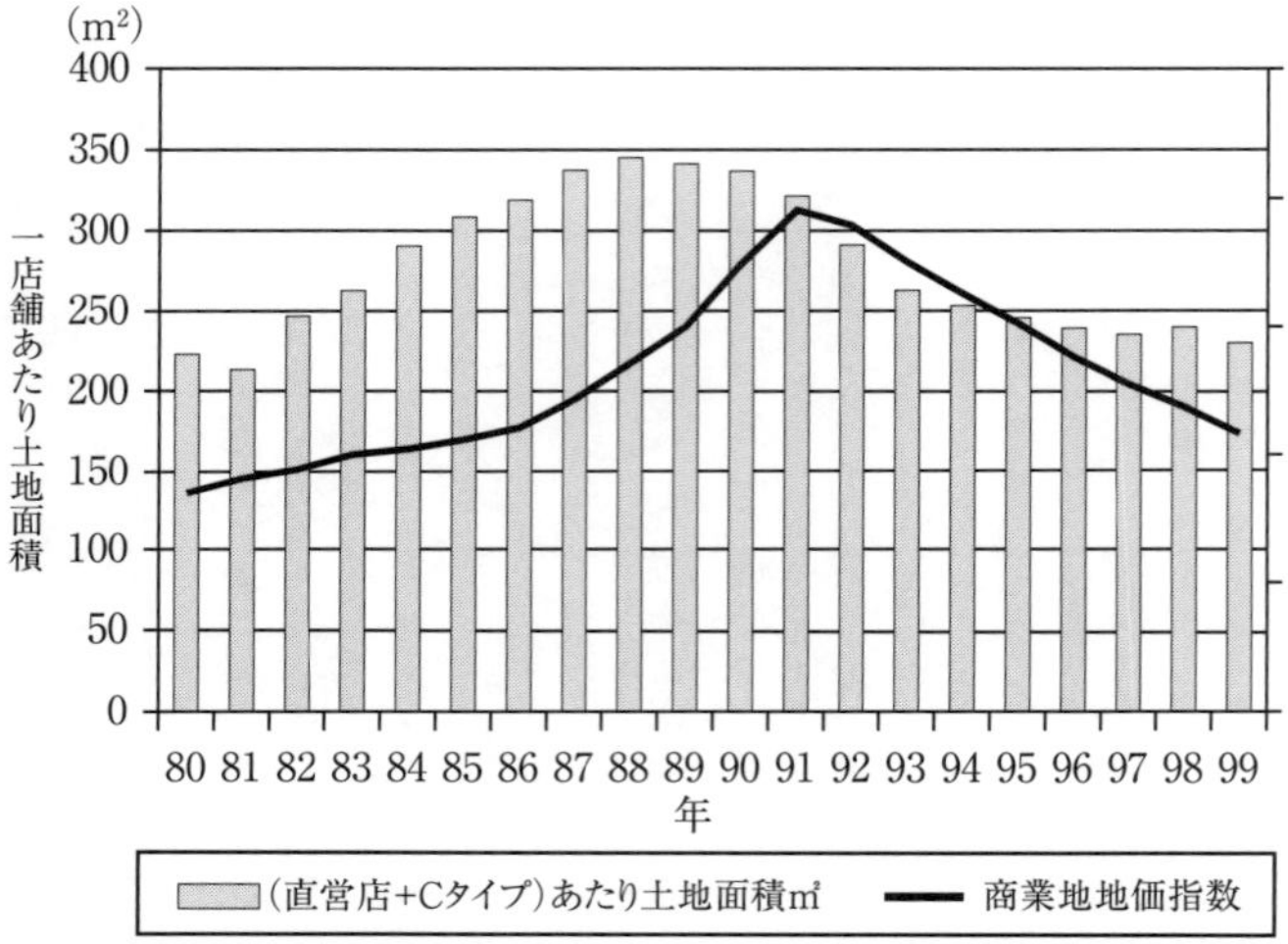

データ源：基本活動 DB、商業地地価指数は日本不動産研究所「市街地価格指数」による

た。しかし、当時の他の企業の多くとは異なり、セブン-イレブンはさらに土地買収による含み益の蓄積に邁進したわけではない。むしろ図5-6に示すように土地バブルに突入する八七年以降になると、含み益をCタイプ店を増やすことによって、年々実現していく途をとった。

その証拠にその同じ年には、それまで二二八店あった直営店を一気に八〇店まで減らしたのである。二店目、三店目を希望する業績の良いAタイプや、それ以上にCタイプ店の増加がその受け皿になった。そのさい当然に含み利益の実現を図ったであろう。そして土地バブルがはじけた九〇年代初頭以降では、店舗展開に必要以上の土地は所有しない傾向が顕著になった。

このような流れの中で、とくにCタイプ店は、セブン-イレブンの新しい収益源として事業システムに組み込まれることになる。Cタイプに組み込まれた脱サラ組はセブン-イレブンの複数の収益源を提供した。

Cタイプ店主になれば、不動産物件の賃借者である。それによって、Aタイプの加盟店よりも高いロイヤルティ・チャージを払ってくれる加盟店になった。またその開業資金が少ないため、セブン-イレブンから仕入などに関して、より大きい商業信用を受ける必要があった。これによって、銀行の貸出金利よりも高い金利を払ってくれる、セブン-イレブン資金の借り手になった。商売の未経験者が多いから、本部の推奨商品の従順な販売人になった。幸いにして、店舗業績が順調に上がっていけば、CタイプからAタイプのへの転換にさいして、セブン-イレブン所有の店舗不動産物件の購買者になった。

このように、Cタイプ店主は、セブン-イレブンの商取引ネットワークの中で、役割を変えながら登場した。本部による店舗開発や加盟店への経営指導が卓越しているかぎり、商取引ネットワークの中での役割転がしは、セブン-イレブンの重要な収益源となっていったのである。それは全店に占めるCタイプの比率が、一貫して上昇していったことに示されている。ちなみに、二〇一四年には六九％にまで達する。

ネットワーク・パワーによる利得

◆ネットワーク・パワーの誕生

しかし、八〇年代に根茎のように張り巡らした収益源の中でも、最大のものはネットワーク・パワーによる利得であろう。それはセブン-イレブンの全店売上高を背景にした、商品購入先との取引交渉の中で生まれた。

セブン-イレブンはその全店売上高を一、五三六億円（八〇年）、四、五三六億円（八五年）、九、三一九億円（九〇年）と急速に伸ばし、コンビニ業界のトップを走り続けた。その売上の大半は首都圏に展開した店舗からである。首都圏市場は全国消費市場の動向を支配する市場である。新製品などは首都圏市場を出発点として全国に普及した。このような特徴により、セブン-イレブンの推奨商品として採用してもらえるかどうか、またセブン-イレブンの店頭で売れるかどうかは、メーカーを始め納入業者にとって、全国市場での成功を占う試金石となっていった。

加盟店発注商品の納入先と在庫リスク負担は加盟店であるが、仕入先からの商品代金の請求先は本部である。仕入れ資金が不足した場合の貸し出しなどに関して、本部が自動融資し加盟店に対して信用供与を行っているからである。加盟店の売上は毎日本部に送金され、支払代金に充てられる。一定期日後に棚卸しなどを経て、本部と加盟店の間で精算が行われる。

このようなオープン・アカウント・システムの仕組みのため、加盟店の場合でも、各店の商品発注は本部に集約され、本部が納入価格を始め、取引条件について仕入先との交渉に当たる。セブン-イレブンの売上成長によって、仕入れ担当者は取引交渉でますます大きいパワーを持つようになっていった。いわゆるバイイング・パワーに類似したパワーである。

バイイング・パワーとは、巨大な販売力を背景に、仕入れに際して有利な取引条件を引き出す力である。高度成長以降、量販店や百貨店はその販売力を背景に、仕入れ価格の切り下げ、リベート、販促協賛金、派遣社員のなどの提供を仕入先に要求していた。それはしばしば正常な商慣習に照らして不当な要求になることもあった。八二年に独禁法が優越的地位の乱用の一つとして、バイイング・パワーを取り入れたことはこの間の事情を物語る。公正取引委員会の主要情報源は業者からのたれ込み情報であった。

セブン-イレブンのようなフランチャイズ・チェーンの場合、本部は加盟店の発注商品の購買者ではない。したがって、本部の仕入れ担当者がその加盟店の販売力を背景に持つといっても、バイイング・パワーと同じではない。しかし、セブン-イレブンは情報武装によって、各地に展開する多数の店舗での販売情報を本部に集約した。この情報を基盤として、加盟店がどのような商品を発注すべきかにつき、本部が強い影響力を持った。

セブン-イレブンは三ヵ月前の予約仕入れである。仕入れ商品のうちでもとくに新製品は加盟店への推奨商品となる。その品目数は約五千品目であるが、その内容は週単位で変動した。集約した需要情報にもとづき、本部が死に筋商品をカットし、新製品を入れ替えるからである。加工食品や日用雑貨の分野では、年間に現れる新製品はおびただしい数にのぼる。そのうちで、セブン-イレブンが年間に投入する新製品は約四千品目程度であった（鈴木・矢作、一九九三）。そのうちに入ることができるかどうか。また、その後も推奨商品にとどまることができるかどうか。これらに関して、本部は決定的な影響力をもった。

直営店も含めた全店の販売力と、加盟店仕入れへの本部の影響力を背景に、本部仕入れ担当者は、仕入先との交渉でバイイング・パワーと同じようなパワーを持つことができた。主として加盟店ネットワークを背景にしているから、このパワーをネットワーク・パワーと呼ぶことにしよう。それは、全店販売力と加盟店発注への強い影響力を背景として、商品仕入先から有利な取引条件を引き出す本部の仕入れ交渉力である。

このパワーは、バイイング・パワーと同じように、次のような収益源を生み出すことができる。

- 年間仕入れ額や数量を基準とする、年間の仕入れ割戻金（リベート）

・新製品を取扱商品に加えた場合の協賛金や、無償サンプル形式での一定個数提供
・定番商品化した場合には、その一定個数をサンプルのかたちで無償提供
・年数回の商品展示会で徴収するブース設置料（一種の協賛金）

これ以外にも、その算定根拠の明らかな短期リベートがあった。さらに加盟店が個別に受け取った、仕入先からの仕入値引、仕入報奨金もフランチャイズ契約により本部に送金することを求めた。

ある一定の取引額について、加盟店への商品推奨など影響力が強くなればなるほど、ネットワーク・パワーの大きさはバイイング・パワーに近づいていくといえよう。加盟店がその仕入れのすべてを本部推奨商品によって行うとき、ネットワーク・パワーは実質的にバイイング・パワーになる。本部の推奨商品を受け入れる傾向の強いCタイプ店の比率増加は、この傾向を大いに促進した。

◆ネットワーク・パワーの基盤

セブン-イレブンのネットワーク・パワーの基盤は、まず全店の商圏と販売力にある。商圏は首都圏とその周辺が中心である。この地域での消費傾向は全国市場の先行指標でもある。多くのメーカーは全国市場を目指している。先行指標としての首都圏動向はメーカーにとって重要な情報であった。とりわけ、そこでトップ企業であるセブン-イレブンの店頭に、この種の情報が集中した。

セブン‐イレブンで売れるかどうかが重要な先行指標となった。

セブン‐イレブンは、トップ企業としてこの商圏を中心に、その販売力を急成長させていた。八〇年の売上は一、五三六億円である。これは当時にバイイング・パワーを駆使したダイエーの売上高一兆二五億円にくらべると、約七分の一弱であり小さく見える。しかし、ダイエーは総合量販店であり、その品揃え品目数はセブン‐イレブンの三、〇〇〇品目の十数倍に達していた。単品ベースで見ると、セブン‐イレブンはダイエーを上回る販売力を持つ単品を持つようになっていた。しかも、八五年になると、セブン‐イレブンの販売力は全体で見ても、ダイエーの三分の一まで迫るのである。

セブン‐イレブンのネットワーク・パワーは、その売上成長だけでなく、情報武装によっても飛躍的に高まった。すでにターミナル・セブンの導入によって、少なくともＳＫＵ（最小在庫管理単位）での販売状況を仕入先別、メーカー別に把握していた。ＰＯＳ導入によって、販売データは単品ベースにまで詳細になる。

取引交渉にさいして、仕入れ担当者は仕入先やメーカーの営業マンにそのデータを示した。営業マンにとって、それは自社製品の成績表を見せられるのと同じであった。問屋やメーカーは、当時、最終消費市場での販売実績について、商品別の詳細な最新データを持っていなかったからである。かれらは年数回行われる、せいぜい数千の標本調査による消費者調査データや、少数の販売店への電話聞き取り、あるいは市場代表性のない不完全なＰＯＳデータ以外に、最終市場の単品売上データを持たなかった。

自社の詳細な成績表を前に、セブン-イレブンの若き仕入れ担当者に「御社製品にそのような需要があるのですか」と詰問されると、ベテラン営業マンさえも色を失い、情報武装した交渉相手が示す仕入れ価格など、取引条件を呑まなければならなかった。ＰＯＳは「新製品の成績表、相手に数字を握られていては売り込みも難しい」(日経流通新聞、八八・一二・一五)、ある菓子メーカー・セールスマンのこのような嘆きは、この間の事情を物語っている。

それだけではない。情報武装によって、加盟店仕入れへの本部の影響力を高める仕組みを作り上げた。加盟店が実質的には本部の推奨に従って商品発注をする仕組みである。どの商品を推奨するかの裁量を仕入れ担当者が握っていた。セブン-イレブンの推奨商品になり、その店頭に並ぶかどうかによって、全国市場への入り口になるような品目が増えていった。とくに新製品については、セブン-イレブンによる推奨は決定的に重要になった。

機能的に見れば、問屋やメーカーにとってセブン-イレブン本部の推奨は販促活動と同じである。各商品のトップ・メーカーは広告宣伝費を多く使うが、二番手以下のメーカーは広告宣伝費よりも、とくに販促経費をより多く使う傾向がある(日経広告研究所、二〇〇六、田村、二〇一三)。その内容は、販促資材の提供、販促協力金の提供、売上数量に応じた報奨金、バックリベートの提供などである。

流通経路を構成する多数の問屋や中小販売店に向かって、多額の販売促進費が支払われていた。

セブン-イレブンの販売力は数千の、あるいは商品によっては数万の中小小売商の販売力に該当した。これらへの従来の販促費や営業マン経費を大幅に超えないかぎり、セブン-イレブン本部の要求に従って納入価格を切り下げたり、新製品の販促援助金というかたちでリベートを渡しても、メーカーや問屋にとっては採算をはじくことができた。セブン-イレブンが要求するネットワーク・パワー利得は、機能的に見れば、この側面にかんするかぎり、セブン-イレブンはメーカーにとって強力な広告宣伝媒体としても機能していた。それまで多くの中小販売店経路に支払ってきた販売促進費に該当するものに過ぎなかったからである。この側面にかんするかぎり、セブン-イレブンはメーカーにとって強力な広告宣伝媒体としても機能していた。

◆ネットワーク・パワーの大きさ

セブン-イレブンがネットパワーによって得た利得はどの程度であったのか。それを直接に示す公表データはない。利益源がどこにあるのかを直接に示すデータを、企業は当然のことながらできるだけ秘匿しようとする。とくにネットワーク・パワーによる利得などをどのように会計処理して、どの程度まで公表するかは最高意思決定に属し、もっとも守秘すべき企業機密である。またそれは税務会計とも密接に関連するため、外部からは見えにくい。それは地面に潜む地下茎のような収益源である。

しかし、粉飾決算をしないかぎり、公表財務諸表を長期間にわたり比較検討すれば、その種の秘匿利益源泉の痕跡を間接的にたどることはできる。この点でとくに注目すべきことは、直営店と加盟店のそれぞれの一店あたり平均営業利益変化である。本書Ⅲ章での利益推定の解説（一二一ページ）でも定義しておいたように、直営店営業利益は直営店経由で得られる営業利益部分である。加盟店営業利益はセブン-イレブンの営業利益と直営店営業利益の差額であり、加盟店経由で得られるセブン-イレブンの営業利益部分である。

仕入リベート、新製品試供品の無料提供、販促協力金など、ネットワーク・パワーで得た利得はどのように会計処理するのだろうか。通常の処理法はいわゆる原価戻しであり、仕入れ額（売上原価・営業原価）から控除する。セブン-イレブンの場合、加盟店は仕入商品の在庫所有権を持つから、加盟店の売上原価に戻せない。戻し先はセブン-イレブン本部、つまり独立企業としてのセブン-イレブンの売上原価である。言い換えれば直営店の売上原価である。

したがって、ネットワーク・パワーが大きいほど、直営店の売上原価は低くなるはずである。直営店営業利益はその売上高から売上原価を差し引き、さらに販管費配賦分を控除したものである。一方、加盟店経由で得られる加盟店営業利益はロイヤルティを中心にした営業収入から、加盟店へ

図 5-7　直営店と加盟店の店平均営業利益

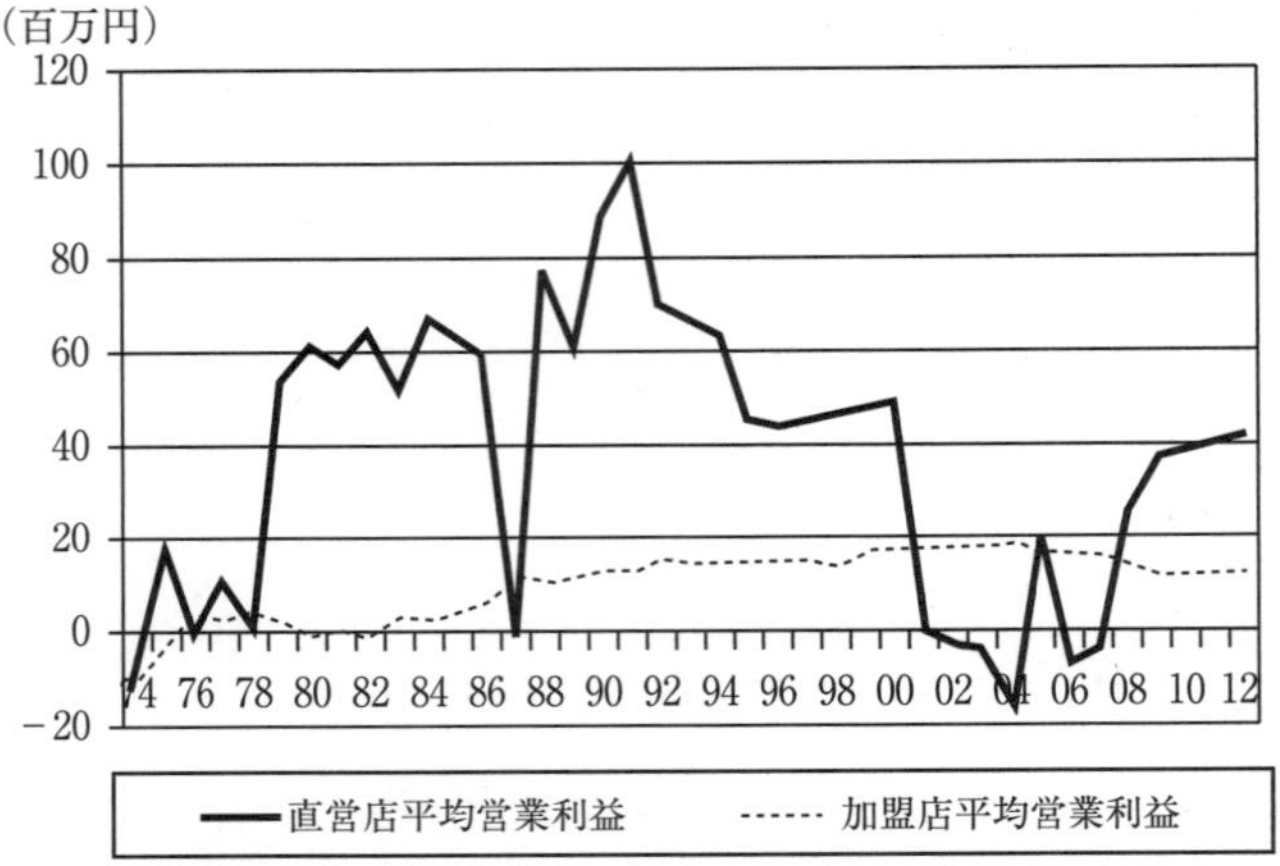

データ源：基本活動 DB

の販管費配賦分を控除したものである。このようなそれぞれの営業利益の計算式から明らかなように、直営店の売上原価がネットワーク・パワー利得によって低くなれば、直営店の平均営業利益は高くなっていく。

ネットワーク・パワーは複数期間にわたる持続成長メカニズムとして機能するので、その創業以降の全期間にわたる長期推移を示しておこう。図5-7を見ると、まず第一に、加盟店平均営業利益が安定した推移を示しているのに対して、直営店平均営業利益の推移は激しく極端な動きを示している。一九七九年から二〇〇〇年までの間では、八七年には深い谷のように落ち込んでいる。また〇一年から〇七年にかけても大きく落ち込んでいる。

八七年の落ち込みの原因の一つは直営店数の急

図 5-8　営業利益に占める直営店と加盟店経由の利益の構成比率

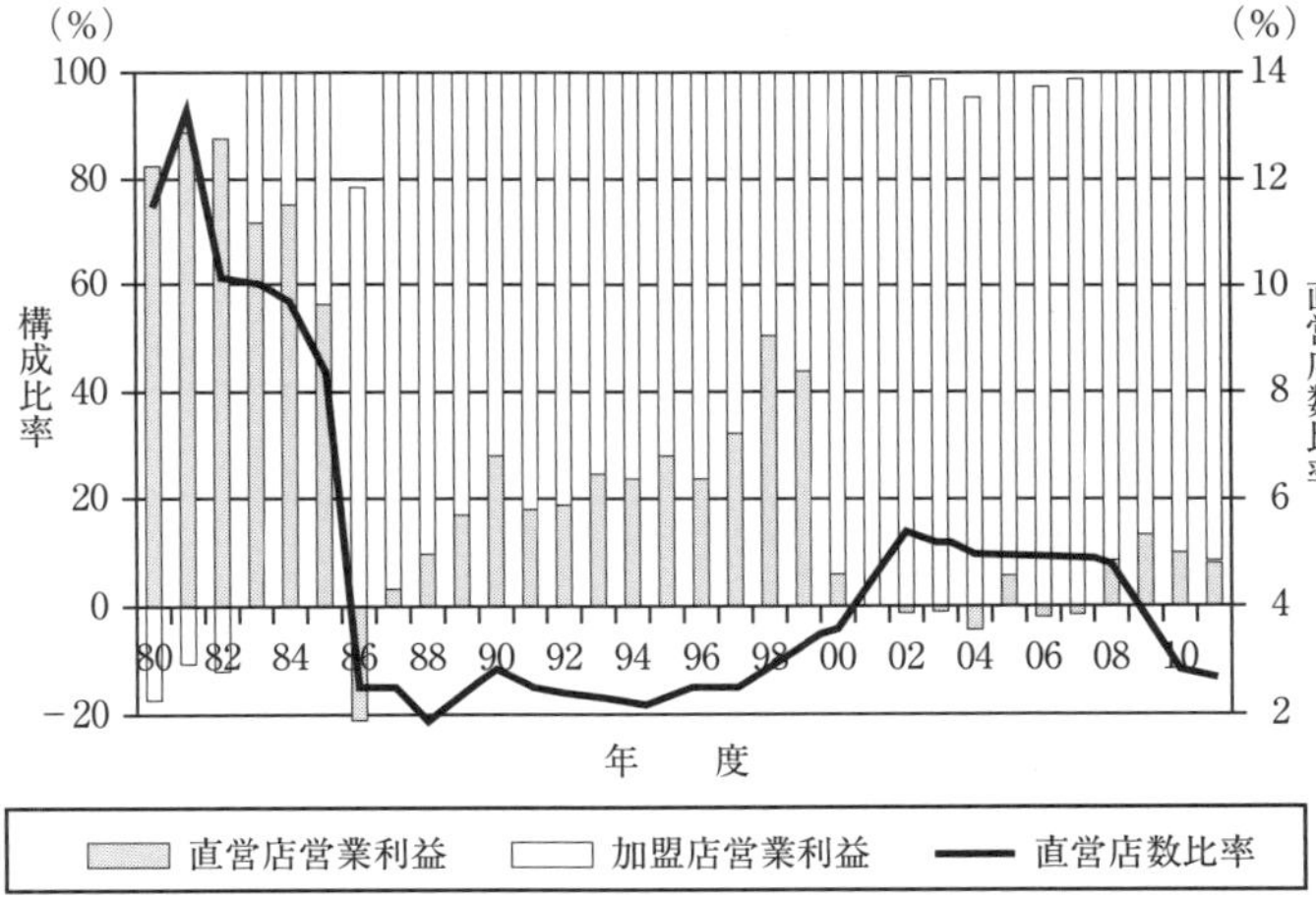

データ源：基本活動 DB

激な減少である。前年に二二八店舗あった直営店を八七年には八〇店舗まで削減した。しかし、それだけではない。直営店数を約三分の一に減らしたといっても、直営店平均営業利益の減少率がはるかに大きすぎるからである。おそらく直営店数を削減すると同時にネットワーク・パワー利得の会計処理の変更を試みたのではないだろうか。本部だけがもうけすぎという加盟店からの不満をさけ、この利得をできるかぎり見えなくする狙いがあったかもしれない。

年度によって大きく変わるが、直営店平均利益は加盟店のそれにくらべて、数倍から数十倍になる。このような財務数字が出る理由は、ネットワーク・パワー利得の売上原価戻しによって、直営店の売上原価が異常に低い数値になるからである。いずれにせよ、直営店営業利益がネットワーク・パワー利得を大きく反映した数値になっていることはたしかである。

ネットワーク・パワー利得がいかに持続成長に貢献したのか。営業利益に占める直営店営業利益の比率を図5-8で見ると、その大きさがわかる。八〇年から八五年までは五〇%から八〇%強を占める。八〇年代の中頃にはいったん低下するが、それ以降に情報武装メカニズムが働き出して次第に再増加を始め、九〇年代の終わりまで営業利益の二〇から四〇%を占めている。この間に全店舗のわずか二~三%にすぎない直営店がこれだけの営業利益を稼ぎ出したということになる。この不可解な数値は、直営店利益がネットワーク・パワー利得を色濃く反映したものであるとすれば、理解できない数値ではない。

◆ネットワーク・パワーの変動要因

ネットワーク・パワー利得が原価戻しで会計処理されるとすれば、損益計算書での「売上高・営業収入」にたいする「売上原価・営業原価」の比率もネットワーク・パワーを反映した数値になる。売上高・営業収入は直営店売上高と、ロイヤルティ収入など加盟店からの営業収益の和である。この和に占める売上原価・営業原価の比率を以下で売上高原価率と呼ぶことにしよう。

この売上原価率が低くなるほど、ネットワーク・パワーをより強く反映していると見なすことが

図 5-9　消費需要と売上高原価率の推移

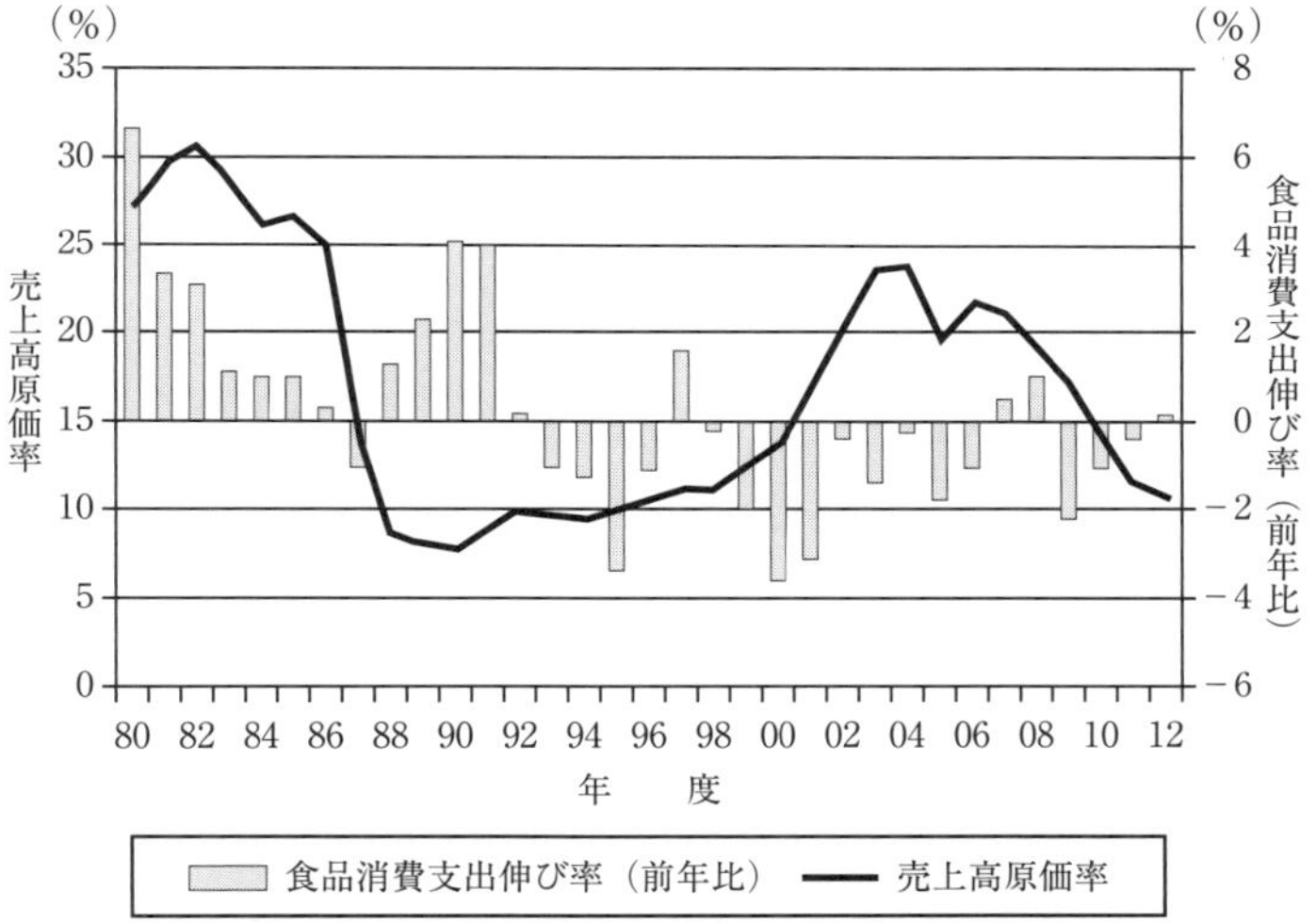

データ源：基本活動 DB、食品消費支出は「家計調査年報」データによる

できる。八〇年以降のこの数値の推移を見ると、八〇年代中頃までは比較的高く、それ以降から二一世紀の初めまで一〇％前後の非常に低い値をとり、それ以降二一世紀に入って新しい波動を描いている。

このような売上高原価率の動きは、時代によるネットワーク・パワーの変動要因を示唆している。セブン-イレブンの売上高が大きくなり、またその内容を情報武装によって単品ベースで把握するにつれて、ネットワーク・パワーは強くなった。また、メーカーなどにとっては、その売上高が伸び悩むほど、セブン-イレブンの販売力はより魅力的になった。つまり、ネットワーク・パワーの大きさを決める基本要因は、セブン-イレブンの情報武装と、その時々の景気動向である。

コンビニとの関連でいえば、この景気動向は食品の消費支出伸び率によって示すことができよう。八〇年代の中頃まで売上高原価率は二五から三〇％の間を推移した。消費需要は毎年成長しており、セブン-イレブンの情報武装もまだ完成していなかったからである。しかし、八〇年代中頃から九〇年初頭にかけて売上高原価率は急速に低下する。この主原因は消費需要が急速に停滞し、メーカーがますます販売困難に直面したからである。その数年後に消費需要成長率が回復したにもかかわらず、売上高原価率が低い水準にとどまったのはなぜか。それはセブン-イレブンの売上成長と情報武装のせいである。とくにこの期間はセブン-イレブンの情報武装は競争相手に圧倒的格差をつけていた。

九〇年以降の売上高原価率の動きの背景は次章で詳論するけれども、ネットワーク・パワーの性質を確認しておくために、ここで前もって簡単に触れておこう。バブル崩壊から二〇世紀の終わりまで売上高原価率は低い水準にとどまった。つまりネットワーク・パワーは強力に作動した。この時期では競争者も情報武装を整備してセブン-イレブンとの格差は縮まっていた。この時期のネットワーク・パワーを支えたのは、消費需要停滞に伴うメーカーの販売困難である。ネットワーク・パワーはたとえ不景気でも、セブン-イレブンの高収益を維持するメカニズム部分として機能した。

しかし、二一世紀に入ると、消費需要が若干回復するにつれて、売上高原価率も上昇する。この上昇はセブン-イレブンがPB比率を急速に高め出したことによっても生じている。しかし、消費需要が落ち込み出すと売上高原価率は再び下がり始めるのである。ネットワーク・パワーに基づく持続成長メカニズムは、依然として作動しているのである。

商根茎メカニズムの特質

◆多面市場に広がる商根茎

リベートなどの原価戻し以前の直営店での粗利益、加盟店からのロイヤルティ収入、これらをセブン‐イレブンの本業収益と呼ぼう。八〇年代にセブン‐イレブンの持続成長を支えた主要メカニズムは、本業事業での情報武装メカニズムであった。しかし、このメカニズムと並んで、本業ビジネス以外の収益源も、経常利益の成長を支えた。これらの収益源に関わる多様な事業活動は、八〇年代以降に情報武装メカニズムと部分的に絡み合いながら、セブン‐イレブンの持続成長を支えるもう一つの持続成長メカニズムの部分として統合されていった。この持続成長メカニズムを、以下では商根茎メカニズムと呼ぶとしよう。商根茎とは、商取引の世界に根茎（地下茎）のように張り巡らされている収益源である。

今までにも本書の随所で触れてきたこの商根茎を整理すれば、次のようになろう。

- 加盟店への商業信用の供与（金融収益）
- 預り金の財テク
- 加盟店への情報機器・販売什器整備に伴うバイイング・パワーの行使
- とくにCタイプ店における店主の役割転がし
- 加盟店への商品推奨と提供メーカーへのネットワーク・パワーの行使
- 店舗用地に先行取得による土地含み益とその実現
- ユーザー・イノベーションの先発者利益
- 納入業者への情報機器・ソフトのリース

これらの商根茎はどのような性格を共有しているのだろうか。商根茎はすべて商取引による収益源である。商取引の特徴は中間取引にある。中間取引とは、商品の生産者とその最終買い手との間に介在する取引である。卸売商、小売商、仲介商などの商企業はこの種の取引を業務にしている。セブン-イレブンも商企業であり、生産者と消費者の間に介在して、両者の取引を仲介する。その活動様式の特徴は、商業モードと呼ばれる流通取引にある。

商業モードは、生産者のマーケティング・モードとともに、流通取引の二大モードを構成している。商業モードとはどのようなものか。マーケティング・モードと比較すれば、取引の相手、対象、様式の点での関心が大きく異なっている（田村、二〇〇一）。

マーケティング・モードによる取引で最大関心事の取引相手は、流通の最終段階に位置する消費者である。かれらにブランド化した商品を売り、そのためにできるだけ個別的で閉鎖的な流通経路を構築しようとする。特約問屋や専売小売店などはこの種の経路の極値である。

メーカーのマーケティング・モードによる取引では、自社製品に対する最終消費者のブランド忠誠を確立することが主要な戦略目標である。ブランド忠誠は、生産者あるいはその製品と消費者の特異な関係性である。それの特徴は、その商品の常用（通常購入している）率、愛着（愛着を感じている）率、推奨（他の消費者に推奨したい）率、価格プレミアム（価格が競合品より高くても購入したい）率などの高さにある（田村、二〇一一）。この目標達成のために、メーカーは全体市場ではなく、その一部の市場細分に市場標的を絞り込むことがある。そのさい、とくにブランド忠誠を確立しやすい市場細分が狙われる。

商業モードの取引はこれとは大きく異なる。販売商品に関しては、複数の生産者（売り手）から仕入れて、多数の消費者（買い手）に再販売する。取引の対象は個別商品というよりもむしろ品揃えである。それは複数生産者の商品から構成されている。この意味で、社会的な品揃えになっている。取引様式の特質は、競争市場での取引交渉によって、取引条件を決める点にある。マーケティング・モードとは異なり、商業モードは競争市場を背景にしている点で開放的であり、社会的である。

商業モードが持つこのような性格によって、商企業の取引先の範囲は、マーケティング・モードをとる場合よりもはるかに広範囲にわたる。その取扱商品の購買（仕入れ）市場や販売市場もしくは消費市場で、より多くの取引先を持つだけではない。取扱商品の取引に関連して、生産要素市場や金融市場をも巻き込むことが多い。商企業は生産者のように製造活動ではなく、商取引にその収益源を求めるからである。

生産者と消費者をつなぐ流通システムは、多くの市場からなる複合市場である。それを構成する市場には、卸売や小売など流通の各段階での市場、各商品別の市場、そして地理空間での各地域市場がある。これらの市場を四種の流通フローが貫流している。商流（売買による所有権移転の流れ）、物流（商品の物理的な地理空間移動）、情報流、そして資金流である。生産者の商品が消費者にまで届くには、商品の所有権の移転、商品の場所的移動、潜在顧客と生産者の所在についての相互情報伝達、そして売買に伴う資金の移動がなければならない。いわば、これらは取引が成立する場合のモノ、カネ、情報、所有権など、取引要素の移動である（田村、二〇〇一）。

商取引によって収益を得ようとすれば、これら四種の流通フローに絡んでいく場合が多い。セブン-イレブンの商根茎の例が示すように、その事業活動はこれら四種の流通フローに絡んでいる。このことを通じて、セブン-イレブンは消費市場だけでなく、種々な生産要素市場や金融市場にその収益源を求めることになる。異種の複数市場、つまり多面市場に収益源を求め、分枝していくのは商根茎メカニズムの特徴である。

多面市場での商根茎の分枝、これはセブン-イレブンが、たんに商企業であるからだけではない。それ以上に重要な要因は、同社の事業がフランチャイズ事業だからである。直接的には、フランチャイズ事業はセブン-イレブン本部と加盟店の取引関係に関わっている。しかし、フランチャイズ事業を本業にすることによって、セブン-イレブンにはさらに特有の取引指向が生まれた。それは事業に必要な活動を、内製するよりもむしろ外部から購買しようという指向である。社史によれば、アウトソーシングはセブン-イレブンの企業文化ですらある（セブン-イレブン・ジャパン、二〇〇三）。

どのような企業でもそれに必要な事業活動のどれを内製化し、どれを企業外部から購入するかの選択に迫られている。たとえば必要な物流活動をとっても、自社で物流をやるのか他企業に任せるのかの選択がある。内製か外注か。これは活動から見た企業の境界を決める決定である。

この問題に関して、フランチャイズ事業の基本的な取引指向は、内製よりも外部購入である。店舗数などの急速な変化に、設備やシステムを効率的に適応させるためである。内製するのはコアになる事業活動だけでよい。他は外部購入しようという指向がフランチャイズ事業の根底にある。この取引指向は多面市場でのセブン-イレブンの事業活動にも広がった。商業モードとフランチャイズ・ビジネスの結合によって、多面市場がセブン-イレブンの商根茎を分枝させる肥沃な大地になったのである。

◆多面市場のプラットフォーム

しかし、商業モードとフランチャイズ・ビジネスは、セブン-イレブンの商根茎メカニズム創造の前提に過ぎない。このメカニズムを創造するには、さらにセブン-イレブンを多面市場のプラットホームとして機能させねばならなかった。

通常のプラットホームでは、乗降客が行き先の異なる列車を乗り換える。それと同じように、セブン-イレブンは特定市場での取引やその相手を、別の市場での新たな取引やその相手にする仕組みを作り上げていった。セブン-イレブンは、多面市場のそれぞれとの異種取引が相互に連結される場として、その事業活動をシステム化していったのである。

その最初は加盟店とのフランチャイズ契約であった。この契約で重要な点は、加盟店の売上が即日本部に送金されることになっていること、そして本部が加盟店の仕入れ代行と加盟店の商品仕入れに伴う信用保証をすることである。加盟店への本部の商業信用供与に基づき、メーカーや納入業者は加盟店に商品を販売することになる。

加盟店から入金された売上代金は、本部の預り金というかたちで本部に滞留する。それは加盟店売上高の一〜二％に上る。預り金額は売上高成長に比例して増加するから、セブン-イレブンの成長に伴い、巨額になっていった。現先運用などはこれを金融市場に結びつけたものである。ここで商品の販売市場と金融市場が連結した。市中金利が高くなるときにはとくに、この運用は多くの金融収益をうみだし、経常利益に貢献した。

販売市場と金融市場の連結は預り金を経由するだけではない。加盟店の売上不振が続くと、それによって仕入れ金額を支払えなくなる。この場合には、加盟店への本部の信用供与は、実質的には本部への加盟店の借金という形をとる。経営基盤の弱い中小商店には市中銀行などの金融機関は貸し出さない。セブン‐イレブンは市中金利を超える金利で加盟店の借金を認めた。ここでは加盟店は高金利資金の借り手としてもプラットホームに現れる。

多面市場プラットホームが構築できたもう一つのきっかけは、ＰＯＳシステムによる情報武装である。これによってセブン‐イレブンは、加盟店―納入業者間の受発注を、多頻度小口の効率的物流システムに連動させようとした。このために、セブン‐イレブン本部だけでなく、加盟店、納入業者でも情報武装が必要であった。情報機器、ソフトの投資額は多額に上った。

どのような情報機器、ソフト、システムが必要なのか。そのスペックの指定者は本部であった。セブン‐イレブンは先端情報機器の欲求指定者として現れる。それだけではない。同社はその購買にさいしてはユーザー・イノベータとして、またその先発者利益の追求者としても立ち現れていた。

先端情報機器やソフトの生産者にとっては、セブン‐イレブンはその種の製品の市場普及のゲートゥェイであった。セブン-イレブンへの納入で儲からなくても、その製品をセブン-イレブン以外の他企業に販売して埋め合わせる途があった。こうしてセブン-イレブンは、商品流通市場と情報機器市場とを連結して、先端情報機器の購買に関して多額の費用削減を実現した。それだけでなく、納入業者などに対しては、情報機器のリース業者やその代理商としてもプラットホームに現れることになる。

情報武装の成功によって、セブン-イレブンはその店舗競争力を強化しただけではない。同時に競争相手の持たない情報資源を作り上げた。同社は日本の消費の先行市場である首都圏で最大の販路を握る企業になる。全体としての販売量が多いというだけではない。それを構成する単品の売れ行き情報を店舗別に把握するようになった。これは生産者も掌握していない情報であった。セブン-イレブンは新商品などのいわばテスト市場になった。

さらに、情報システムの高度化を通じて、本部の商品推奨が加盟店により効率的に浸透する仕組みを作り上げた。この点では、セブン-イレブンは強力な販売促進業者として立ち現れることになる。加工食品や日用雑貨の業界では、年間おびただしい数の新製品が登場する。セブン-イレブンの店頭に並ぶかどうかが、新製品の市場導入を成功させる第一関門になった。

ますます成長する販売力、首都圏市場の制圧、単品ごとに地理空間別の売れ行き情報、加盟店の仕入れへの本部の強力な推奨、これらは相互連携してセブン-イレブンの強大なネットワーク・パワーを作り出すことにある。ネットワーク・パワーの創出では、商品流通市場、情報サービス市場、販促サービス市場が、セブン-イレブンをプラットホームにして絡み合い融合している。セブン-イレブンはこの多面市場の調整者である。

ネットワーク・パワーがどのくらいの利益を生み出しているのか。その全体像の詳細は根茎のように地面を潜り外部からは見えない。しかし、セブン-イレブンの売上高原価率はリベートなどの原価戻しで異常に低いため、マージン・ビジネスを本業とする通常の流通業の常識をはるかに超えている。これがネットワーク・パワーの巨大さを示す間接的証拠ではないだろうか。

コンビニ店主のリクルート市場の変質も、商根茎の分枝を大きく促進した。それまでの酒屋などの既存商業者からのリクルートが店舗開発競争の激化によって困難になるにつれて、いわば脱サラ組の加盟店希望者がますます増えていった。これらの脱サラ組は商売の素人である。ビジネスの常識からいえば、これは店舗競争力の低下などを引き起こす危惧がある。しかし、セブン-イレブンはこれらの新しい加盟店希望者をその商根茎メカニズムに組み入れて、逆に高収益の源泉としていくのである。

脱サラ組はセブン-イレブンが開発した店舗物件を賃貸してCタイプの加盟店になる。業績が良くなれば、店舗物件を買い取りAタイプ店になる。Cタイプ店の希望者は、こうしてセブン-イレブンの不動産物件の賃貸者そして購買者として不動産市場に現れる。Cタイプ店のロイヤルティチャージはAタイプ店よりも高い。また資本力がないので本部からの商業信用供与額もより大きくなるであろう。Cタイプ店主は加盟店としても、またセブン-イレブン資金の借り手としても、セブン-イレブンの高収益に貢献している。

それだけではない。Cタイプ店主の商売経験は少ないから、本部からの推奨商品のより忠実な受け入れ先になる。そしてこれはセブン-イレブンのネットワーク・パワーの増大に大きく貢献することになる。本部がその情報武装に基づいて、推奨商品の的確な指示を出すかぎり、Cタイプ店を通じての高収益歯車は順調に回転することになる。Cタイプ店に関わるセブン-イレブンの事業活動では、不動産市場、商品流通市場、金融市場などが有機的に絡み合い、高収益構造を生み出すことになるのである。

VI　修羅場は一気に駆け抜ける――覇権市場の確立――

八〇年代の終わり、バブル景気に誰もが浮かれていた頃、その背後には日本社会を襲う大波が密かに忍び寄っていた。九〇年代初頭におけるバブルの崩壊である。大企業でさえ経営危機や倒産に追い込まれ、失業不安や所得不安が多くの人を襲った。家計消費もゼロ成長からマイナス成長へと推移した。学卒の若者も就職口が見つからず、陰鬱な空気が社会全体にみなぎり始めた。こうして二一世紀の初めまで続く、長く暗いトンネルに入ったようなデフレ不況が始まる。

コンビニ業界にも大変動の波が襲ってきた。一九九〇年から世紀が変わった二〇〇一年を比較してみると、業界売上トップテン企業は大きく変化した。まず、セブン-イレブンを追随してきたファミリーマートとローソンの経営主体が変わった。親会社グループの経営不振による解体の余波を受けたのである。九八年にはファミリーマートはセゾングループを脱して伊藤忠商事の傘下に入った。二〇〇一年には三菱商事がローソンの筆頭株主になった。総合商社資本が第二位、第三位のコンビニを押さえることになる。セブン-イレブンの強敵が出現した。

九〇年でのベストテン企業の中でも、独立系企業のコンビニがランクを下げ、トップテンから姿を消した。全日本食品、ケイマートチェーン、コミュニティストア（国分）、エムシーチェーンなどである。代わって、イオン傘下のミニストップや特色ある地域コンビニが入ってきた。北海道のセイコーマート、広島のポプラなどである。さらに都心立地を開拓した外資系のａｍ／ｐｍ・ジャパンもトップテン入りした。コンビニ業界での大手集中が一段と進み、寡占的産業構造が定着した。

経営環境と業界の大変動の中でも、セブン-イレブンの業界トップの位置は少しも揺るがなかった。それだけではない。総合量販店のダイエー、西友、ニチイ、百貨店系の西武百貨店、そごうなど、大手流通企業の多くを挫折させた厳しい市場環境をものともせず、セブン-イレブンだけは着実な持続成長を続けた。そして、二〇〇一年二月には、売上高で日本流通業トップの座につくのである。それは総合量販店からコンビニへの流通主役交代を告げる時代的変化を象徴した。激動の九〇年代から二一世紀にかけて、セブン-イレブンはどのようにしてこの地位にたどり着いたのだろうか。

経営ショックに耐える

◆サウスランド社の買収

セブン-イレブンも持続成長に向かって平穏無事な経営を続けられたわけではない。八〇年代後半から九〇年代にかけて、フランチャイズ・システムとしてのセブン-イレブンは、内憂の事態に直面しようとしていた。内部に憂慮すべき事態が発生したからである。その一つはサウスランド社の経営危機であり、もう一つは加盟店との契約更新期の到来である。

日本のセブン-イレブンは、サウスランド社が経営する米国セブン-イレブンの地域フランチャイズである。日本のセブン-イレブンの商標権はサウスランド社が持っていた。セブン-イレブンはサウスランドに地域フランチャイズ料として毎年約三〇億円支払っていた。いわば本家ともいうべきサウスランド社の経営危機は、セブン-イレブンにとって偶発事態であった。サウスランドが倒産でもすれば、日本でのセブン-イレブンの商標権も誰の手に渡るかわからない。これは経営の根幹に関わる事態である。

サウスランド社の経営は八七年頃から危機に陥った。きっかけはカナダ人の投資家からTBO（敵対的買収）を仕掛けられ、それに対抗するため、LBO（レバレッジ・バイアウト＝買収先資産を担保にした借金による買収）を行ったことにある。しかし、その直後にブラックマンデーの第二波による株価暴落があり、LBO資金の調達が困難になった。そのため、一八％前後の高金利ジャンク債（格付けがBBB未満の投資不適格債権）による借金に頼り、資金繰りが急速に悪化したのである。財務基盤悪化により、肝心の商品や店舗への投資が控えられ、競争力を失う悪循環に落ちていた。

米国旅行から帰ってきた人たちの間には、アメリカのセブン-イレブンはどうなっているのか、という声が上がり始めていた。本家のセブン-イレブンの停滞によって、日本のセブン-イレブンという看板も傷つく恐れもある。そのため、セブン-イレブンはサウスランド社に援助の手をさしのべる。八八年には、一三社からなる融資団を組織して、日本における商標権を担保に、サウスランド社に四一〇億円の融資をする。借金返済は事実上、セブン-イレブンが肩代わりをし、その見返りに商標権を将来獲得する契約を結んだ。借金返済には、サウスランド社へのロイヤルティ支払いの三〇億円をあてた。

さらに、セブン-イレブンは八九年にはサウスランド社のハワイ事業部を一〇五億円で買い取った。この事業部は五七店からなるハワイ最大のコンビニ・チェーンであった。このような援助によっても、サウスランド社の経営は改善しなかった。九〇年になると、サウスランド社のオーナーのトンプソン一族が、同社の買収をイトーヨーカ堂グループに申し出てきた。同グループはジャンク債問題解決を条件に買収を了承した。

ジャンク債保有者との間に種々な駆け引きがあったけれども、九〇年七月最終的に買収が決まった。買収金額は四・三億ドル、当時の為替レートを一四〇円とすれば、約六〇〇億円強になる。その三分の二をセブン-イレブン・ジャパン、三分の一をイトーヨーカ堂が負担した。サウスランド社へのイトーヨーカ堂グループの出資比率は七〇％になり、米国内および世界各国で展開するセブン-イレブンの経営権を握ることになる。子会社が親会社を買収するという珍しい事例として注目を浴びた。

セブン-イレブンの持続成長に関して、この買収にどのような意味があったのだろうか。当時、鈴木敏文はこの買収を、「コンビニ事業の世界的ネットワークを組めるのがメリット」（日経新聞朝刊、九〇・三・二三）と評している。たしかに八〇年代頃から世界的に小売国際化の時代が押し寄せつつあった。

とくにカルフール、アホールド、テスコなど、欧州の総合量販店が海外展開を始めていた。また日本のコンビニでもファミリーマートが八八年に台湾一号店を出店した。九〇年にはファミリーマートとミニストップが韓国に進出する。サウスランド社買収は、このような小売国際化の世界的トレンドを受けて、セブン-イレブンが国際化をその主要戦略の一つとして採用したことを意味するのだろうか。

小売業国際化の動因にはプル型とプッシュ型がある（Alexander, 1997）。プル型では、外国市場の急成長がその成長市場への国際化を促進する。実際に、九〇年前後では、中南米、アジアなどの成長市場に向かって欧米小売業による国際化が始まっていた。しかし、米国のコンビニ市場は急成長市場とはいえず、総合量販店やディスカウントストアに押され、むしろ停滞気味であった。セブン-イレブンの米国進出はプル型とはいえない。

一方、プッシュ型では国内市場の飽和、停滞が国際化を促す。新しい成長機会を求めて、海外市場に進出するのである。しかし、日本国内のコンビニ市場は当時まだ成長を続けていた。その中でセブン-イレブンはまだ多くの未進出地区があった。九〇年時点で、進出地区はまだ二〇都道府県に過ぎない。国内市場の飽和を動因とした、とくに欧州系の流通企業の国際化とは事情が異なっていたのである。セブン-イレブンの米国進出は、日本市場でのコンビニ市場飽和によるプッシュ型の国際化でもない。

セブン-イレブンの米国進出は、サウスランド社の要請によって行われた。同社との深い関係性から見て、それをむげに断るわけにはいかなかったのであろう。しかし、セブン-イレブンは、ジャンク債問題を解決して財務問題さえ解決すれば、その経営再建には自信を持っていた。POS、物流、商品調達に関するオペレーション技術に関して、いわば本家の米国セブン-イレブンをはるかに凌駕しているとの自負があったからである。

経営が安定するかぎり、セブン-イレブン・USAに日本流のコンビニ技術がどの程度通用するのか、また米国市場に適応するためには何を改善すべきか、などに関してまたとない実験場であった。日本市場が飽和したときに必要になる将来の国際展開に関して、ノウハウを蓄積する場として使うことができる。つねに先を見て布石を打っていく。これはセブン-イレブンの行動特質である。セブン-イレブン・USAの買収は、商標権の問題を別にすれば、国際展開を主要戦略の一つとしたというよりも、むしろ将来に備えての布石であった。

布石といっても買収資金は巨額であった。セブン‐イレブンの負担分だけでも約四〇〇億円を超えた。コンビニ一店の自主開発費を一億五、〇〇〇万円と見ても、約二七〇店以上の直営店投資額に相当した。しかし、図5‐1でも見たように、八〇年代の後半、セブン‐イレブンの売上高成長率は持続可能成長率を大きく下回り、資金余剰の状態が続いていた。余剰資金をどう使うかが問題であった。

同社は財務基盤のスラックを利用して、買収資金を借入ではなく自主資金でまかなった。持続成長には、予期しない偶発事態にもうまく対応する必要がある。小さな始まりでも大きい結果を生むことがある。経営リスクは火種のうちに消すことが最善である。そのさいに決め手になるのは強力な財務基盤である。サウスランド社買収問題はこの点を示す事例である。

◆加盟店契約更新期の到来

九〇年代に到来したもう一つの内憂問題は、加盟店契約更新期の到来であった。セブン‐イレブンのフランチャイズ契約は一五年である。八九年から契約更新期の加盟店が出始める。創業後まもない急成長によって店舗数が急激に増加していたから、九〇年代に入ると、過去の急成長を反映して契約更新期の加盟店も急速に増え始めた。全店舗に占める更新期加盟店の比率（＝新規と更

図 6-1　セブン-イレブンの加盟店契約更新

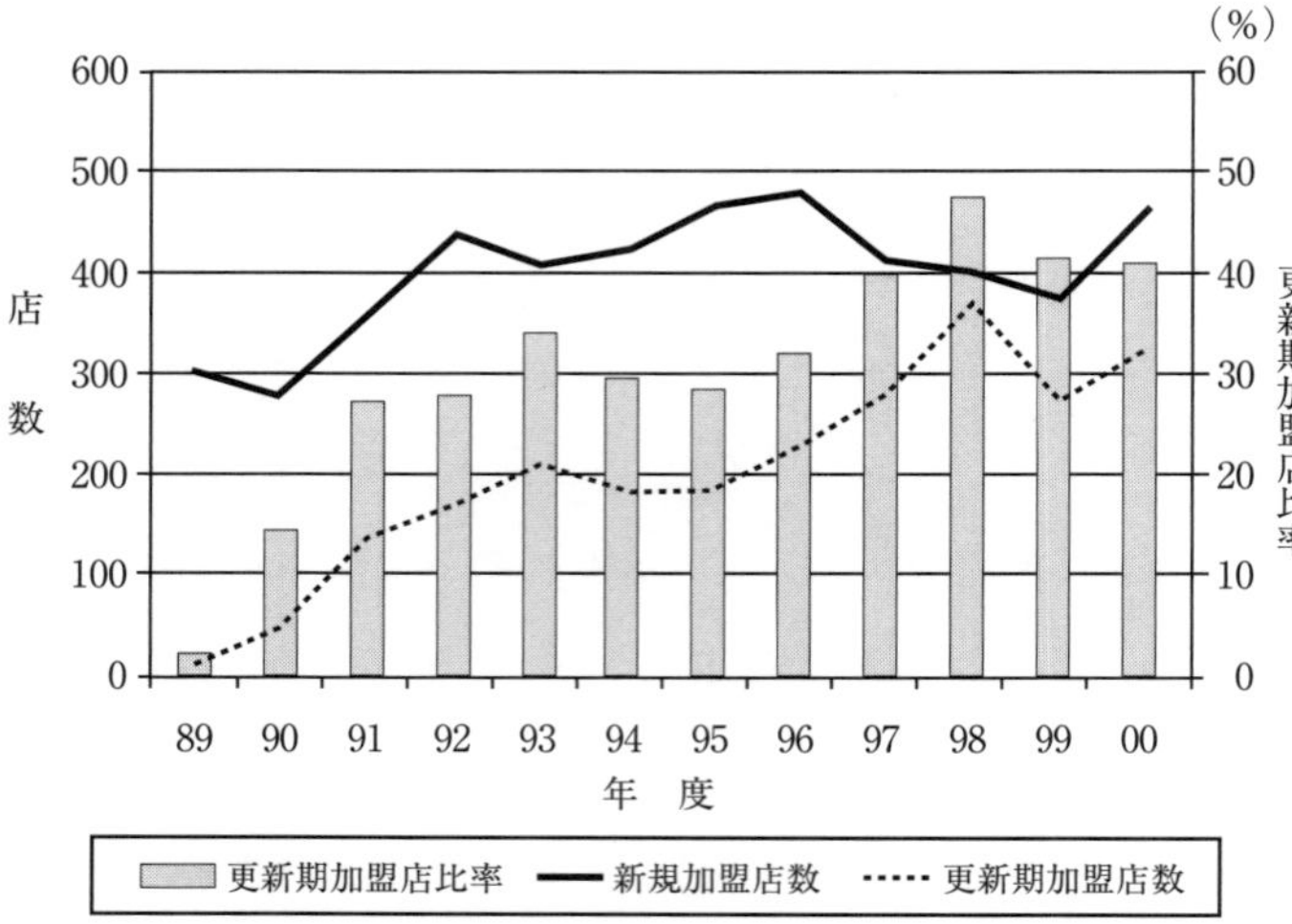

（注）全店舗数、直営店数、加盟店数データから推定した
更新期加盟店比率＝更新期加盟店数／（新規加盟店数＋更新期加盟店数）× 100

データ源：基本活動 DB

新を加えた加盟店に占める更新期加盟店）は九〇年代に入るとすぐに上昇して、二〇％から三〇％強の間を推移した。

契約更新に失敗すれば、セブン‐イレブンの店数増加に甚大な影響を与え、売上高成長を大きく鈍化させることになる。脱退が幾店か出ても、セブン‐イレブンの競争力を支える主柱の一つ、ドミナント商圏支配にほころびを作り出す危険があった。それだけではない。セブン‐イレブンはコンビニの先発企業として、とくに首都圏を中心に立地や財務内容の良い加盟店を集めていた。契約更新期はこれらの有力加盟店から到来した。これらの加盟店は、挑戦者のローソンやファミリーマートにとって、セブン-イレブンの牙城を切り崩す絶好の狙い目であったに違いない。

これらの動きに先手を打ったのだろうか。契約更新期到来の数年前に、セブン-イレブンはロイヤルティ引き下げの方針を固め発表した（日経新聞朝刊、八五・八・二六）。それまで一六時間営業店には四五％、二四時間営業店には四四％のロイヤルティが設定されていた。方針によれば、契約が八三年一月から五年経過し、日商三〇万円以上の店舗には一％切り下げ、さらに年間粗利益五、八〇〇～七、八〇〇万円の優良店についてはさらに一％切り下げるというものであった。明らかに既存契約店の防御策である。

この方針にローソンやファミリーマートも反応した。ローソンやファミリーマートのフランチャイズ契約は七年間と短い。そのため、八〇年代の中頃から契約更新期が訪れていた。ロイヤルティに関してセブン-イレブンと同じように粗利益配分方式を採用していたが、その率はセブン-イレブンが四四・五％であるのに対して三五％であった。八六年にファミリーマートは、この低い三五％をさらに三三％へ引き下げると発表した。またローソンも契約更新後に年間粗利が三、〇〇〇万円以上になると一～五％差し引くだけでなく、店内改装費の一部を本部負担にするとした（日経流通新聞、八六・四・一三）。

これらは明らかに契約更新期が近いセブン-イレブン加盟店の切り崩しを狙ったものである。契約更新が始まる前年の八八年になると、セブン-イレブンは挑戦者たちの動きに水を差すため、既存加盟店に対するさらに抜本的なＦＣ契約改正を打ち出した（日経新聞朝刊、八八・七・一）。

その内容を見ると、一五年間の契約期間満了店に対しては更新から五年間は前の契約に比べ四％下げ、その後五年刻みでさらに一％ずつ下げる、そして、優良加盟店の特典についても(1)平均日販三〇万円以上で一％、(2)年間粗利益額が五、八〇〇万―七、八〇〇万円で一％、(3)同七、八〇〇万円以上で一％から最大三％下げる。現行条件のうち、(2)と(3)の基準をそれぞれ八〇〇万円下げる、というものであった。

この改正によって、契約更新店のうち優良店のロイヤルティは初年度三六％となる。ローソンやファミリーマートとロイヤルティ率差は一気に縮小した。本部からの援助の質的格差から見ると、セブン-イレブンの加盟店であることの魅力が相対的に高まったのである。「どうですか。これならローソン・ジャパン…、ファミリーマートだって追随できないでしょう。うちのサービスの内容を考えれば、ロイヤルティは大手の中で最も安い」と、鈴木敏文はほくそ笑んだ（日経流通新聞、八八・七・二六）。

ローソンやファミリーマートには、さらにロイヤルティ引き下げを行う財務余力はなかった。以後の経緯から見ると、契約更新問題はとくに優良加盟店に対する抜本的なロイヤルティ率の引き下げによって切り抜けることができた。しかし、これは新たな経営問題を発生させることになる。店舗売上高を一定とすれば、加盟店からの収入がロイヤルティ率の切り下げによってそれだけ減少するという問題である。持続成長のためには収益メカニズムを再構築する必要が生じてきた。

◆規制緩和による競争激化

ロイヤルティ率低下を補うためには、店舗の平均売上高を増やす必要があった。しかし、九〇年代に入るとすぐに到来した市場環境の変化によってこれも困難になる。一つは競争環境の激化であり、他の一つはバブル崩壊によるデフレ不況の到来であった。

競争環境の激化は、まず大店法（大規模小売店舗法）の改正による、規制緩和によって引き起こされた。コンビニは大店法が成立した七〇年代に生まれ、その後、大型店の出店と営業時間が同法の厳しい運用により制限される中で急成長してきた。そのため大型店がコンビニの成長を阻む競争相手として登場することはほとんどなかった。コンビニは既存大型店の商圏に虫食いのように穴を開けていくことによって成長した。

しかし九〇年になると、プラザ合意後の日米貿易格差に業を煮やした米国が、大店法の撤廃を要求してきた。トイザらスの日本進出が大型店出店凍結により阻止されたことがきっかけである。この外圧を受けて、政府は大型店規制の緩和に着手した。九一年に大店法を改正し、第一種大型店の基準面積を三、〇〇〇㎡から六、〇〇〇㎡に切り上げる一方で、調整期間の一年以内の短縮化を図った。さらに九四年には一、〇〇〇㎡未満の店舗を原則自由とした。この結果、九〇年から九一年にかけて、大型店の出店件数は八〇年代の三倍にまで一気に増加した（田村、一九九六）。

コンビニにとってより重要なのは、大型店の営業時間規制も緩和されたことである。それまで、大型店の多くの営業時間は午後六時までであり、年間四四日の休日を求められた。営業しなければ、店舗は存在しないのと同じである。この規制を背景にして、コンビニの長時間営業は消費者にとって魅力であった。

とくに二四時間店などは、その営業時間の多くで他業態からの競争のないブルー・オーシャンで成長できた。営業時間の規制緩和は九〇年において、一八時から一九時までの閉店時刻の延長から始まった。九四年になると、閉店時刻はさらに二〇時まで延長されただけでなく、年間の休日日数も四四日から二四日へと大幅に減少した。

一八時から二〇時への閉店時間の延長は、コンビニにとって特別な意味がある。時間帯市場という点から見ると、一八―二〇時は客単価や時商額からいって、二二―一四時の時間帯市場に次ぐ規模の市場だからである。この時間帯の一日売上シェアが一八・三〇％であるのに対して、一八―二〇時市場は一四・九二％を占める。それは二四時間営業店の夜間二〇―六時市場の時商シェアとそれほど変わらない額であった（阿部、二〇〇二）。単身者や共稼ぎ世帯が増える中で、コンビニのファストフード売場は、次第に大型店との異業態競争にも巻き込まれていった。

規制緩和の影響は異業態との競争激化だけではない。セブン-イレブンは、コンビニ業界内部でも挑戦者たちとの同業態競争に直面していた。それを象徴するのは、挑戦企業との酒販店比率格差の減少である。

当時のコンビニ調査によれば、酒なし店の日商は三九・七万円であるのに対して、酒販店(酒あり店)は四三・三万円であった。来店客数はそれほど変わらなかったが、酒あり店の客単価が大きくなったからである(阿部、二〇〇二)。セブン-イレブンの店舗競争力を支える支柱には、まず高い酒販店比率があった。

セブン-イレブンはコンビニ先発企業として酒販店を中心に加盟店にしていった。当時、酒販には免許が必要であった。当時の免許基準は人口基準や距離制限をもうけている。とくに距離基準によって、既存酒販免許店があればその一〇〇メートル以内に新たに酒販店を出店することはできなかった。セブン-イレブンの酒販店比率が高いことは、酒販免許制度に支えられてその加盟店の競争優位基盤の一つとなっていた。

九〇年代に挑戦企業はセブン-イレブンをはるかに超える速度で酒販店比率の向上を図り始めた。九〇年にセブン-イレブンの加盟店の中での酒販店比率は三四・八%である。そのときに、ファミリーマートは一六・〇%、サークルKは一五・九%に過ぎなかった。セブン-イレブンの酒販店比率は挑戦企業の二倍を超えていた。しかし、九九年になると、セブン-イレブンは六二・七%まで増やしたが、

図 6-2　酒販店比率の推移

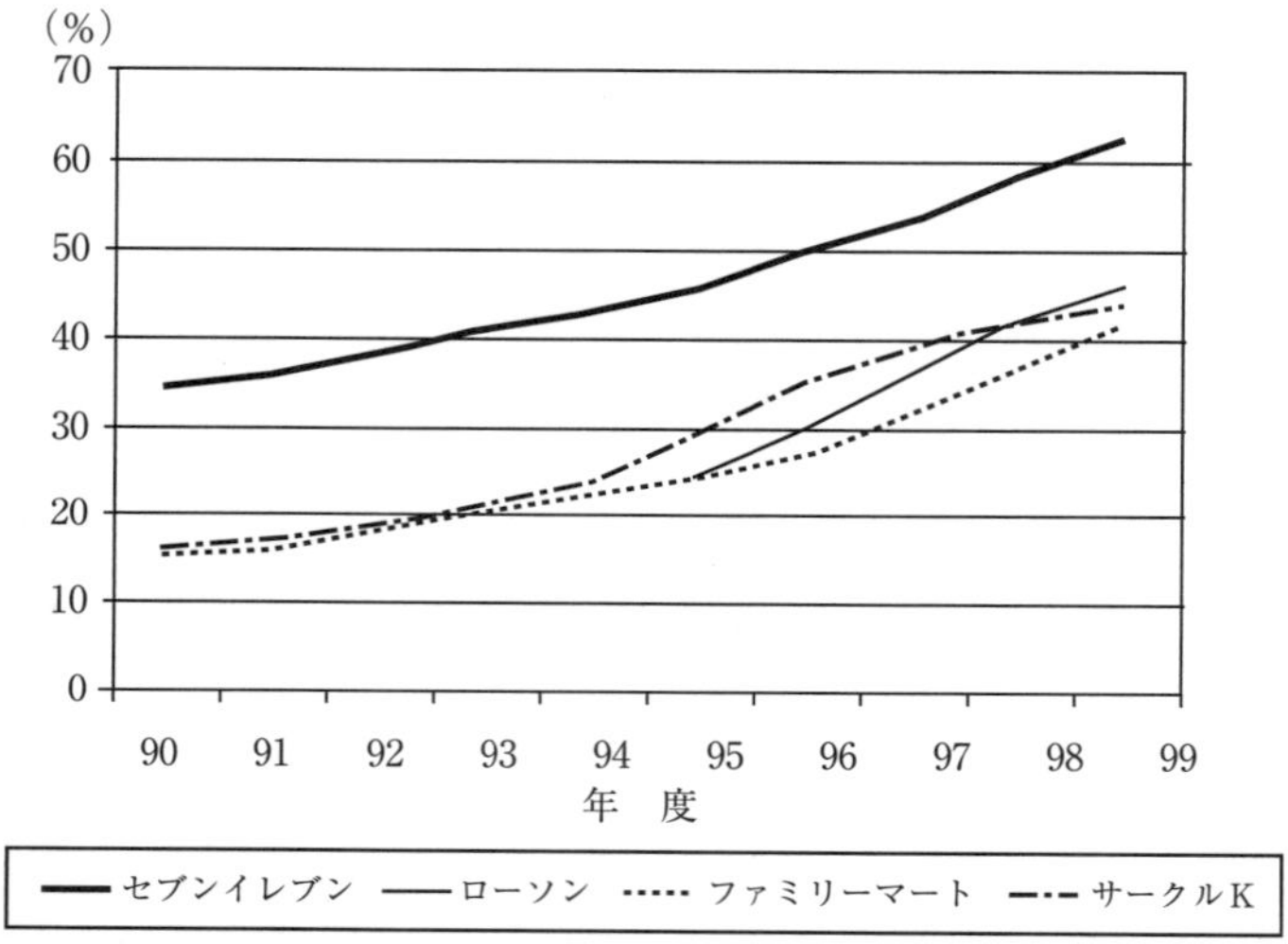

データ源：阿部、2002 のデータより作成

ファミリーマートも四一・七％、サークルKは四一・二％、ローソンは四六・三％になっていた。セブン-イレブンの酒販店比率は挑戦企業にいして一・三から一・五倍程度にまで縮小した。

その後規制緩和の一環として、酒販自由化が進む。二〇〇一年に距離制限は一〇〇メートルから五〇メートルになり、二〇〇三年には地域人口によって免許数を割りふる人口基準もなくなる。酒販店比率の高さによる店舗競争力の優位性基盤は、九〇年代から二一世紀の初頭にかけて、次第になくなり消滅に向かうのである。

◆デフレ経済への突入

悪いことはよく引き続いて起こるものだ。大店法の規制緩和による競争激化だけでなく、バブルの崩壊によるデフレ不況がやってきた。九二年前後から、あらゆる商品の販売量が伸びなくなった。商業統計によると、日本の小売販売額は九一年は約一四二兆円であった。それが九四年には一四三兆円、九七年になっても一四八兆円にしかならなかった。

これを打破すべく九〇年代の前半には価格革命が始まった。価格革命の先導を切ったのはカテゴリーキラーと呼ばれる専門店型ディスカウントストアである。その多くは特定製品分野に特化してロードサイドに立地した。

メーカーの希望小売価格を一〇〇とすると、加工食品、飲料、酒類に関してディスカウントストアは七五から七九の価格帯で販売した。その動きを見て、ダイエーなど大手流通企業もその店の多くをディスカウント業態に転換してこの価格革命に参加した。その他の大型スーパーの価格帯は加工食品に関しては、八〇―八四、飲料と酒類に関しては八五―八九であった。コンビニは八九年頃からスーパーとの価格差を縮めていたけれども、まだ高く九〇―九四の価格帯に位置していた（経済企画庁、一九九四、田村、一九九六）。

価格革命によって、スーパーとコンビニの価格差がまた開きつつあった。これは九〇年代に起こった顧客層の変化に照らせば問題であった。かつてコンビニの顧客層の七割は若者であった。九〇年代に入ると、彼らの比率は四〇％台にまで減少した。それに代わって増加したのは、若者独身者よりもはるかに価格意識の高い既婚者である。九四年にはその比率は独身者と同程度の四一・五％に上昇し、二一世紀にかけてさらに上昇する傾向があった（阿部、二〇〇二）。

いままでディスカウントに無縁であったコンビニも、スーパーとの価格差を縮めるため、値下げを始めた。トップ企業のセブン‐イレブンもそうである。値下げの経緯は次のようになる。

- 九二年四月　チョコレートなど加工食品二〇〇品目、五％値下げ（日経新聞朝刊九二・六・一九）
- 九二年一一月　一部の総菜、サラダ類、一〇％強値下げ（日経流通新聞、九二・一一・二六）
- 九二年一二月　二七日から三一日に弁当を五〇円、正月三日におにぎりを三〇円値下げ（日経流通新聞、九三・一・一四）
- 九三年一一月　日用雑貨、加工食品など約一三〇品目を二から二〇％値下げ（日経新聞朝刊、九三・一一・一六）
- 九四年四月　四月二八日から五月二二日かけて、ビール五品目を一四％値下げ（日経新聞夕刊、九四・四・二七）

百貨店や大型スーパーとは異なり、コンビニのディスカウント効果は限定されている。値下げしたからといって、商圏が狭いため来店客数が大幅に増えるわけでもなく、また品揃えが狭いことから関連購買もそれほど増えず、したがって客単価も大きくならない。スーパーとの価格差イメージは改善されるけれども、値下げはそれだけ店舗売上高を減少させることになる。セブン-イレブンの値下げは、デフレ不況突入に伴い、市場環境がいかに厳しくなってきたかを示すものである。

出店戦略の転換

◆売上高成長エンジンの変質

九〇年代に入って始まった消費停滞の中でも、他の業態とくらべれば、コンビニ需要は堅調であった。商業統計によると、九一年から九七年にかけて、百貨店販売額は五・九％減少した。中小小売商など一般の業種専門店販売額は一一％減少した。大型店規制緩和によって店舗数が増えた総合スーパーは一七％の増であった。これらにたいして、コンビニ販売額は六七％も伸びた。

しかし、コンビニ需要の内容は大きく変質し始めた。日経流通新聞は毎年、主要コンビニ企業について調査を行っている。それらの調査結果を経年的に編集すれば、図6-3のようになる。主要

図 6-3　主要コンビニ企業の成長率（対前年比）

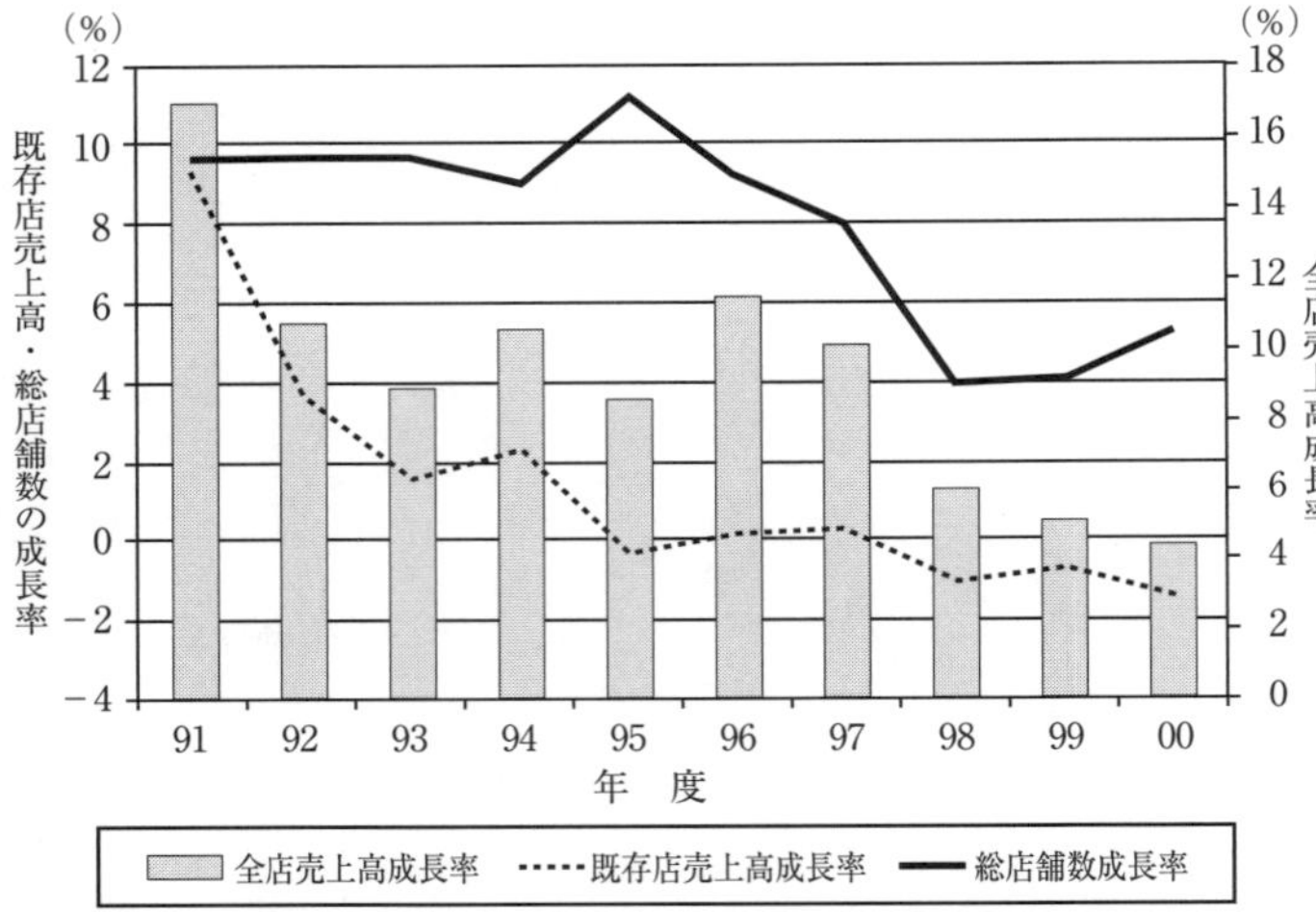

データ源：各年の「コンビニエンスストア・ミニスーパー調査」（日経流通新聞編、1993-2002）

コンビニ企業全体で見ると、全店売上高の成長率は年を追うごとに低下した。九一年にはまだ二桁の成長率であった。しかし世紀の終わりには四％強にまで落ち込む。そして世紀が変わっても、一桁成長が続いた。

とくに注目すべき点は、既存店売上高の成長率が急速に落ち込んだことである。九五年にはマイナス成長に突入した。九八年以降はこのマイナス成長が続くことになる。調査対象が若干異なるので図には示していないけれども、日本フランチャイズチェーン協会の調査（正会員、大手一〇―一一社を対象）によれば、世紀が変わっても、マイナス成長は〇七年まで続いた。来店客数は伸びているのに客単価減少が続いたからである。来店客数の伸びは若者層だけでなく、他の年齢層にまで客層が

図 6-4　セブン-イレブンにおける売上高成長（年間増加分）
への店舗数と店舗競争力（平均売上高）**の効果**

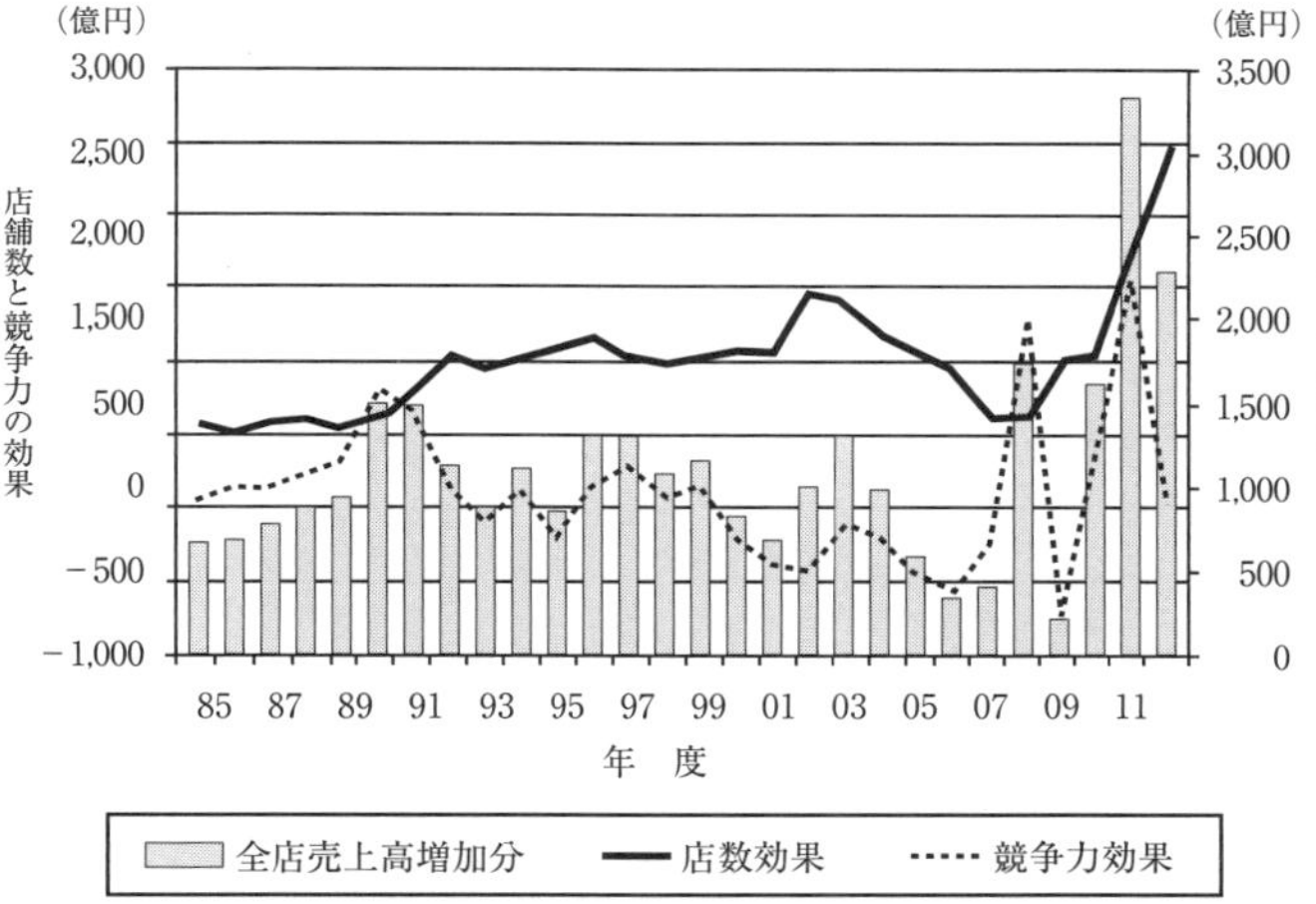

データ源：基本活動 DB

ますます拡大していったことを示し、客単価の減少は消費不況の影響を反映している。

全店売上高の成長を支えたのはもっぱら総店舗数の伸びであった。しかし、それも九五年以降は急速に低下する。日本フライチャイズチェーン協会の調査では、二一世紀になっても、大手コンビニ企業の総店舗数の伸びはますます低下した。二〇一〇年までその年間の伸びは毎年一―三%前後で推移したのである。コンビニ業界が、全体として見ると、成熟・停滞期に入ったのではないかとささやかれるようになった。

全店や既存店の売上高成長の停滞、主要コンビニ企業全体で生じたこの傾向については、セブン-イレブンも例外ではなかった。図6-4に見るように、同社の売上高成長も九一年から低下傾向に入る。それまでは、店数の増加と競争力（店舗平均売上高）効果が両輪となって売上高成長を支えてきた。九一年以降、この両輪の一つが急速に動かなくなる。競争力効果の急速な減少である。九三年以降はマイナスの効果となって店数増加による売上高成長の足を引っ張る年さえ出始めるのである。競争力効果がマイナスになる年度については、既述図4-3ではなく、二つの効果は別の算式（加藤、一九八一）で計算されている。競争力効果は〇八年と一〇、一一年に急に増加しているが、これはたばこのタスポ効果と値上げという特殊事情によるものである。

競争力効果はとくに八五年から九〇年にかけて急速に高まり、九〇年には店舗数効果を上回るほどにまでなっていた。この期間はＰＯＳシステムを基軸とする情報武装が完成し、ますます進化した時期である。この情報武装によって、本部は消費市場のマーケット・レーダーを持つことができた。地域別、時間帯別にどのような商品が売れるかを単品ベースで把握できるようになった。物流システムとも連動したこのマーケット・レーダーにより、セブン-イレブンの売場は活性化された。他企業のＰＯＳ整備が遅れていたので、マーケット・レーダーはセブン-イレブンの独占物であった。競争力効果の急成長はこの賜である。

九一年以降の競争力効果の急速な低下は、もちろん長期にわたる消費不況への突入の影響を大きく受けている。しかし、それだけではない。マーケット・レーダーについてのセブン-イレブンの独占体制が、揺るぎ始めたことも重要な一因である。

ＰＯＳシステムによる情報武装の威力が明確になった八〇年代の後半頃から、挑戦企業もセブン-イレブンの情報武装を追随し始めた。八八年頃には、ハードとしてのＰＯＳ導入の裾野は急速に広がっていた。同年の日経調査はコンビニ六〇社中四七社がＰＯＳを利用していると回答している（日経流通新聞編、一九九一）。ＰＯＳをとくにファストフードの多頻度配送と連動する動きも急速に普及し始めた。九〇年にはローソンやファミリーマートもようやくＰＯＳの全店導入を完了した。

これらの追随を振り切るために、セブン-イレブンは九一年にＩＳＤＮ（総合デジタル通信網）によってその情報システムを連結し始めた。それは約四、五〇〇〇店舗を回線で結び、一企業としては世界最大規模であった。従来より大容量・高速の通信が可能になる。これによって、発注・検品の低減、欠品防止、商品廃棄の低減といった作業効率が向上するだけではない。それは空調、冷蔵庫温度、防犯システムの中央コントロールを可能にして販管費の削減を期待できただけでなく、電気・ガスの代金収納など種々なサービス商品を導入する情報基盤になることを期待されていた。

しかし、ＰＯＳシステム導入の遅れによってセブン-イレブンに独走態勢を許した、過去の苦い経験を挑戦企業は忘れてはいなかった。九二年にはコンビニ九九社のうち一七社がＩＳＤＮの導入を開始した（日経流通新聞編、一九九五）。セブン-イレブンのやることはすぐに模倣する。挑戦企業の追随速度は速まっていた。かつてのＰＯＳシステムによる情報武装のように、セブン-イレブンが抜け駆けすることはできなくなっていたのである。

挑戦企業の迅速な追随は、サービス商品の導入でも同じであった。店舗売上高が低迷すると、流通企業は必ずといってよいほど品揃えを拡大する。その結果、店舗規模が大きくなっていく。しかし、既存コンビニは増床用地を容易に確保できない。そのため、店舗面積を拡大せずに品揃えを増やす方向に向かった。サービス商品の導入である。八〇年代の終わりから九〇年代にかけて、その中心になったのは、種々なサービス料金の収納である。

ここでもセブン-イレブンが先鞭をつけた。八八年には東電と組み電気料金収納、八九年には東ガスと組んでガス料金の収納を開始した。その後も、代金収納の範囲を次々に拡大していく。その主要な経緯を見ると、NHK受信料（九一年）、電話料金（九三年）、信販会社の分割払い（九四年）、Z会通信添削料金、千趣会通信販売（九五年）、化粧品会社エイボンの訪問販売員の収納代行、水道料金（九六年）、保険料（九七年）、インターネット通販代金収納（九九年）などである。その便利さが受けて、収納代行業務は急成長し、九八年になると年間五、四〇〇万件、四、〇〇〇億円に達していた（日経朝刊、九四・四・二三）。

収納代行業務の処理はその業務拡大につれ、高速大容量通信ができるISDNなどのインフラを必要とした。そのため、この種のサービス業務を拡大できたのは、巨額の情報インフラ投資を行える大手だけであった。中小コンビニとのサービス格差は広がった。しかし、ローソンやファミリーマートなどの挑戦企業は、セブン-イレブンの動きにすぐに追いついた。それだけでなく、得意なサービス商品の導入をめぐって激しい競争が繰り広げられた。主要な領域は、クリーニング取次、車検予約、雑誌の定期購買予約、パッケージツアー、レンタカー、航空券、ＤＰＥ、ＣＤやＡＴＭの設置などである。

サービス・メニューの拡大によって、コンビニはとくに共稼ぎ夫婦や単身者にとって必要不可欠な生活インフラになっていった。この結果、客層が拡大し来店客数が増えた。しかし、サービス商品による収入は一〇％前後の手数料収入だけである。巨額投資を要した情報インフラの固定費の吸収に役立ったけれども、激しいサービス商品競争の中で特定企業の店舗売上高を飛躍的に上昇させることもなかったし、その成長にそれほど大きく貢献することもなかったのである。

◆売上高成長を支える店舗の全国的展開

九〇年代に入ると、売上高成長への店舗数効果は一段と高まった。売上高成長は新規出店のみに依存するようになる。この経営構造は、挑戦企業であるローソンやファミリーマートも同じであった。こうして、既存店売上高が急速に低下し始めた九〇年代前半から、激しい出店競争が始まることになる。店舗展開が決戦場になった。

九〇年代の後半になっても、店舗開発は経営上のもっとも重要な課題だった。九七年度日経調査によれば、今後の経営の重点順位は、店舗開発（五八％）、商品開発強化（五六％）、加盟店指導の強化（五四％）、コンピュータシステムの充実（三三％）であり、店舗開発が最重要課題になっていた（日経流通新聞編、一九九九）。世紀が変わっても、店舗開発の重要性は変わらなかった。「二〇〇二年からの出店加速を第二の創業と位置づける」（日経流通新聞編、二〇〇三）。セブン–イレブン山口社長（当時）の宣言である。

中小小売商の衰退傾向も、全国へのコンビニ出店を加速した要因である。八〇年代後半から中小商店の数が減り始めていた。デフレ不況の到来で、さらに危機感を強めた中小小売商はその活路の一つをコンビニへの業態転換に求めた。コンビニができないかの問い合わせが全国から殺到し、店長募集の説明会は盛況を極めた。コンビニ出店はコンビニ企業側の完全な買い手市場であった（日経流通新聞編、一九九六）。これが各企業の店舗展開を加速することになる。それはどのように行われたのだろうか。

九〇年代の初頭、背後にローソンやファミリーマートの足音を聞きながらも、当時のセブン–イレブン社長の鈴木敏文は、店舗効率性を無視した出店戦略に関して、かならずしも積極的だとはいえなかった。「店を多く出すことが利益成長につながるわけではない。ＲＯＩを無視する出店は（株主、消費者、社員に対して）無責任だ」（日経新聞朝刊、九〇・四・一二）と考えていた。しかし、セブン–イレブンの売上高成長の推進力も、次第に新規出店だけに依存するようになっていく。しかも、そ

図 6-5　コンビニ販売額の都道府県シェア（91 年度）

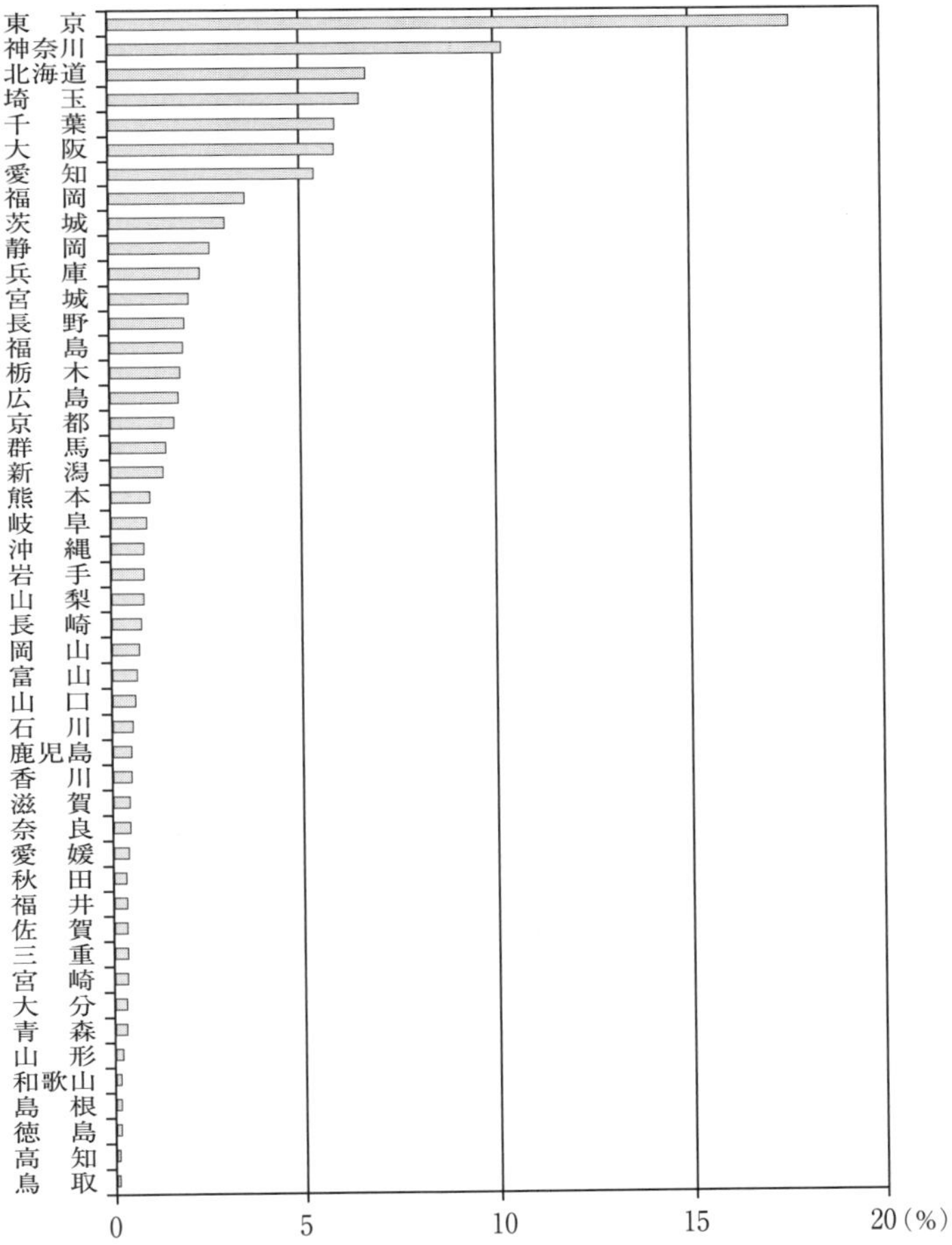

データ源：商業統計より作成

の出店先を大きく転換しなければならない時代が迫っていた。

九一年度から商業統計もコンビニを調査対象として捕捉し始める。商業統計は政府による悉皆調査であるからその信頼度は高い。それによれば、九一年度で、全国のコンビニ店数は二三、九三七店、その販売額は三兆一、二五七億円である。コンビニ販売額はコンビニに対する需要を示している。しかし店舗展開の方向を決める上で重要なことは、この需要の地理的分布である。コンビニ需要は都道府県間できわめて不均等に分布していた。

図6-5を見ると、コンビニ需要は極度に地域集中している。まず、首都圏、阪神圏、中京圏の三大都市圏であり、次に、北海道、宮城、福岡である。これらには札幌、仙台、博多という代表的地方都市がある。全体としてのコンビニ店舗も、コンビニ需要のこのような地理的分布に対応して立地していた。

少なくとも、九〇年頃まで、コンビニという業態は都市圏に対応した業態であった。ファストフード、加工食品、日用雑貨を中心にした品揃え、二四時間営業、近接立地などを高く評価する若者、単身者の多くは、都市圏にしか住んでいなかったからである。

しかし、九〇年代以降になると、コンビニ需要の地理空間構造は大きく変貌し始める。そのきっかけは各地の中小小売商の地滑り的な衰退である。都市圏以外の地方都市では、中小小売商は中心や近隣の商店街を形成して、人々の最寄り商品需要に応えていた。規制緩和による大型店の増加、デフレ不況の到来により、市場のスラック（余裕）がなくなり、生産性の低い中小小売商の存続を許さなくなっていた（田村、二〇〇八）。

地方都市の商店街、町村部の零細商店が衰退し、周辺住民の中にはいわば買い物難民のような状況が生まれようとしていた。コンビニが出店すれば、それはいわば救世主であった。さらに九〇年代での大手コンビニ企業のサービス商品の強化によって、コンビニ自体が生活インフラへと変貌していった。これらがコンビニへの潜在需要を作り出したのである。大手コンビニ企業の全国展開は、たんに地方コンビニ需要の成長に適合していっただけでなく、大手コンビニ企業の進出自体が新たにコンビニ需要を創造していく過程でもあった。

全国コンビニ需要の成長率を比較基準にして、各都道府県のコンビニ需要の相対的成長率を見ると、このような変化が九一年から〇七年にかけて明確に現れている。相対的成長率とは、全国成長率に対するその都道府県成長率の比である。つまり、相対的成長率＝当該都道府県成長率／全国成長率である。

そのワースト三の相対成長率は、神奈川（〇・五三）、埼玉（〇・五九）、東京（〇・六五）などであり、セブン-イレブンの店舗網の中心地区である。それらは全国成長率を大きく下回っている。これに対して、ベスト三の相対成長率は山形（四・七九）、三重（四・一五）、青森（三・五五）である。総じて大都市圏では低く、非都市圏では高くなっている。コンビニ需要が大都市圏から地方へ全国的に拡

コンビニ需要への店舗展開の不適合指数

各都道府県でのコンビニ店数が各都道府県のコンビニ需要に適合しているかどうか。その不適合指数は、O＝都道府県の店舗数シェア、E＝都道府県のコンビニ販売額シェア、そしてΣを総和記号とすると、次式で計算することができる。

$$\chi = \sum \frac{(O - E)^2}{E}$$

各都道府県についてそのコンビニ店舗数シェアとコンビニ販売額シェアの差額の二乗をコンビニ販売額シェアで除する。この数値を四七都道府県にわたり加算するのである。店舗数シェアと販売額シェアが同じであるとゼロになり、不適合が大きくなると数値は大きくなる。

散する状況が現れていたのである。

主要コンビニ企業の九〇年代初頭の店舗展開を見ると、いずれもこのような成長機会にそぐわないものであった。セブン-イレブンは首都圏に、ローソンは関西圏に、そしてファミリーマートは両地域にまたがり主要店舗を展開していた。主要コンビニ企業の店舗展開は、コンビニ需要の全国分布とはまったく異なり、都市圏に極度に集中する構造を持っている。しかし、コンビニ需要が全国的に拡散し始め、しかも非都市圏ほど高い成長率を示すようになってくると、それへの早急な適応が企業成長のために不可欠になった。

今や企業の売上高成長を推進するものは新店舗開発しかなかった。どこに新店舗開発を展開していくのか。コンビニ需要成長率の地域間格差はこの方向に決定的な影響を与えた。店舗展開の不適合指標の

図 6-6　地域コンビニ需要と店舗展開の不適合指標の推移

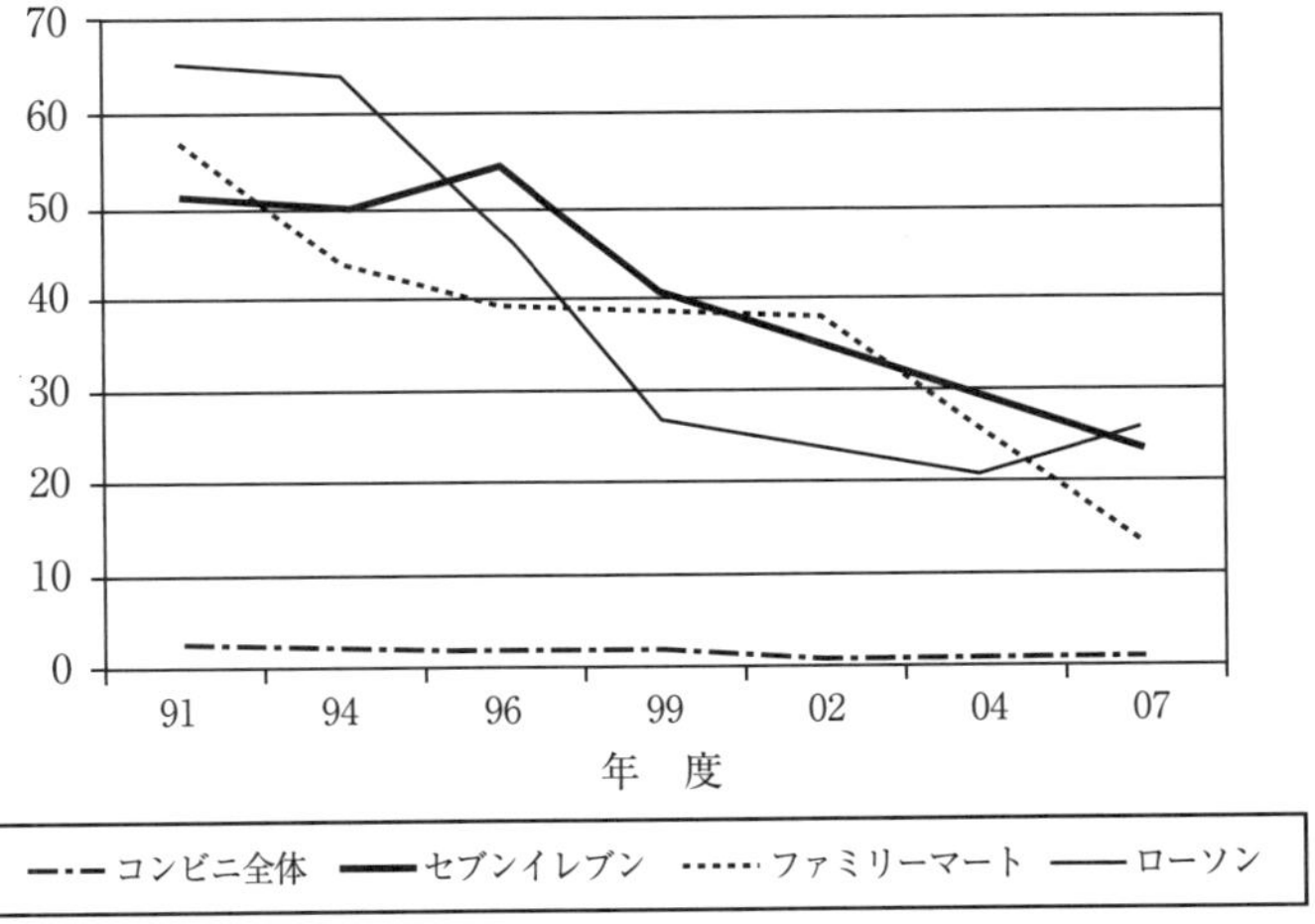

データ源：各年度の商業統計　業態別統計編

推移がそれを明確に示している。企業の地理的な店舗展開が、コンビニ需要の地理的分布にどの程度に適合していないのか。この不適合指標は、都道府県別のコンビニ店数とその販売額データを利用して計算することができる。

コンビニ全体の不適合指標は各年度を通じて低い。コンビニ全体の店舗展開は各都道府県のコンビニ需要に適合している。しかし、九一年度について大手三社の不適合指標はきわめて高い。これは都市圏地域にその出店を集中させてきたからである。その後、年を追うごとに、不適合指数は急速に低下する。これは各社の店舗展開がコンビニ需要の全国的な分布に適合していったことを示している。コンビニ需要の全国的拡大に対応して、店舗の全国展開を目指したのである。主要コンビニ企業はこのような店舗展開を行わなければ、その売上高成長を持続させることはできなかった。出店戦略が時代の勝敗を分ける鍵となった。

◆セブン-イレブンの出店戦略

コンビニ市場の全国的拡散に迅速に対応したのは、セブン-イレブンより、むしろローソンやファミリーマートであった。それは図6-6で両者がより速い速度で不適合指標を切り下げていったことに現れている。大都市圏域外でのコンビニ需要の成長を、セブン-イレブンに追いつくための絶好の機会ととらえたのであろう。全国出店はセブン-イレブンより早く達成した。ローソンは九七年、ファミリーマートは〇六年である。

ローソンやファミリーマートは、店数でセブン-イレブンにいち早く追いつこうとした。このために自主開発だけでなく、合併、子会社統合、店舗授受、吸収、エリアフランチャイズなどを多用した。ローソンはすでに八九年にサンチェーンとの大合併を果たしていた。九〇年には西日本、東日本、九州、北日本にあるローソン子会社を統合した。九二年には山口県バコールの営業権を譲り受け、九六年には島根県のエーアンドビーの株式取得によって四五店舗を獲得した。一〇年には九九プラスを子会社化している。

図 6-7　店舗数の年間伸び率（対前年比）

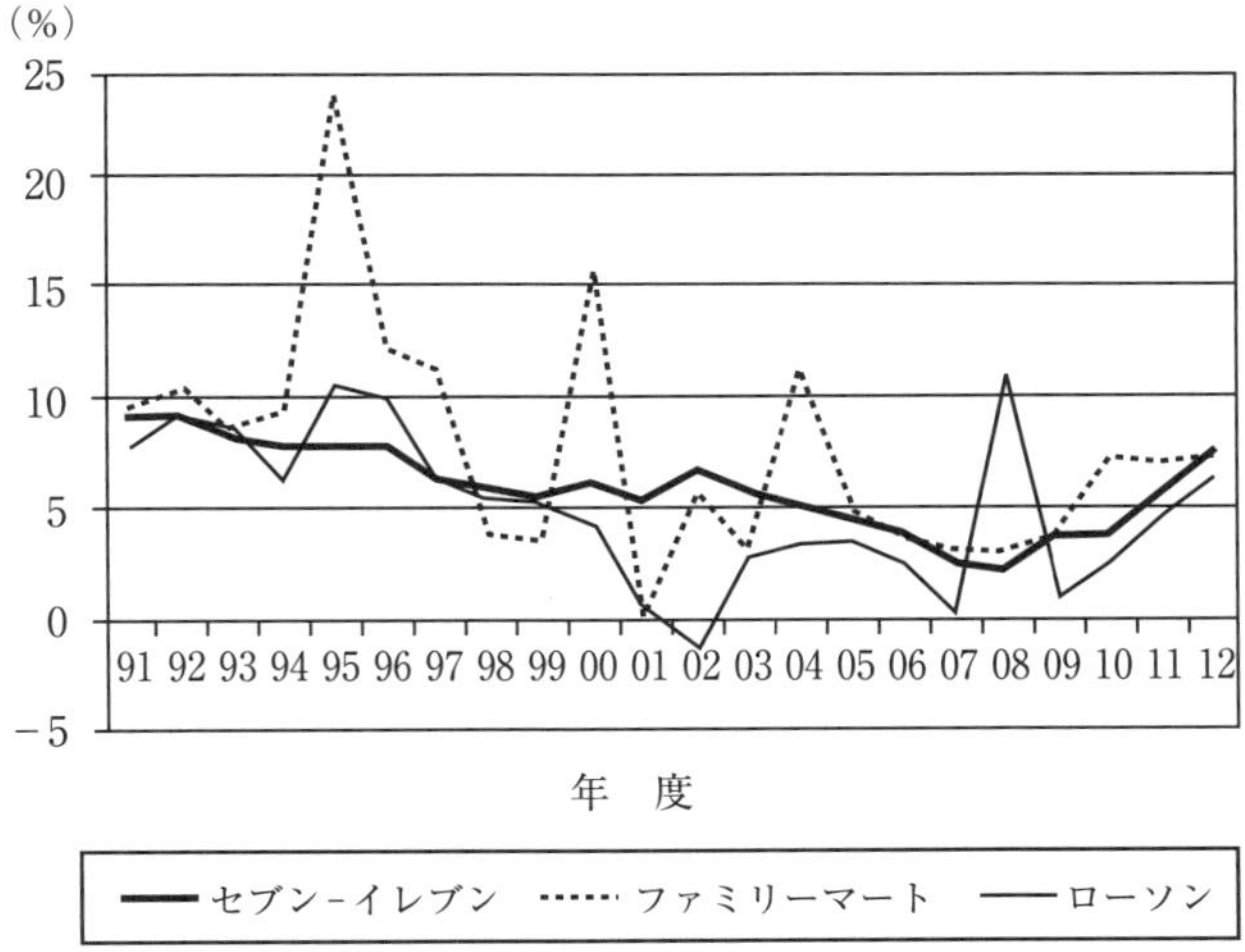

データ源：基本活動 DB

ファミリーマートも同様である。九〇年には地域コンビニ企業と合併して、北陸と南九州に地域フランチャイズ店を展開した。九五年には中部ファミリーマート、〇〇年にはアイ・ファミリーマート、北陸ファミリーマートを吸収合併している。二一世紀に入るとすぐ、毎年のように地域コンビニから店舗を譲り受けたり、吸収合併により店数を増やした。また〇六年には丸ヨ西尾とともに、地域フランチャイズの北海道ファミリーマートを設立し、全都道府県出店を果たした。さらに一〇年にはａｍ／ｐｍを買収合併した。

　以上のような戦略により、ローソンやファミリーマートの店舗数成長率は、年々激しく変動した。合併、吸収などをした年には店舗数が急速に増えた。合併吸収後の店舗整理、あるいは無理な出店による不採算店整理を行った年には成長率が急減した。これにくらべれば、セブン-イレブンの店舗数成長率は図6-7が示すように安定軌道に沿っていた。これは同社の出店戦略がきわめて一貫していたことを示している。挑戦企業の吸収合併戦略に動じることなく、セブン-イレブンは財務的に無理な店舗展開をしなかった。この点は、同社の売上高成長率が持続可能成長率に沿っていることに示されている。

九一年度で、三社の店数はセブン-イレブン（四、六二九店）、ローソン（四、〇七〇店）、ファミリーマート（二、〇九〇店）であった。ローソンの店数が迫っていたが、ファミリーマートとは大きい格差があった。二〇一二年度になると、それらはセブン-イレブン（一五、〇七二店）、ローソン（一〇、九七六店）、ファミリーマート（九、四八一店）になった。

これらの期間での店舗数の年平均成長率を計算してみると、セブン-イレブン（五・八％）、ローソン（四・八％）、ファミリーマート（七・四％）になる。セブン-イレブンはローソンより高いが、ファミリーマートより低い年間平均成長率で店数を増やしていたことになる。この戦略は何を意味しているのだろうか。

売上高や店舗数でトップの地位を維持すること、これはセブン-イレブンにとって戦略的にきわめて重要な事柄であった。コンビニ需要が大都市圏から地方圏にも拡大するにつれて、売上高だけでなく店舗数についても、トップの地位を維持することも重要になった。それはたんにロイヤルティ収入を維持するためだけでなく、商根茎メカニズムのうち、とくにネットワーク・パワーのもっとも重要な基盤であったからである。

メーカーなどは、その製品の市場開拓にさいして流通トップ企業をもっとも重視する。全国市場のトップだけでなく、都道府県など地域のトップ・シェア企業も、エリア・マーケティングの観点から重視した。その販路を確保することが、とくに新製品などについては市場への入り口だからである。トップ企業に採用してもらえれば、新製品販路を残りの企業に広げることがより容易になる。当然に、トップ企業の要求は、二番手、三番手よりも、受け入れられやすい。

トップの地位を維持する上で重要なことは、成長率に関してトップであることではない。たとえば店舗数についていえば、その絶対数の格差を挑戦企業にたいしてつければよいのである。そしてこのためには、挑戦者と同じ成長率を維持するだけで十分である。たとえば、一万店を持つ企業と五、〇〇〇店を持つ企業が同じ年率の一〇％で成長するとしよう。一年後に、トップ企業の店数は一一、〇〇〇になり、挑戦企業の店数は五、五〇〇になる。両者の格差は、成長率が同じであるにもかかわらず、五、〇〇〇から五、五〇〇に拡大している。

初期状態で規模格差のある企業群が同率で成長しても、究極的にはその業界の規模分布は右すその長い歪んだ分布、つまりヨリ大手集中型の分布になる。これはジブラ法則の名で知られる法則である（田村、二〇〇四）。九一年度でセブン-イレブンの店舗数は、ローソンとの差はわずかであっ

表 6-1　セブン-イレブンの後発参入

参入年度	地域	地域先発企業　●は地域トップ					
		ローソン	ファミリーマート	サークルK	サンクス	デイリーヤマザキ	その他
91	京都	●	○	○			
	滋賀	●					
95	大阪	●	○	○		○	
96	兵庫	●	○		○	○	
	宮崎	●	○				
97	岡山	●	○	○			ポプラ
99	山形	○	○		●		
00	長崎	○	●			○	
	岩手	●			○	○	
01	和歌山	●					
	奈良	●	○	○			
	大分	●	○			○	ココストア
02	愛知	○	○	●			ココストア
05	岐阜	○	○	●			ココストア
	三重		○	●			ココストア
08	富山	●	○	○			
	福井	○	●	○			
	島根	○					ポプラ
09	石川	○	○	●	○		
10	鹿児島	○	●				
12	秋田	○			○	●	
	徳島	●					
	香川	●			○		

データ源：出店 DB

図 6-8　立地特性別のコンビニ１店あたり販売額（1997 年度）

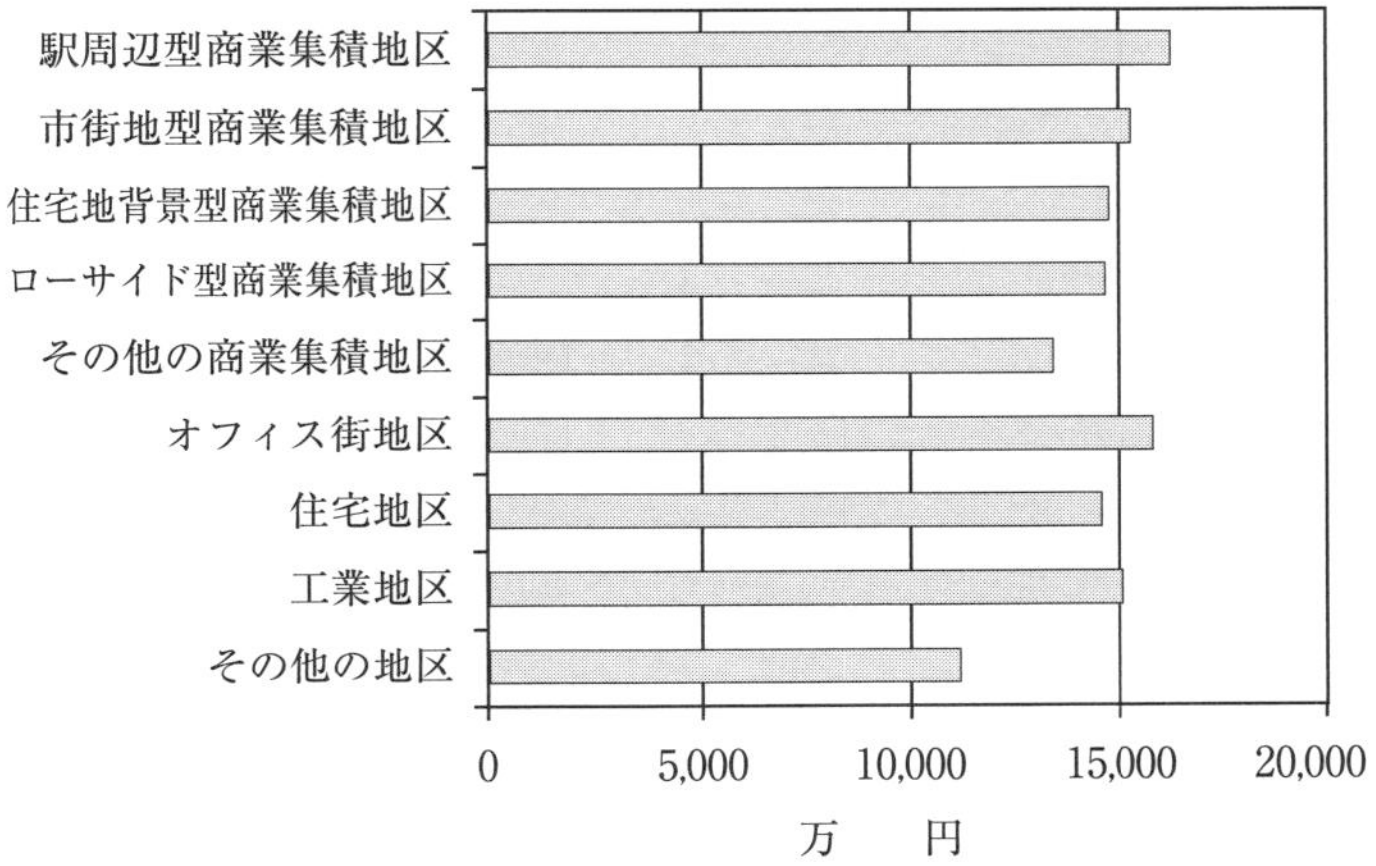

データ源：「商業統計、立地環境特性別集計編」データより作成

たが、ファミリーマートとは大きく開いていた。その後の成長率をローソンより少し高く、ファミリーマートよりは低く設定したことはきわめて賢明であった。無理な出店はせずに、とくにローソンとの格差をさらに拡大できたからである。

◆新規地域への後発参入

しかし、九〇年代以降におけるセブン-イレブンの全国展開は茨の道であった。新しく進出した地域は、関西、東北、中部、北陸、九州、四国である。そこはすでに、セブン-イレブンへの挑戦企業が相争うレッド・オーシャンであったからである。しかもそこでの地域シェア・トップ企業は、ローソン、ファミリーマー

図 6-9　神戸市における主要三社の立地特性
（ローソン数値を基準値＝１とする）

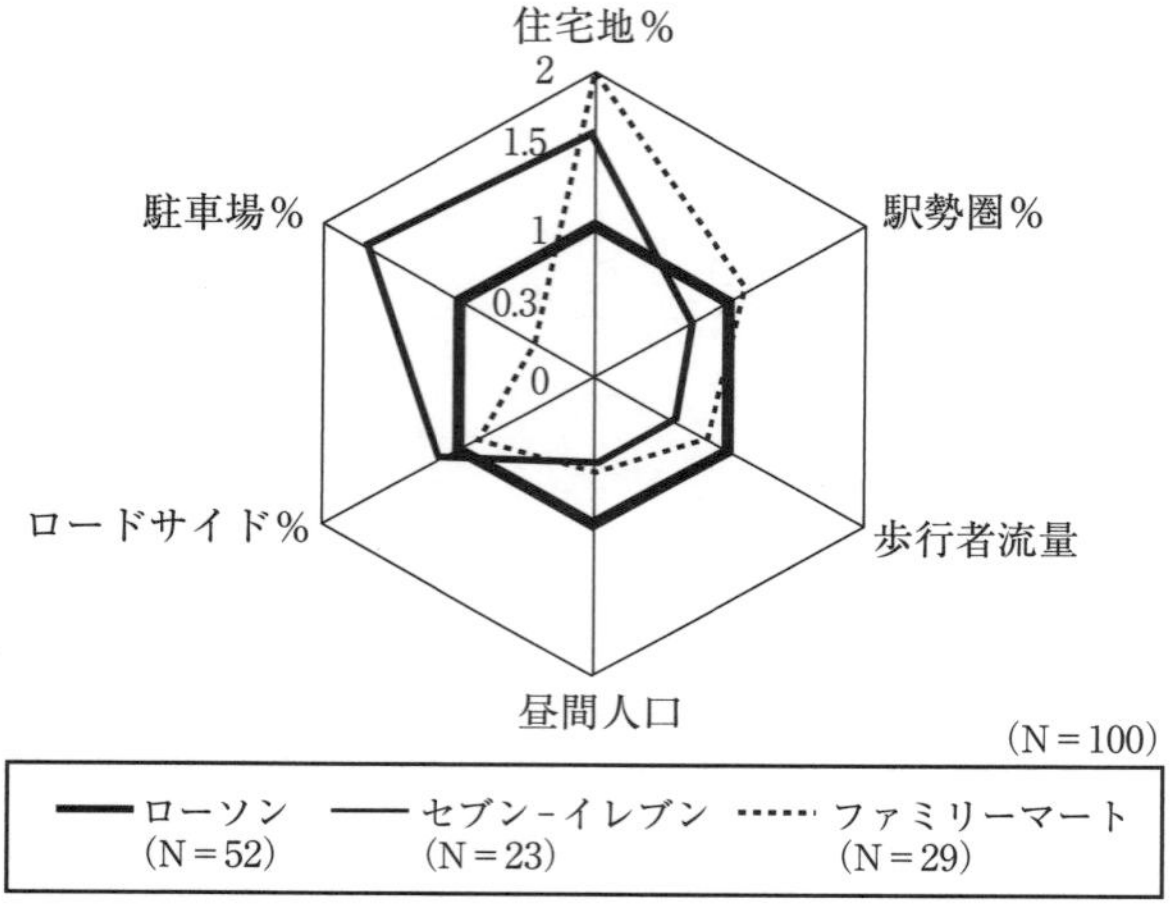

データ源：筆者調査

ト、サークルKなどであった。
　これらの挑戦企業も、九〇年代までにセブン-イレブンのお膝元の首都圏市場に次々に参入していた。そこではセブン-イレブンが地域トップ企業であり、ホームグラウンドであった。しかし、九〇年代以降の地域進出ではセブン-イレブンの立場が異なっていた。とくに関西はローソンが店舗網を稠密に張りめぐらす本拠地であった。中部はサークルKの本拠地であった。その他の地域でも挑戦企業が先発し相互に激しく競争していた。これらの地域にセブン-イレブンは後発者として参入し、アウェーの戦いをしなければならなかったのである。

　コンビニ店でも他の小売店と同じく立地ビジネスの性格を持っている。立地場所によって、一店あたり販売額は異なってくる。たとえば、九七年度について見ると、コンビニ一店あたり販売額は立地特性別に図6-8ようになっていた。販売額が大きいのは、駅周辺、オフィス街、工業地区などである。その地区への先発参入者は、店舗展開にさいしてこのような場所を押さえていく。かなり遅れて参入した後発者には、相対的に不利な立地しか残されていない。

九〇年代でのセブン-イレブンの全国展開もこのような後発参入であった。代表事例として神戸市を取り上げてみよう。神戸市はローソンの店舗網の本拠地であり、ファミリーマートもそれに次いで多くの店を出していた。セブン-イレブンの参入は九六年以降である。二〇〇〇年に筆者は神戸市内の主要コンビニの調査を行った。

ローソン五二店の立地特性を見ると、住宅立地は三八%、駅から五分圏内の駅勢圏立地は四八%であった。三〇〇メートル圏内の、歩行者流量は平均六三三人で、昼間人口（九五年国勢調査）は平均七、〇七三人である。四九%がロードサイド立地であり、二三%が駐車場を持っていた。ローソンのこれらの数値を基準値（=1）として、セブン-イレブンやファミリマートの立地特性を見ると、図6-9のようになる。

先発者のローソンは、昼間人口、歩行者流量、駅勢圏%から見て、好立地の駅勢圏型や市街地型の商業集積、オフィス街などを押さえていた。ファミリーマートは中心地区から離れた住宅地区に店舗展開したが、その地区の駅勢圏を押さえていた。後発者のセブン-イレブンには、郊外駅勢圏からも離れた住宅地しか残されていなかった。この点は、ロードサイド立地比率や駐車場比率が、ローソンやファミリーマートにくらべて、かなり高くなっていることに示されている。

このような立地上の不利が影響して、セブン-イレブンは神戸市での来店客数について、ローソンを引き離すことはできなかった。午前八時三〇分から二二時までの各店入り口における観察調査によると、平均来店客数はセブン-イレブンが一六七人、ファミリーマートが一三四人、ローソンが一六八人である。従来のホームグラウンド商圏で持っていたセブン-イレブンの圧倒的な店舗競争力も、ここでは立地上の不利によって、発揮されていない。ただそれによって立地上の不利をカバーできただけである。他の新進出地域の多くでも、同じような事態が発生していたと思われる。

デフレ不況下の収益追求

◆デフレ不況下の持続成長

バブル崩壊後に流通企業大手の多くは、急速にその売上成長率を鈍化させた。九〇年代の終わりになると、ダイエー、西友はマイナス成長になり、イトーヨーカ堂もゼロ成長の付近を徘徊し

図 6-10　セブン-イレブンの持続成長と売上高経常利益率

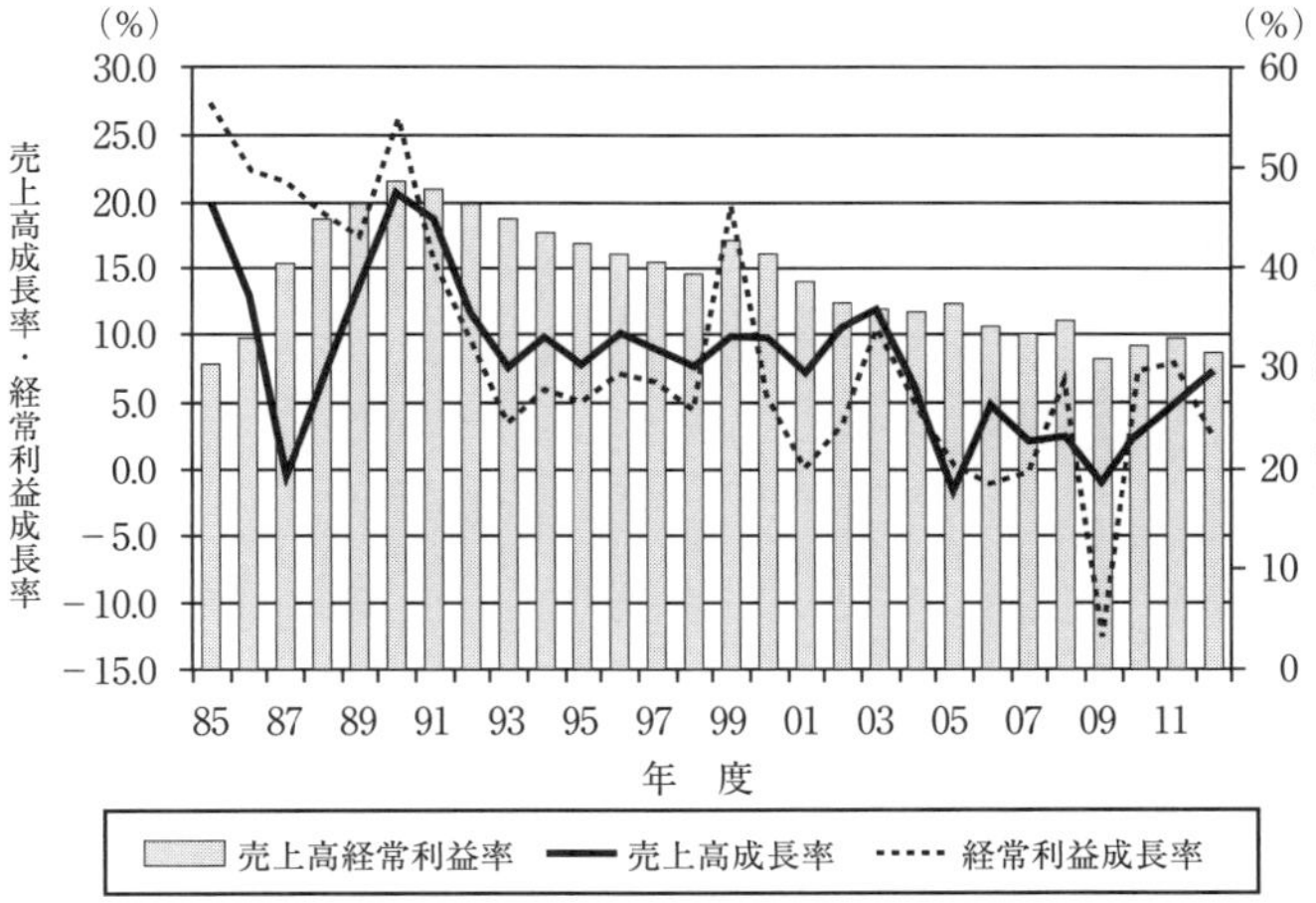

データ源：基本活動 DB

た。百貨店も同じような状況に陥った。その中で、セブン-イレブンも他企業と同じように、その成長率を鈍化させた。しかし、九三年以降二〇〇三年までほぼ一〇年の間、全国への果敢な店舗展開によって売上高成長率を毎年一〇%弱で維持し続けた。

ほぼ同じような期間に、新興の専門店チェーンの中には、バリュー商品を武器に、売上高を急成長させた企業があった。バリュー商品とは、消費者の納得品質と低価格を共有する商品である（田村、二〇〇八）。マーチャンダイジングの革新により、差別化とコストリーダーシップを同時に達成して、競争戦略ではそれまで不可能とされた領域（ポーター、一九九五）に基本戦略を確立した。その代表的企業は、ユニクロ、大創産業、良品計画、ニトリ、マツモトキヨシ、しまむらなどである。

セブン-イレブンの成長率はこれらの専門店チェーンに次ぐものであった。限定地域への出店から全国展開への戦略転換によって、店舗競争力低下による落ち込みを補い、売上成長率を持続したのである。収益性が低ければ、高い売上成長を長期持続させることはできない。一〇％弱とはいえその成長率が安定していたのは、それが収益性を伴っていたからである。

驚くべきことに、バブル崩壊後もセブン-イレブンは高い売上高経常利益率を維持し続けた。〇八年までの長期間にわたり、八〇年代より高い一〇％を超える売上高経常利益率を維持し続けた。これによって売上高と経常利益の成長が連動した。二一世紀初頭に、セブン-イレブンが流通企業全体の首座を獲得したのは、この連動によるものである。

未曾有の不況時代でも、セブン-イレブンがなぜ持続成長できたのか。八〇年代の終わりから、バブル崩壊を経てデフレ不況に突入した九〇年代は、セブン-イレブンにとっても修羅場であった。サウスランド社の吸収合併、更新期を迎えた加盟店へのロイヤルティ率の切り下げ、酒販店比率や二四時間営業の競争優位性の低下、店舗競争力（平均売上高）の低下傾向、それを補うための未進出地区への後発参入、これらはその処理を一つ間違えば、持続成長を難しくする問題であった。

これらの修羅場を一気に駆け抜けることができたのは、九〇年代に入って一段と上昇した売上高経常利益率とその長期持続であった。この時代では不景気によって市中金利は低利状態が続いた。

図 6-11　1店あたり粗利益の推移

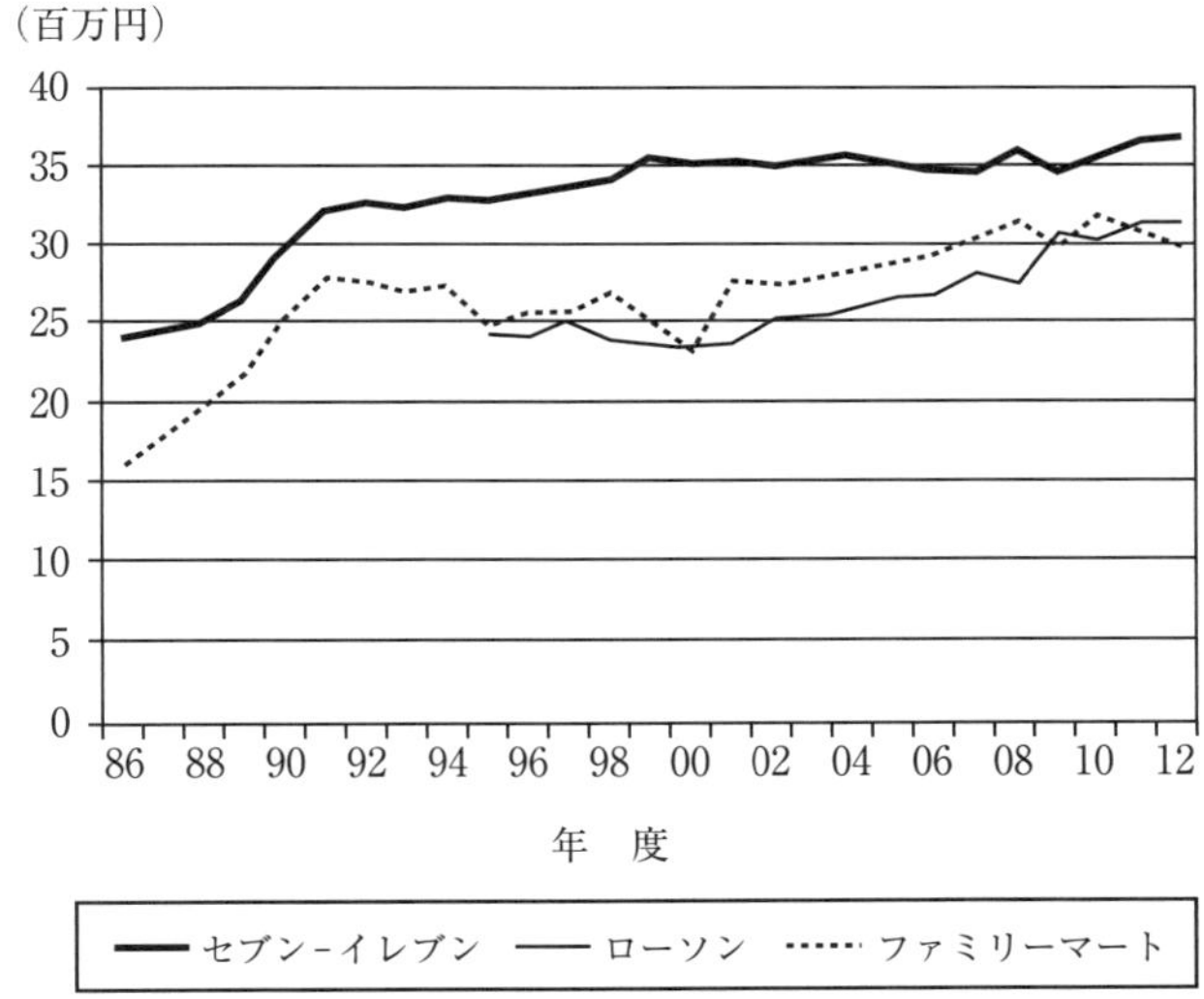

データ源：基本活動 DB

したがって、預り金運用などによる営業外利益はそれほど伸びなかった。高い経常利益率を維持するには、何よりも高い売上高営業利益率を持続させることが不可欠であった。

営業利益は粗利益（＝直営店売上高＋加盟店からの収入）から販管費を差し引いたものである。粗利益がより高く、販管費がより低くなるほど営業利益は大きくなる。九〇年代での持続成長の鍵は、何よりもまず店舗数成長による売上高成長であった。それを持続するには、一定の売上高営業利益率の確保が大前提であった。持続成長のためには、店舗数を増やしていった場合に、粗利益をどのように確保し、また販管費を抑えられるかであった。

図 6-12　1店あたり販管費

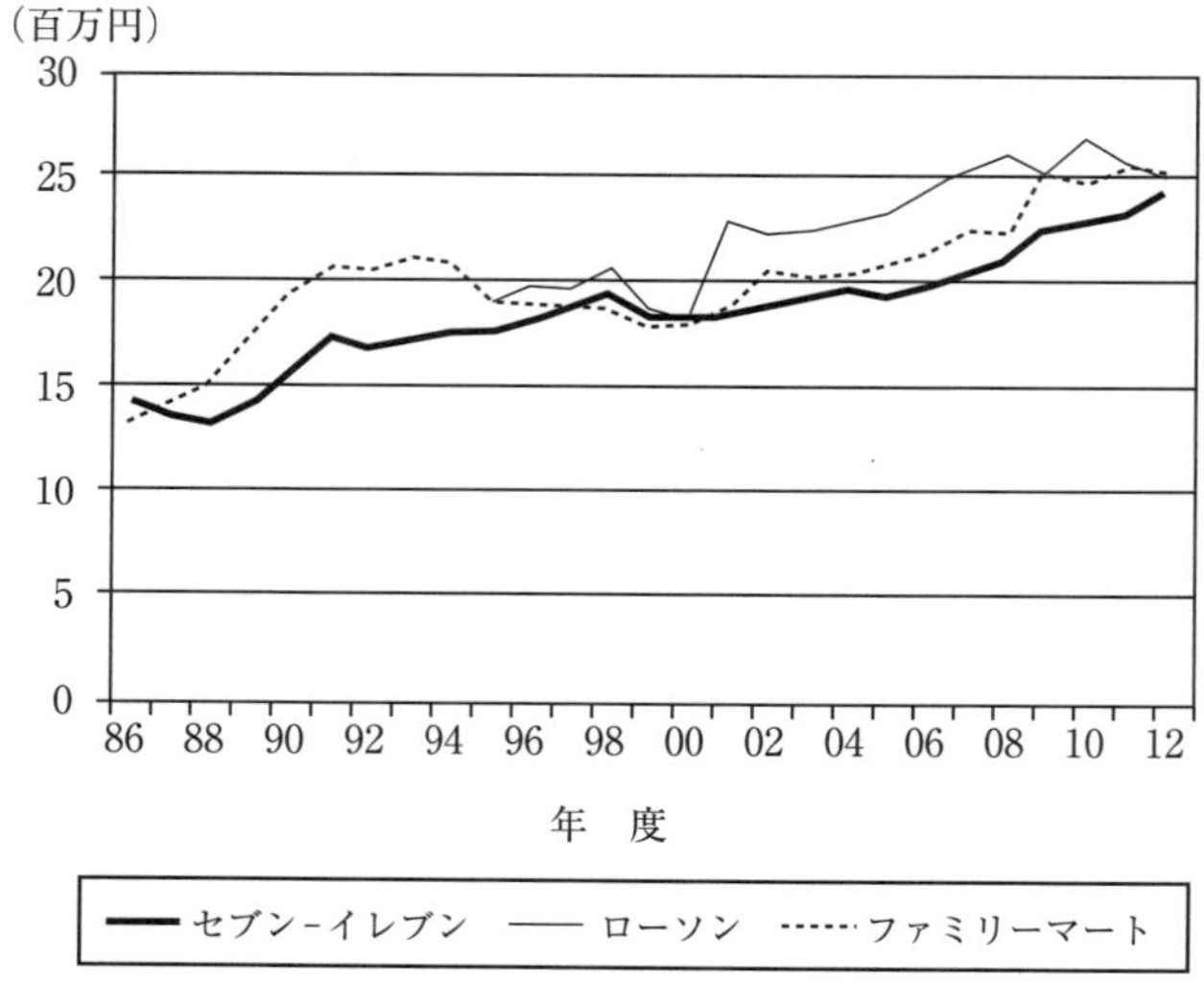

データ源：基本活動 DB

九〇年代から二一世紀の初頭にかけての長期不況下で、セブン-イレブンが高い経常利益率を持続できた最大の要因は、未進出地区への店舗展開が行われていった過程で、同時に一店あたりの粗利益を一段と高め、それを維持し続けた点にある（図6-11）。

驚くべきことに、九〇年代の不況下で、セブン-イレブンの一店あたり粗利益率は八〇年代にくらべ、二〇％台から三〇％台へと飛躍的に上昇しただけでなく、その水準を徐々に上昇させていった。挑戦企業との比較で見ても、二一世紀の初頭までは、その格差を拡大していったのである。全国展開の過程で、店舗の平均売上高は伸び悩んだけれども、少なくともセブン-イレブン本部にとっては、ますます大きい粗利益

図 6-13　日販の推移

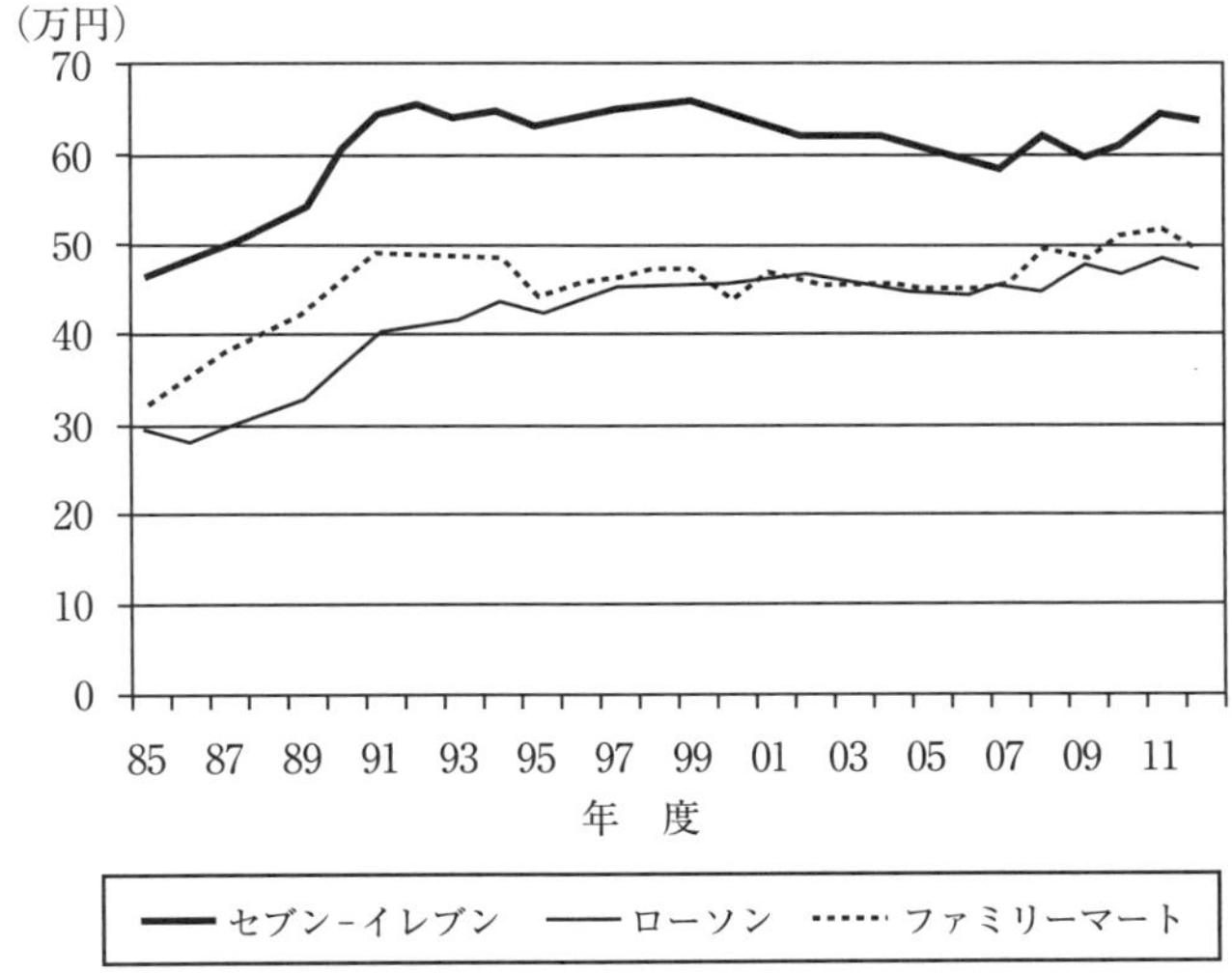

データ源：基本活動 DB

を生み出す店舗を次々に出店していったことになる。

一方で一店あたりの販管費は出店地域が拡大するにつれて、徐々に上昇した。販管費の最大費目は人件費である。本部人員の大半はＯＦＣ（オペレーション・フィールド・カウンセラー）である。彼らは複数店舗の経営をサポートし、本部と加盟店をつなぐ重要な役割を担っている。

ＯＦＣは一人あたり約七店舗ほど担当するから、店数増加につれて必要なＯＦＣ数も確実に増える。しかも、創業以来、セブン-イレブンはＯＦＣを月に何度か東京本部に招集しＦＣ会議を開く習わしがあった。出店地区が東京から全国に拡散して行くにつれて、かれらを招集するための出張旅費も急速に膨らんでいった。また、度重なる情報インフラ投資によって、減価償却費も増加していた。しかし、販管費上昇率は粗利益の伸びよりも低く抑えられていた。さらに、九〇年代以降もセブン-イレブンは、挑戦企業に対して、費用優位を保ち続けていた。

一店あたり営業利益について、セブン-イレブンは圧倒的な競争優位性を確立した。粗利益はもっとも高いのに、販管費はもっとも低かったからである。セブン-イレブンの営業利益率は挑戦企業の二倍以上であった。セブン-イレブンは、「ダントツの存在。追い越す方法は今のところ見当たらない」(日経流通新聞編、一九九八)。あるコンビニの幹部が九五年頃に漏らした嘆息である。

◆なぜ日販が高いか

店舗数を一定とすれば、粗利益を高める方法の第一は、一店あたりの売上高を大きくすることである。コンビニ業界がこれを日割りにした一日の売上高、つまり日販を重視するのはこのためである。挑戦企業に対して、セブン-イレブンは日販の圧倒的格差を長年にわたり維持してきた。九〇年度で、セブン-イレブンの日販に対してローソンとファミリーマートは、それぞれその六三%と七五%であった。二〇一二年になると、ローソンは七七%に、ファミリーマートは七八%へと差を縮めた。しかし、依然として大きい格差があることには変わりはない。

なぜこのような格差があるのだろうか。格差が長年にわたり持続していることから見ると、構造的要因に基づいているようにも見える。その種の要因としてまず浮かぶのは、各社の店舗展開の地理的パターンである。店舗立地に関していえば、セブン-イレブンは首都圏中心、ローソンは関西圏中心、そしてファミリーマートは両方にわたっている。都道府県ベースで見ても、コンビニ一店あたりの販売額は地域間でかなり異なっている。とくに首都圏は高い。

各企業の都道府県別店舗数に、各都道府県のコンビニ一店あたり販売額を乗じて、それらを出店都道府県について集計すれば、都道府県間のコンビニ需要によって加重された企業の全店売上高が得られる。この数値を店舗の日販に換算すれば、出店パターンの影響を見ることができる。

商業統計から得られる都道府県別のコンビニ販売額と各社の地域別出店数のデータから計算してみると、九一年度についてはセブン-イレブン日販に対してローソンはその九一%、ファミリーマートは九九%であった。出店地区の偏りによって、セブン-イレブンとローソンの間には九%の差異が出ていた。しかし、ファミリーマートとの間には差異はほとんどなかった。

それ以降、いずれの企業も全国展開をめざしたから、出店パターンの相違は縮小した。〇七年度について同じように計算してみると、ローソンは九五%。ファミリーマートは九八%である。店舗展開の歴史的パターンは、今でも日販格差の一部を説明している。しかし、実際の格差はこれらの店舗展開パターンの影響以上に、はるかに大きく開いている。それを生み出している要因は何か。

おそらく最大の要因は、店舗売場の機動性における差異であろう。機動性とは需要変化に対応して売場が変わる即時性である。変化をとらえる時間単位が月、週、日、時間帯と狭くなり、また物流配送頻度が高くなるほど売場の機動性が高まり、機動売場に近づいていく。機動売場は売場をたんに面積だけでとらえない。それに時間という次元を加えて、商品展示のための稼働時間面積としてとらえる。機動売場では、消費者が欲しい商品をかならず発見できる店舗になる。これによる店舗魅力がその日販を押し上げるのである。

セブン-イレブンは挑戦企業にはるかに先駆けて、八三年にはＰＯＳ全店導入を終えていた。その後、その情報システムは進化し高度化していた。たとえば、八九年末になると、単品ベースの商品回転率の把握は従来の一日単位から、時間単位で把握できるようになっていた。ファストフードなど、コンビニ特有の時間帯市場への対応が可能になっていたのである。重要なのはその使い方である。セブン-イレブンはそれを使って機動売場の向上に努めてきた。挑戦企業より高い日販はこの機動戦略によって生み出された。

この戦略の基本は、まず単品管理によって、回転率の低い「死に筋商品」を見つけ、売場から排除することから始まる。問題は空いたスペースに何を置くかである。回転率の高い売れ筋商品で埋めるだけではない。セブン-イレブンの九〇年代での機動売場戦略で重要な点は、それに加えて新製品導入を強調した点にある。

ＰＯＳで把握できる需要動向は、売場にある商品だけである。それは消費者行動変化の一部に過ぎない。この外部動向を把握するため、セブン‐イレブンは七〇人あまりの専門部隊を組織していた。セブン‐イレブンはＰＯＳ利用を徹底しながらも、その限界を熟知していた。

「ＰＯＳは死に筋を発見する道具である」、「ＰＯＳは仮説を検証するための道具である」。九〇年代の初頭、鈴木敏文はこれらの点を再度、強調し始める（日経流通新聞、九二・四・二八）。仮説とは主として新製品が売れるかということである。彼の主張の眼目は死に筋を排除して新製品で埋めろということであった。九三年には新製品の陳列場所を確保するため、全店を対象に加工食品と日用雑貨における「死に筋商品」の買い取りさえ実施している。買い取り費用は本部負担でその費用は三億円であった（日経流通新聞、九三・一・二六）。

機動売場の構築に関して、セブン‐イレブンが強調したもう一つの点は機会損失の最小化である。需要に対して在庫量が増えるに従い、欠品による機会損失は減少するが、商品廃棄など過重在庫費用は増加していく。在庫管理法則とは、これら二種の費用の和が最小になる点に在庫量を決定せよということである。セブン‐イレブンの加盟店への主張は、在庫管理法則の一面だけを強調するものであった。当時の消費不況下で、加盟店の発注が過重在庫費用の削減のみに向けられたのを是正しようとした。

機動売場を維持し続ける努力はその後も続く。コンビニ需要は、たとえば飲料、アイスクリーム

図 6-14　セブン-イレブンの情報ネットワーク

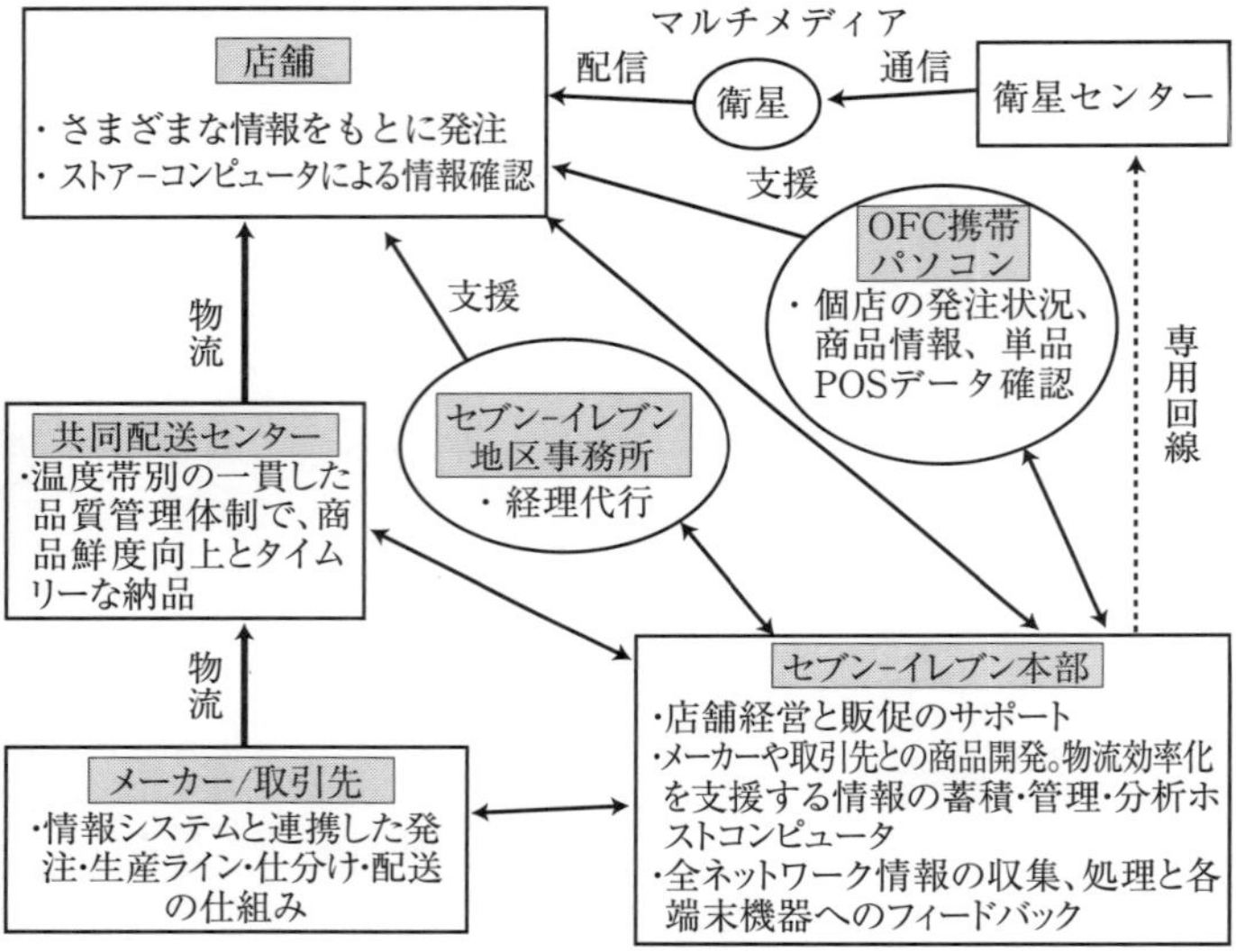

⟷ は発注・販売・会計データ（ISDN：総合デジタル通信網）

データ源：セブン-イレブン・ジャパン、2003 の資料に基づき作成

の需要などで気温の動向にも大きく左右される。九七年には地域別気象情報も各店に配信し始め発注精度を高めた（日経流通新聞、九七・四・二二）。同じ年には、衛星を使って加盟店に売場提案を始める。文字情報だけではわかりにくい新製品情報や、什器・陳列方法など売場作りを、マルティメディア画像情報で提供した。その狙いは本部の情報高度化により加盟店の競争力を高めることであった（日経流通新聞、九七・七・二二）。

　九〇年代の終わりにはこのような第五次店舗情報システムの導入が完了していた。図6-14はその概要である。それはハーバードやMITで

図 6-15　閉店数に対する開店数の倍率

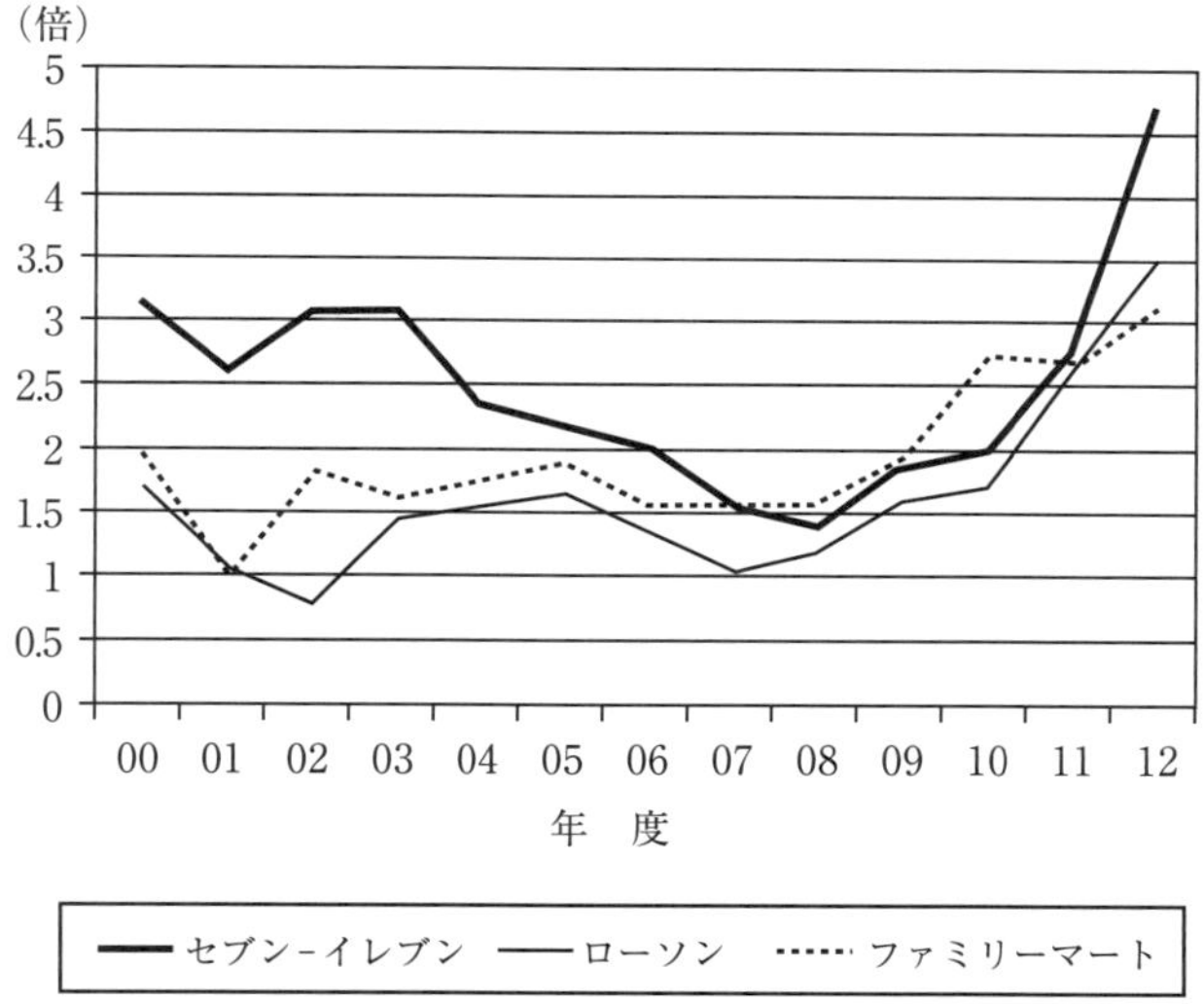

データ源：日経「コンビニエンスストア調査」（日経流通新聞編、2002-2014）

も教材として提供される先端システムであった。

ビッグデータが、店舗、本部、ＯＦＣ、納入業者などからなるセブン-イレブンの付加価値ネットワークを高速で駆けめぐるようになる。それらは単品の地域・顧客特性・気候別の売れ行きだけでなく、競合や関連の商品の販売状況、陳列位置、価格、本部からの新製品紹介や販促支援情報などの情報を含んでいた。これらの情報は多頻度・少量の物流システムと連動して、店舗の売場機動性を支えたのである。そしてこの機動性はつねに挑戦企業の一歩先を行くものであった。挑戦企業との日販格差を生み出した最大の要因は、先端的情報武装で支えられた売場機動性の格差である。

九四年から〇六年は、多くの流通企業にとって、それまで経験したことのない苦難の時代であった。九七年と〇四年を除く残りの年度では、家計消費支出は毎年の対前年比でマイナス成長を繰り返したからである。こうして年々の売上不振が累積した二一世紀の初頭になると、コンビニ店でさえ廃業が多くなる。

新設店を増やしても、閉店が店舗純増の足を引っ張った。ローソンやファミリーマートは、それまでセブン-イレブン追撃のため無理に店舗数を増やしてきた。図6-15に示すように、二一世紀初頭には、開店数と閉店数がそれほど変わらない状況に追い込まれる。セブン-イレブンの場合も、機動売場の高度化だけでは、長く冷え切った消費市場で店舗の日販を成長させ、その全店売上高の成長に貢献することはできなかった。しかし、セブン-イレブンはその日販の高さによって、閉店比率が低かった。機動売場による高日販によって、店数拡大の速度を挑戦企業よりも速めることができたのである。

◆店舗工場メカニズム

セブン-イレブンの売上高は、直営店売上と、加盟店からのロイヤルティなど営業収入からなる。

それから得られる粗利益は、売上高の高さだけでなく、その売上達成のために要する費用にも依存している。売上高とそれに要する商品や営業の原価との差額、いわゆる利ざやの問題である。不況の下で営業利益率を向上させる途は利ざやの拡大しかなかった。このためには、持続成長メカニズム自体にもイノベーションが必要であった。その領域の第一は、売上高成長を支える店舗開発様式の転換である。

セブン-イレブン本部の売上高の大半を占めているのは、加盟店からのロイヤルティ収入である。九〇年代以降に契約更新期を迎えた加盟店をつなぎ止めるために、セブン-イレブンは彼らのロイヤルティ率を大幅に下げた。加盟店からの本部の売上収益は、加盟店粗利益にロイヤルティ率を乗じたものである。だからロイヤルティ率の引き下げは、本部の加盟店からの売上収入減となる。消費不況下で、加盟店の売上が低迷し、しかもロイヤルティ率が下がるとなると、これはセブン-イレブンの収益構造における大問題であった。

これを解決するには、ロイヤルティ率の高い新しいタイプの新店を大量に、そして迅速に開発しなければならない。どうすれば良いのか。セブン-イレブンは時代の変化に敏感である。ビジネス界のブラックホールのように、セブン-イレブンは社会のメガトレンドの変化を呑み込み、それを新しい収益源に変える。目をつけたのは、九〇年以降の日本社会を覆ったもっとも大きいメガトレンドである。

バブル崩壊後、倒産や経営不振、それに伴う解雇、人員整理などは日常茶飯事となり、毎日の新聞紙面を埋めた。勤め先に見切りをつけ、居残り組よりも条件の良い退職金を目当てに早期退職する者も多く出た。彼らは小金を得たが、低金利の下でその投資運用だけでは生活が成り立たず、また年金給付年齢に達するまでにはまだ若く、当分の間、働かなければならなかった。とはいえ他企業への再就職も多くの人には困難な途であった。その後の生計をどう立てていくのか。これが大問題であった。

コンビニ加盟店主の地位は、かれらにとって好都合な第二の働き口の一つに見えた。セブン-イレブンはこのメガトレンドを呑み込み、新しい収益源として構築する。Cタイプと呼ばれる店舗運営方式による店舗展開である。酒屋など自主物件を持つ中小小売商のコンビニ転換（Aタイプ）とは異なり、Cタイプはセブン-イレブンが別途開発した店舗を借りるかたちで加盟店になる。

全店舗に占めるCタイプ店比率は八〇年代の後半から増え始め九〇年には二〇％に達し、九九年には三三％となった。すでに九八年に、鈴木敏文は、「二五年前にはFCシステムで商店街近代化、活性化を進めることが目的だった」（日経流通新聞編、一九九九）と、加盟店の変質を回顧し始めていた。Cタイプ店比率はその後も増え続け、〇三年（四一％）、最近時の二〇一四年では六九％になる。Aタイプは二八％に過ぎない（セブン&アイ・ホールディングス、二〇一三）。

二一世紀の初頭にはすでに、新規契約の七〇％はCタイプであり、その前職の五〇％は脱サラ組であった（日経流通新聞、〇四・九・九）。中小小売商との共存共栄を謳い文句に成長を続けてきたセブン-イレブンも、二一世紀にはその加盟店の性格をまったく変えてしまった。それは小金を持つ脱サラ組の駆け込み寺の一つと化したのである。

Aタイプとの違いは、そのロイヤルティ率の相違である。ほぼ倍近いロイヤルティ率を払う必要があった。しかし店舗日販が高いかぎり、店主の生活資金を支えるキャッシュフローは維持できる。商人であるAタイプ店主とは異なり、とくに脱サラ組の店主にとってはとりあえず生計維持という開業目的に達したのであろう。セブン-イレブンはこのCタイプ店の比率を高めることによって、加盟店からの本部売上収入を増やし、不況下でも高い営業利益率を確保することに成功した。

持続成長メカニズムからいえば、Cタイプ店を大量に迅速に開発する店舗工場メカニズムは、商売の素人を動員して、店舗を大量生産していくいわば工場のような仕組みである。店舗立地は本部が全国にまたがるコンビニ需要や競争店の情報を基に決定した。加盟店主候補の選別にも、従来のリクルート経験の情報蓄積が駆使された。本部の開発店舗はまず訓練店として使われ、採用された候補者はそこで固定給をもらい店主としての訓練を受けた。

セブン-イレブンはすでに八〇年代の後半には、脱サラ組などを訓練する教育ノウハウを確立していた。八七年には、それまで一〇ヶ月から一年を要した訓練期間を三ヶ月に縮小している。この短縮化には、加盟店への本部支援情報システムの高度化も大きく寄与していた。加盟店の管理が商売の未経験者でもできるシステムを構築していたのである。週に何回か訪れるＯＦＣだけではない。マルチメディアなど最新情報システムに乗って、本部から送られてくる経営支援情報が未経験者の店舗管理を支えた。

とりわけ重要な情報は本部からの推奨商品情報である。九〇年代に入ると、情報システムの高度化により、それらは衛星通信など最新の情報ネットワークを通じて、理解しやすいグラフ、写真など画像情報として送られてきた。本部の推奨商品を中心に品揃えしておけば、商売の素人でも店舗管理を大きく間違えることはない。

さらに本部は、店主が一人で発注業務をこなすのではなく、アルバイトに任せることさえも加盟店に強く勧めた。工藤社長の言によれば、彼らに各商品分野の発注を任せ、業務に熟達させることは「ロスを減らして販売効率を高めるために不可欠だ」というのである（日経流通新聞、九七・七・二二）。

アルバイトの人件費は、そのときの景気動向によって大きく変動する。八〇年代には高騰していったが、九〇年代に入ると逆に大きく下降した。いずれにしても、人件費としては、正社員、パートとくらべればもっとも安い。アルバイトが発注業務も担当すれば、店主の業務時間は大いに軽減される。

アルバイトでも発注業務ができるようになったのは、商品の棚割などに、メーカーや卸の店頭援助が受けられるようになったからである。九〇年代の中頃から、コンビニとの連携を狙い、メーカー・問屋は棚割システムを使って、コンビニ店頭まで種々な援助をさしのべるようになったいた。

営業利益率向上の観点から見ると、発注業務のアルバイト移管は重要な意味を持った。アルバイトの主力は高校生・大学生である。小学校の塾通い以来、あらかじめ設定されたレールに沿って走るよう教育されてきた世代である。彼らにとってもっとも重要な発注マニュアルは本部からの推奨新製品であり、それがレールとなった。この売上が伸びるほど、商品原価率は下がり、ネットワーク・パワーは行使しやすくなる。

Cタイプ店比率が上昇するにつれ、セブン-イレブンは店舗を迅速に大量につくり出すいわば工場となった。店舗立地、主要業務が標準化され、その作業員も低人件費のアルバイトが担った。かれらは本部からの推奨商品などの指示によって、ロボットのごとく動くようになった。Cタイプ店と本部からの経営支援情報の連動により、店舗工場メカニズムが生れた。このメカニズムによって、大量の出店を迅速に行えるようになった。九〇年代以降の年々の大量出店は、この店舗工場メカニズムで支えられた。

店舗数が増えるにつれて、全店売上高は消費不況下でも成長を続けた。しかもCタイプはロイヤルティ率が高い分だけ、セブン-イレブン本部により大きいロイヤルティ収入をもたらした。それだけでなく、推奨新製品を中心にしたその発注によって、新製品販売協賛金など、セブン-イレブンのネットワーク・パワーを通じての収益拡大に大きく貢献した。さらに、Cタイプ店の増加によって、それに関連する種々な商根茎をますます多方面に伸ばし、太らせていったのである。九〇年代以降、店舗工場メカニズムは、セブン‐イレブンの持続成長を支える高い営業利益率の確保に貢献した。

◆ＰＢ商品比率拡大とチームＭＤ

九〇年代以降の営業利益率の一段の向上を生み出した、もう一つの柱は商品粗利益率の向上である。このための戦略はＰＢ（プライベート・ブランド）比率を高めることであった。ＰＢはメーカーに生産委託して、流通企業のブランド名で売り出させる商品である。二番手、三番手メーカーが工場稼働率やシェアの拡大を狙って取り組んだ。一般に、ＮＢ（ナショナル・ブランド）と比較すれば、その価格は低いが品質も劣るものが多い。しかし、流通企業にとっては粗利益率の大きい商品であるといわれる。

総菜などを別にすれば、セブン‐イレブンのＰＢは八〇年代の初頭、牛乳から始まった。八一年で全商品に占めるＰＢ売上比率は一％にも満たなかった（日経新聞朝刊、八一・一一・一九）。ＰＢ生産を委託するほど単品売上高が大きくなかったからである。セブン‐イレブンの売上高の急成長につれて、その後九〇年代までに、その範囲はアイスキャンデー、ジュースバー、レトルト食品、おにぎり、乾電池などに広がっていた。

九〇年代に入ると、ＰＢは価格革命への対応策として流通企業の間に急速に広まった。ＰＢの基本はメーカーへの生産委託である。一般に不景気になると、メーカーの工場稼働率は低下する。また販売が難しくなり、シェア確保を狙うメーカーは販路の確保に必死になる。メーカーのＰＢ生産比率が高くなる理由はこの点にある。セブン‐イレブンも芳香剤、防虫剤、手袋、健康食品、チョコレート、コーラ飲料などへＰＢの範囲を広げていった。

しかし、たんに低価格であれば良いという価格革命は数年間で過ぎ去った。低価格だけでは消費者が動かなくなってきたのである。この事態に直面して、セブン‐イレブンのＰＢ戦略は二面において大きく転換を始める。

九四年頃から、セブン‐イレブンのＰＢ戦略は転換を始める。その方向は低価格訴求よりむしろ価値訴求を目指すようになった。そのため一流メーカーや複数メーカーの組織化によって共同企画開発を行う、チームＭＤ（マーチャンダイジング）方式を取り入れ始めた。

もっともこの方式の源流は、七九年の日本デリカフーズ協同組合の結成までさかのぼる。それは大手米飯メーカー数十社を集約してセブン‐イレブンが結成したものであった。商品コンセプトの開発、レシピ作成、原材料の共同購入などを行った。その後、この方式を加工食品や日用雑貨の領

表6-2　高級オリジナル商品開発の動き

年度	商　　品	開発・生産協力
1992-1994	焼きたてパン	味の素フローズンベーカリー（冷凍生地製造）、タワーベーカリー（焼成）
93	アイスクリーム	赤城乳業、森永乳業、森永製菓
94	ご当地ラーメン・シリーズ	エースコック、東洋水産、明星食品
95以降	輸入ビール	サントリー、アサヒビールと共同開発
98	本格チャーハン	一流料理家によるデイリーメーカー（日本デリカフーズ協同組合）に開発担当者研修
	欧風ビーフカレー	
	こだわりおむすびシリーズ	
2000	有名ラーメン店の味	日清食品

データ源：セブン-イレブン・ジャパン、2003の記述より作成

域にまで拡大したのである。

強大な販売力とＰＯＳによる消費情報が大手メーカーへの説得の基盤になった。セブン-イレブンの商品部は消費者目線を強調し、商品企画のリーダーシップさえ振るうようになる。少なくともコンビニ市場に関するかぎり、それはメーカーのブランド・マーケティングの完全な敗北であった。不況下でも着実に成長し続けるコンビニ市場、そこでのトップ企業としてのセブン-イレブンの販売力、詳細な消費市場情報基盤、これらに対して一流メーカーといえども対抗できる手段を持たなかった。

この戦略によってセブン-イレブンは、新たなＰＢ商品開発の先鞭をつける。表6-2はこの高級ＰＢ開発の動きを記している。その動きの基本的特徴を要約すれば、

- 商品分野としては、パン、アイスクリーム、即席ラーメン、ビール、カレー、おむすびなど、購買量の大きいコンビニの中核商品を狙う
- 開発・生産に一流メーカーを巻き込み、また一流料理人、有名店などの協力も得て、高品質追求にこだわる
- 販売価格は同種のコンビニ商品よりも、二～三割増しに設定する
- セブン-イレブン専用の工場、デポ、物流センターをバックに整備し、他のコンビニで販売していないセブン-イレブンのオリジナル商品にする
- 共同企画商品についてはメーカーも表示する

といった内容である。

これら以外にも、九四年にはメーカーを組織化してＰＢ缶詰を売り出した。九六年には菓子メーカーと組み、コンビニ商品としては業界標準の一〇〇円を超える菓子を開発している。チームＭＤの対象は多くの商品分野における一流メーカーへと広がっていった。長期間にわたる消費不況、そこでの数少ない成長販路のトップ企業の地位を利用して、セブン-イレブンはかえってそのマーチャンダイジング基盤を強化した。

商品分野によっては、メーカーのお家芸である商品開発の調整者となり、その商品開発リーダーの地位さえ奪った。この方式によって、新製品が次々に生み出されるようになる。これらの新製品

は店舗の魅力商品としてその日販の高さを支え、また店舗工場メカニズムの部分としてその一翼を担っただけではない。商品原価切り下げ、共同企画メーカーへの新製品販促の協賛金要求も容易になった。つまり、商根経メカニズムの部分としても機能した。

〇四年頃になると、PBはファストフード領域だけでなく、種々な加工食品、日用雑貨の領域にまで拡大する。セブン‐イレブンにおける独自商品比率は五〇％に達していた（日経新聞朝刊、〇四・七・二〇）。NBにくらべると、PBの原価は一〇％から一五％安くなるといわれる。PB比率の拡大により、商品原価が切り下がっていった。

PBによる原価削減の源泉は三つある。まずその品質に関して、消費者目線から見て無駄な機能や側面を切り落とす。激しい差別化競争に勝ち抜くため、NBの多くが陥ってきた些細な差別化点のアカをそいでしまう。PBは消費者目線から見た納得品質を目指し、NBの隙を突くのである。次に、PBでは商品の原材料購入にまで踏み込み、メーカーの生産要素市場における流通合理化を目指す。そして最後に、メーカーの見込み生産方式を受給生産方式へ変える。つまり、生産したPBを流通企業が買い取り在庫リスクを負うのである。その企業の店舗でしか取り扱わない差別化商品にするためである。

このような原価削減によって、たしかにPBの粗利益率は高くなる。しかし、注意すべきはこの粗利益率は、その商品が売れることを前提にした計画粗利益率であるということである。PB商品も売れなければ、価格が低下して高い粗利益率も絵に描いた餅になる。したがって、PB戦略にとって決定的に重要なことは、その商品企画だけでなく、その販売促進によって、高い実現粗利益率を達成することである。PB商品は売り切れて初めてその真価を発揮する。

九〇年代以降、セブン-イレブンはこの面でもその全力を注入した。POSで死に筋を発見して排除せよ、新製品が売れるかという仮説をたて検証せよというトップの叫び、新製品開発担当者からOFCへ、そしてOFCから加盟店主への、新製品の価値情報の説得の流れ、高度情報システムに乗って加盟店に流される推奨新製品情報、そして発注精度の強調、Cタイプ店比率の増加、またアルバイトへの発注業務の委譲推奨、これらすべてはチームMDによって次々に開発される新製品の販売促進へと合流していった。

チームMDなどによるPB開発様式は、さらにもう一つの収益源泉も強化した。チームMDは、製販同盟やウィン・ウィン関係などという、賛歌だけで語れる世界ではない。それぞれ生き残りをかけたメーカーと流通企業の取引交渉であるかぎり、右手で手を握り合っているが、左手では拳を固め隙をうかがう場である。チームMDは、同時にネットワーク・パワーの行使など、セブン-イレブンが別の収益源基盤を強化することにも役だった。

未知の領域の情報・ノウハウを獲得するきわめて効率的な方法は、その分野の人々と共同作業をすることである。チームMDによるPB開発によって、セブン-イレブンは商品の特性や原価構成などメーカー商売の裏側を知った。それだけでなくメーカーの生産・在庫調整、販促計画、さらには全国市場動向のとらえ方など、通常の生産委託では得られない情報・ノウハウを収集・蓄積することができた。これらの知識は、メーカーとの取引交渉でネットワーク・パワーを行使するさい、セブン-イレブンの情報基盤をさらに強固にしたのである。

結びにかえて――千丈の堤も蟻の一穴から――

流通史を振り返れば、いかなる成長企業にもかならず黄昏が訪れる。それは太陽がかならず東から昇り、西に沈むのと同じである。この歴史の教訓に照らせば、セブン‐イレブンの明日はどうなるだろうか。最大の関心は、その持続成長がいつまで続くのかということであろう。

しかし未来を正確に予見することは難しい。現在を起点にすれば、過去と未来は非対称的な姿をとって現れる。過去のあらゆる過程は現在の結果に合流している。逆に未来を見れば、種々な可能性が樹形のように広がっている。セブン‐イレブンを取り巻く環境にどのような変化が生じるのか。その中でセブン‐イレブンがどのような事業展開をしていくのか。未来のシナリオはこれらのことに依存している。未来は運命的に定まっているのではなくて、物語創造の過程でもある。

セブン‐イレブンは、その持続成長を支えるメカニズムを進化させてきた。それは強固な千丈の堤のごとく、セブン‐イレブンの持続成長を守ってきた。しかし、いくら強固な堤でも蟻の一穴から崩れることがある。当座の持続成長から見れば、さしたる影響がないと思われる小さな出来事でも、何かをきっかけにして、またときの経過につれて次第に、大きい波紋を描いて持続成長を止める原因にならないとは限らない。

持続成長が何年後に止まり、停滞への途を歩み始めるのか。この時点の予見は難しい。しかし止まるとすれば、持続成長メカニズムが蟻穴の拡大によってその作動を止めるときである。持続成長メカニズムのどこに蟻穴が存在しているのか。すでに蟻穴は一つだけではない。それらをどう埋めていくのか。セブン-イレブンの持続成長期間はそれに依存している。現在までの持続成長メカニズムの進化を踏まえて、蟻穴を展望して結びとしよう。

◆持続成長メカニズムの進化

創業以来、現在までセブン-イレブンの持続成長メカニズムはどのように進化してきたのだろうか。ここで進化といっているのは、生物学での用法と同じではない。その用法では、個体ではなく個体群からなる生物種に、世代を経るにつれて見られる性質の変化である。この用法とは異なり、セブン-イレブンの持続成長メカニズムの進化とは、個体としての同社のメカニズムが時とともにその内容・性質をどう変化させてきたかということである。それが発展し進歩しているという意味で進化といっている。この進化は全期間を通して見ると、どのような特徴を持っているのか。

まず、持続成長に決定的影響を与えるメカニズムは、時期や時代によってその性質を変えてきた。

この時代特殊的なメカニズムは、八〇年代の初期まではブルー・オーシャン・メカニズムであり、八〇年代の中頃から情報武装メカニズムに変わった。さらに九〇年代以降は店舗工場メカニズムとなっている。この間、商根経メカニズムも、多様なかたちで進化してきた。

なぜ時代特殊的メカニズムが現れるのだろうか。それは売上高や経常利益の成長に決定的影響を与える下位指標が時代によって変化し、持続成長メカニズムはこの下位指標に直接に関連する事業活動様式から構成されているからである。

セブン-イレブンの全店売上高は、直営店売上高と加盟店売上高からなる。また全店売上高は店舗数に平均店舗売上高を乗じたものである。また本部売上高は直営店売上高に加えて、加盟店からの収入によって決まる。この収入のほとんどは加盟店の粗利益にロイヤルティ率を乗じたものである。だから直営店売上高、加盟店売上高、店舗数、平均売上高などは、全店売上高の下位指標になる。また、本部売上高の下位指標は直営店売上高、加盟店粗利益、ロイヤルティ率などを下位指標としている。

同じように、経常利益は営業利益と営業外利益の和である。営業利益は直営店経由と加盟店経由がある。直営店の場合、粗利益から販管費配賦分を控除したものであり、その粗利益は売上高と商品原価の差額である。ネットワーク・パワー利得などの原価戻しをすると、商品原価数値は大きく変動する。加盟店経由の場合には、加盟店の粗利益にロイヤルティ率を乗じたものが加盟店からの収入になり、それから販管費配賦分を控除すれば、本部が加盟店から得られる営業利益になる。経常利益の場合、営業利益は売上高、商品原価、加盟店粗利益、ロイヤルティ率、販管費、ネットワーク・パワー利得などが下位指標を構成している。

売上高や経常利益とこれらの下位指標は、加算、減算、乗算などの関係で結ばれている。したがって、下位指標が変化すれば、それは売上高や経常利益を直接的に変えていく。しかし、その影響の程度は、セブン-イレブンの事業環境の変化によって変わる。八〇年代初期までは、もっとも肥沃で無競争地帯である首都圏に、どのくらい多くのドミナント地域を作れるかが決め手であった。八〇年代の中頃から、コンビニ市場がブルー・オーシャンからレッド・オーシャンに変わった。この時代では情報武装メカニズムによって、店舗競争力（平均店舗売上高）を向上させることが持続成長の決め手になった。そして、全国展開によって店舗数を増やさなければならなくなった九〇年代以降では、店舗工場メカニズムによって、収益性の高いCタイプ店をいかに迅速に数多く出店し、また全店売上高でトップの座を維持し続けることが持続成長の決め手になった。

しかし、持続成長メカニズムには時期や時代にまたがり、長期間にわたって進化していくメカニズムもある。セブン-イレブンの場合、その典型は商根茎メカニズムである。商根茎の進化は八〇年代から始まり、時がたつにつれて、それを張り巡らす異種市場の数を増やしていった。それとともに、セブン-イレブンは異種市場を接合するプラットフォームとして、その機能をますます高度化していった。その中核のネットワーク・パワーは、店舗工場メカニズムとも連動して、現在でもセブン-イレブンの持続成長を支えるメカニズムとして作動している。

各持続成長メカニズムは、複数のシステムや事業活動様式をその構成部分にしている。この部分レベルで見ると、各メカニズムは相互に独立したメカニズムではない。時代特殊的メカニズムといっても、時代が変わるとその構成部分までまったく変えてしまうメカニズムとして登場してくるわけではない。ある時代特殊的メカニズムの特定構成部分はそれ自体進化しながら、次の時代の構成部分として組み込まれていくことがあるからである。

たとえば、ブルー・オーシャン・メカニズムにおいて、フロント・フォーマットを支えたバック・フォーマットの物流システムなどは、それ自体進化しながら情報武装メカニズムの構成部分として組み込まれていった。また、情報武装メカニズムのPOSシステムもそれ自体進化しながら、店舗工場メカニズムの不可欠な部分となっていった。さらに、商根茎メカニズムにおけるネットワーク・パワーも同じである。

いくつかの構成部分がこのように異種メカニズムにも組み込まれていくのはなぜだろうか。それはその構成部分がモジュールとしての性質を持っているからである。モジュールとは、システムにおいて一つの機能単位として作動するが、交換可能な構成部分である。もし人間の体がモジュールから構成されているならば、右手が悪くなればそれを新しい右手と取り替えることができる。

セブン‐イレブンの持続成長メカニズムはモジュール性が高い。モジュール性とはそのメカニズムがモジュールとして働く構成部分から構成されている程度である。とくにＰＯＳ情報システム、多頻度小口情報システム、ネットワーク・パワーは、このようなモジュール的構成部分として、それ自体高度化しながら異種の持続成長メカニズムで重要な役割を果たしてきた。

こうしてセブン‐イレブンの現在の持続成長メカニズムは、店舗工場メカニズムを時代特殊的メカニズムにしながらも、その中に長期間かけて進化したモジュール的構成部分を組み込んでいる。その意味で累積的である。さらに、店舗工場メカニズムは商根茎メカニズムによっても支えられている。この意味で多層的である。

この多層的メカニズム構造によって、セブン‐イレブンの持続成長を支える収益源は全天候型になった。普通の企業であれば、好況時は高い収益を上げられるが、不況になると悪くすれば赤字になる。持続成長にとっての最大の関門は、好不況の波をどう乗り切るかである。セブン‐イレブンは、景気に関わりなく、利益を上げられる地力を持っている。

好況であれば直営店や加盟店が利益を稼ぎ出してくれる。景気の過熱を押さえるため公定歩合が上がり景気が下向き始めても、莫大な預り金運用による金融収支が本業ビジネスの不振をヘッジしてくれる。不況になればなるほど、メーカーの販売困難は増すから、ネットワーク・パワーはますますその利得を稼ぎやすくなる。これらはセブン‐イレブンの持続成長を守る千丈の堤である。

しかし、千丈の堤も蟻の一穴から崩壊することがある。セブン-イレブンの今後の持続成長を考えるとき、どのような要因が蟻穴になる可能性があるだろうか。その主要なものは、コンビニ市場の飽和、ネット通販の成長、そしてフランチャイズ・システムの綻びである。

◆コンビニ市場の飽和

二一世紀に入ると、コンビニ業界の売上高も停滞し始めた。日本フランチャイズ・チェーン協会の調査によれば、その会員企業（上位一〇社ないし一一社）全体の全店売上高の対前年成長率は、〇一年から〇七年まで一％から三％弱で推移した。二一世紀までに大手集中によって寡占化が進んだから、この数値はコンビニ業界の状態をほぼ表すものと見なしてよいだろう。コンビニ市場飽和説がささやかれ始める。

その後、この市場飽和説は一時影を潜めた感がある。それに大きい影響を与えたのは、コンビニ店売上高の四分の一から三分の一を占める、たばこ売上の増加である。〇八年にはタスポ（たばこ自販機用成人識別カード）効果によって、業界売上高は前年比で六・七％も伸びた。同年三月からタスポの導入によって、それへの登録をきらった喫煙者はコンビニでより多くたばこを買うようになった。ついでに種々な商品も買ったのであろう。

その効果が一巡すると、〇九年には〇・六％、一〇年には一・六％の低成長に戻る。一〇年の秋にはたばこ増税があった。これによって、一一年の前年比は七・九％に跳ね上がった。しかし、一二年は四・四％。一三年は四・一％と再び下がり始める。近時のコンビニ市場はたばこ関連の特殊要因によって乱高下した。底流にはコンビニ市場の成熟があり、特殊効果が一巡すると、もとの軌道に戻る。

コンビニ市場飽和説は死に絶えてはいない。「コンビニエンスストア調査」（日経ＭＪ（流通新聞）編、二〇一四）によれば、一二年度の主要コンビニ企業の全店売上高は九兆四、五五六億円、セブン-イレブンはそのうちシェア三七・一％を占める。それだけに業界市場の影響をもろに受ける。セブン-イレブンの全店売上高の推移は業界市場のパターンと同じである。

セブン-イレブンはその持続成長のために業界市場の成熟を克服できるだろうか。もちろん業界市場が成長しなくても、個別企業の売上高を伸ばす方法はある。市場シェアを高めることだ。セブン-イレブンは二一世紀に入っても、店舗工場メカニズムによって大量出店を続け、未進出地域にも参入した。これらによって、同社のシェアは年々高まっている。

しかし、シェア拡大による売上高増という途の限界は見えている。シェア拡大は弱い競争相手の市場を奪うことによって達成されるからだ。コンビニ業界では競争力基盤の弱い相手はすでに多くは残っていない。セブン-イレブン以外に、ローソン、ファミリーマート、サークルＫサンクス、ミニストップを加えた上位五社のシェアは八七・一％である。これに北国の雄セイコーマートと駅ナカビジネスで優位性を持つJR東日本リテールネットを合わせると、競争力基盤の弱い相手はシェアで一〇％も残っていない。さらにシェアをいくら伸ばしても、コンビニの業界市場が成長しなければ、企業の売上高は大きく成長しない。流通論には飽和指数と呼ばれるものがある。見込顧客数にその平均購買額を乗じ、それを店舗数あるいは売場面積で除して計算する。飽和指数は実質的には店舗当たり平均購買額であり、日割りにすればいわゆる日販である。市場が受け入れることができる店舗数（あるいは売場面積）の判断指標として利用される。

二一世紀に入ってから、一三年まで上位一〇社日販（一日の店舗売上高）の年平均成長率は〇・三五％である。日販の停滞をまかなうため、出店数を増やすことによる出店競争が盛んである。業界売上高が伸びなければ、店舗数増は日販をさらに低下させることになる。こうして、日本国内では五万店が限度であるなどといったことがささやかれている。

しかしこの種の飽和説は、コンビニ市場の境界が固定しているという前提に立っている。この境界が変化すれば、コンビニ市場の飽和も変わる。セブン-イレブンは、トップ企業としてコンビニ市場の境界自体を拡大するため、不断の企業努力をしてきた。同社はコンビニの市場境界を破壊しようとする点で代表的な先導者であった。

一〇〇㎡前後の店舗面積は創業以来の不動点であるが、そこで取り扱われる商品とサービスは激しく入れ替わってきた。その中でとくに注目すべきは、周辺異業種の需要をコンビニへ取り込もうとしたことである。ファストフードによって外食産業需要を取り込み、種々なサービスメニューの追加によって、銀行需要の一部を始め種々なサービス産業需要を取り込もうとした。炒りたてのコーヒーなどは喫茶店への挑戦である。

また、コンビニ市場をさらに深耕しようとする試みもある。二一世紀以降のコンビニ売上高の特徴を見ると、客単価は伸びていないが、来店客数は増加している。中小商店、サービス業の衰退により、コンビニが社会インフラとしてその重要性を高め、客層が女性、中高年層にも広がったからだ。しかし、従来のコンビニ商品はこの新しい客層に十分に訴求できない。高級PBとしての「セブンプレミアム」、「セブンゴールド」などの導入は、この客層を狙ったものである。

しかし、一店あたりの売上高の推移を見るかぎり、これらの先端的な試みによっても業界需要の境界の壁を突破できていない。サービス・メニューの追加は店舗売上高の成長にそれほど貢献しなかった。「金の食パン」など大成功した商品も出たが、高級PBも店舗の全体的な売上高を押し上げるほどではない。一流メーカーをチームMDに参加させることに成功したが、その同じメーカーがローソンなど競合相手にもPB商品提供をしている。そのため、セブン-イレブンが商品差別化を図っても、店舗全体の売上高を押し上げるほどの迫力がないのであろう。

国内コンビニ市場が飽和したとしても、まだ企業の売上高を成長させる手はある。国際化がそれだ。ウォルマート、カルフール、テスコなど欧米の量販店企業は、この方法によってそれぞれの国内市場の停滞を切り抜けてきた。日本のコンビニもこの数十年来に急速に国際化した。一二年時点で上位四社の海外店舗数は五万一二八店で、国内店舗数の五万四三九店に迫っている（日経MJ（流通新聞）編、二〇一四）。

とくに〇七年度からの出店が加速している。主要進出先はアジアである。とくに多いのは台湾、韓国、タイなどであるが、中国、フィリピン、インドネシアなどでも増え始めている。セブン-イレブンの海外店舗数は一三年末で三六、二五五店である。そのうち六八％はアジアで展開し、二九％は北米で展開している。

店舗数から見ると大きい事業展開であるけれども、コンビニ各社ともその収益力はまだ低く、経常利益成長の柱にまで育っていない。その理由は、日本の仕組みをそのまま外国に持ち込めない点にある。国により消費者指向が異なり、流通システムや法規制も異なる。流通国際化にさいして、フォーマットの現地化は不可欠のプロセスである（矢作、二〇〇七）。コンビニもこの例外ではない。

しかし、問題はフォーマットの部分適応だけではない。最大の問題は、持続成長メカニズムをそのまま各国に持ち込めないことだ。セブン-イレブンの持続成長メカニズムは、日本国内の社会経済的諸条件と不可分に結びついている。そのメカニズムの核心は、消費市場、流通システム、そして労働市場などにおける日本的特質と融合している。それをそのまま、社会経済的条件の異なる外国へ移転すれば、それは植物を土壌の合わない地へ移植するのと同じである。日本での成功はかならずしも外国での成功を保証しない。「現段階では国内に経営資源を投じた方が圧倒的に効率が良い」（日経ＭＪ（流通新聞）編、二〇一四）という鈴木敏文の言葉はこの点を裏書きしている。

コンビニ市場の飽和問題は、真綿で首を絞めるように、じわじわとセブン‐イレブンの持続成長の障害となってこよう。この問題に関してセブン‐イレブン特有の「変わる力」がどのように発揮されるのか。市場境界の壁をどのように打ち崩していくのか。

◆ネット通販の成長

コンビニ業態の停滞の中でも、潜在的に強力な競争業態が台頭してきた。ネット通販がそれだ。インターネットやスマホの普及を追い風に、ネット通販が急成長している。インターネットが普及し始めた〇一年では、小売・サービスのネット通販売上高は一兆四、八四〇億円、そのうち食品は五八〇億円に過ぎなかった。一二年になると、ネット通販による小売・サービス売上高は六兆六、四一〇億円であり、食品売上高は六、〇六〇億円になった（経済産業省、二〇〇一―二〇一三）。この間の年平均成長率は、小売・サービスが一四・五％、食品が二三・八％である。これらはコンビニ売上高の年平均成長率の数倍という勢いである。

ネット通販が消費者に訴求する提供便益はコンビニと似通っている。消費者がネット通販を使い出す理由は、まず買い物時間を節約できるからである。さらに品揃えが店舗よりもはるかに多く、しばしば魅力的な販促商品に出会うこともある。カードや売り手の信頼性不安など、セキュリティ問題が固定客化を妨げていたが、近年ではこの問題も大きく改善された。このような提供便益によって、ネット通販は買い物時間が不足しがちなキャリア女性、子育て世代、男性単身者などを吸引してきた（田村、二〇〇八）。

買い物でのアクセス便宜性から見ると、ネット通販はコンビニを上回っている。わざわざ店舗まで行かなくても、自宅等の所在地で発注し受け取れるからである。発注の仕方もきわめて容易になった。便宜性の点でコンビニが優れているのは、商品がすぐに受け取れることだけである。しかし、近年、ネット通販はその物流機能を飛躍的に向上させた。発注してから受け取るまでの時間はますます短縮化し、その送料も無料の場合が多くなった。とくに大手のアマゾンや楽天などがそうである。物流系リート資本の増加によって、通販の物流機能が今後もますます改善されることは確かである。

提供便益だけでなく、客層も似通ってるため、ネット通販の成長は今後コンビニにとって大きい脅威になる可能性が高い。今までネット通販はコンビニの中心商品である食品などをそれほど大きく取り扱ってこなかった。しかし、今後を見ると、とくにネット通販大手がコンビニ商品と真正面からぶつかる食品分野を充実させてくる。

すでにアマゾンは〇七年から米国シアトルで実験を始め、一三年からロサンジェルスとサンフランシスコで事業展開を始めた。同社の「アマゾンフレッシュ」がそれである。朝に注文すれば夕方に、夜一〇時までに発注すれば早朝に多様な食品を届けてくれる。ノウハウを確立すれば、日本にも参入するだろう。

日本ではすでに楽天が同種の事業を立ち上げている。「楽天マート」がそれだ。二四時間受注体制で配送は午前、午後、夜間の三便体制である。時間帯を細かく指定できないが、物流システムが高度化されれば、時間指定もできるようになるだろう。すでに首都圏で事業展開を始めている。今後、他の都市圏に拡大する可能性がある。

これらのネット通販は、コンビニよりもはるかに豊富な品揃えを持つ。スマホを使えば、アクセス便宜性はコンビニよりはるかに優れる。しかもコンビニ店舗が集中する大都市圏を狙い撃ちにしてくる。ネット・スーパーなども併せて、ネット通販が発展すれば、コンビニはその主力商品の食品分野でも大きい打撃を受ける。さらに九〇年代以降に拡大してきたサービス商品分野でも、ネット通販に顧客を奪われる可能性がある。

このような脅威を肌で感じているのであろうか。一四年、セブンアイ・ホールディングスとセブン-イレブン両社の最高経営責任者（ＣＥＯ）を兼ねる鈴木敏文は「今年は、オムニチャネルの取り組みを本格化する」と宣言した（Chain Store Age、二〇一四・三・一）。「オムニ」（omni-）という接頭辞には、「あまねく」とか、「なんでもかんでも」といった意味がある。オムニチャネルを持つ小売業はオムニチャネル小売業と呼ばれる。

オムニチャネルとは、百貨店、スーパー、専門店、コンビニなど、実店舗の業態チャネルだけではない。それは消費者に至る種々な情報媒体系チャネルを通じた取引も含んでいる。ラジオ、テレビ、ダイレクトメール、インターネットを通じたパソコン、携帯情報端末などを通じた取引である。

実店舗の種々な業態にカタログ通販などを加え、多様な業態を傘下に持つ小売業は複合小売業と呼ばれてきた。米国ではかつてのフェデレイテッド・デパートメントストア、わが国では二〇世紀後半のダイエー・オレンジグループやセゾングループなどがそうであり、セブン&アイも百貨店、スーパー、コンビニ、専門店、カタログ通販、外食を抱える複合小売業である。オムニチャネル小売業は、この複合小売業とどう異なるのか。

複合小売業は各業態チャネルを傘下に収めたが、それを独立の事業体として運営してきただけである。オムニチャネルというコンセプトでは、それらを継ぎ目なく統合せよと主張する。統合するのは、顧客管理、サプライチェーン、情報ネットワークなどだ。つまり各業態のバック・フォーマットを先端情報技術の駆使により統合するのである。この意味で、オムニチャネルは複合小売業の論理的進化である（Bishop, 2013）。

オムニという接頭辞からは、百貨店、スーパー、コンビニ、専門店など実店舗業態間を統合せよといっているようにも見える。しかしオムニチャネルの力点はそこにはない。統合すべきは、実店舗と店舗外情報チャネルである。店舗外情報チャネルとは、インターネット経由のパソコン、携帯端末、テレビなどである。店舗の外に出て、店舗外情報チャネルに現れる顧客の種々な買物関連行為をできるだけ捕捉せよ。そしてその情報を店舗運営と統合せよ。これらがオムニチャネルの叫びである。

この叫びから見れば、オムニチャネルは明らかにネット通販の攻勢にさらされる実店舗小売業の対抗策である。この点は、ネット通販の雄、アマゾンや楽天の動きにも明らかである。少なくとも現在までのところ、かれらには実店舗を開発・展開しようとする動きはない。彼らはオムニチャネルの展開に共鳴していない。かれらはオムニチャネルとは別軌道で発展しようとしている。

かれらはあくまでもネット通販を主軸にする。商品実物の引渡の時間的遅れは、実店舗にくらべたネット通販の弱点である。それを克服する戦略は三つである。まず、パソコンソフト、音楽、ゲームなど、デジタル化できるものはその推進を図り、デジタル商品化する。次に、物流機能を高度化して引渡時間を短縮化、無料化する。そして最後に、どうしてもピックアップ場所が必要な場合にはその拠点を設ける。米国アマゾンの「アマゾンロッカー」などはその例である。いわゆる実店舗の展開は、彼らの戦略構想では少なくと現在までのところ必要ではない。

オムニチャネルの叫びの背景には、最終購買に先行する消費者行動が情報技術の発展によって捕捉できるようになったことがある。重要な点は、この消費者行動が多くのマーケティング研究者が主張し、またメーカー・マーケティングが強調してきた心理的な意思決定過程ではなく、最終購買に至る取引行為の先行過程であるという点だ。

取引は最終購買に至る消費者と売り手の、相互行為の過程である。それは商品情報を探索し、商品の品質や価格を比較し、友人とそれを語り合うといった表出的な行為過程からなる。そのためにインターネットなどで種々な情報源にアプローチするだけでなく、ウィンドウショッピングも行う。スマホを使って商品情報や評判情報を集め、商品画像をとり、それを持って実店舗に出かける。その価格が高いと思えば、価格ドットコムで安い価格の店を見つけそこに出向く。ウィンドウショッピングで気に入った商品を発見すれば、買わずに店を出てネット通販でもっと安い購入先や代替商品を探索する。実店舗はネット通販のためのショールームの役割を果たしているにすぎない。スマホなどが発展した後、この種の消費者行動はますます多くなってきた。

セブン&アイはオムニチャネルに何を期待しているのだろうか。報道（斉藤公二ほか、二〇一四）によれば、自社ネット通販の受注商品の引渡、あるいは配達の拠点として、セブン-イレブン店を使うことが戦略の柱であるという。このために、一三年末まで、セブン&アイは、立て続けに資本・業務提携を行った。ニッセン・ホールディングズ（カタログ通販）、バーニーズジャパン（米高級衣料専門店）、天満屋ストア（スーパー）、バルス（家具・インテリア雑貨専門店）などだ。商品力を強化して、オムニチャネルを支えるためである。

しかし、実店舗とネット通販との間の消費者行動の交差様式は、

（1）ネットで買って、店で商品受取

だけではない。それ以外にも、

（2）ネットで買って、いずれかの店で受取と支払い
（3）ネットで買って、店舗で返品する
（4）店舗で買って、ネットで支払い
（5）モバイル端末で買う
（6）ソーシャル・メディアで買う

などがある。

多くの企業はオムニチャネル構築を始めたばかりである。世界でそれらの代表的企業九八社についての調査（Rosenblum & Kilcourse, 2013）によると、現在までの成功者（売上増三%以上）と遅滞者（売上増三%未満）を大きく分けている交差様式は次の二つである。成功者は、ネットで買っていずれかの店舗での受け取りと支払いを重視するが、ネットで買って店での商品ピックアップは重視しない。遅滞者はこの逆である。オムニチャネル戦略におけるセブン-イレブンの柱は、この調査に

よればいわば敗形である。

オムニチャネルの導入によって、セブン-イレブンはアマゾンや楽天などのネット通販の進撃を食い止めることができるだろうか。問題は二つある。取引商品の範囲と顧客情報データの質的相違である。セブン-イレブンの取引商品は食品、日用雑貨、サービスである。そこでピックアップされる商品もセブン&アイ傘下の企業の商品である。セブン-イレブンやセブン&アイの顧客情報は、取引の最終結果、つまり購買をPOSで把握したものを主内容にしている。

一方、アマゾンや楽天はどうだろうか。その仮想ショッピングモールにはきわめて多くの企業が参加している。そのため、そのネット通販における取扱商品ははるかに多岐にわたっている。かれらが自動的に収集する顧客情報は購買データだけではない。顧客の身元はすべての顧客について完全に捕捉されている。さらに、重要な特質は購買に先立つ取引過程を正確に捕捉できる点だ。ネット通販に伴う検索・発注作業にさいしての、顧客のクリック・ストリーム情報がそれだ。この情報の内容は、ウェブ訪問、ページビュー・ヒット、広告クリック、会員登録、ショッピングカート、これらからの離脱などである（田村、二〇一〇）。

個別顧客の購買あるいはクリックの履歴情報に基づいて、ネット通販企業は消費者に果敢な個客対応マーケティングを展開する。履歴情報は個客がいま何に関心があるか、何を買おうとしているかを鮮明に映し出す。それを狙ったネット広告は誘導ミサイルに似ている。種々な広告媒体の中で、ネット広告だけがその広告費を急成長させている。これはこのミサイルが有効であることの証明である。

このように、ネット通販の顧客情報システムは購買前の取引過程を捕捉する点に強みがある。これが威力を発揮するのは、購買前に消費者が品質や価格の比較のために探索したり、購買すべきかどうか熟慮するような探索型の商品である。具体的には、個人嗜好性の高いファッション、家電製品、書籍、その他の嗜好品などであろう。

コンビニ商品はこの対極にある。したがって、この情報システムが直接的にコンビニの脅威になることはない。しかし、このシステムはオムニチャネルによってセブン-イレブンがピックアップ拠点を提供しようとする商品ジャンルを直撃するだろう。セブン&アイには、セブン-イレブンを除けば、現在までのところ競争優位性を持つ実店舗業態が少ないからだ。いずれにせよ、オムニチャネル構築がセブン-イレブンの新しい持続成長メカニズムになる可能性はほとんど見えない。

◆フランチャイズ・システムの綻び

セブン-イレブンの事業展開の基本はフランチャイズ・システムである。同社によれば、このシステムで加盟店は独立性を持ち、本部と対等の立場に立って共同事業に参加する。そのすべての面で両者は役割分担と粗利益分配を行う。これらを定めているのが加盟店基本契約書である（セブン‐イレブン・ジャパン、二〇〇三）。

しかし、このシステムにも近年、蟻穴が開き始めた。本部と加盟店との間の利害衝突である。そのうちのいくつかは最高裁まで争われる法廷闘争にまで発展した。加盟店との共同事業体制を支えるシステムの根幹は、同社の「粗利益分配方式」と「オープンアカウントシステム」である。主要な利害衝突はこの二つのシステムをめぐって生じた。粗利益分配方式についてはロスチャージ問題が発生し、オープンアカウントシステムについては、本部の仕入代行につき、加盟店からの情報開示要求があった。

粗利益分配方式は、加盟店の粗利益を加盟店と本部が一定の割合で分け合うという方式である。この割合はいわゆるロイヤルティ率であるが、セブン‐イレブンでは「セブン‐イレブン・チャージ」と呼ぶ。このチャージは本部が加盟店に提供している種々な支援サービスへの対価である。本部が得るチャージは加盟店の粗利益によって変動する。そして加盟店主が得る利益も粗利益によって変わる。

セブン‐イレブンによれば、この方式の下では、本部も加盟店も、粗利益を上げるという同じ経営目標に向かって、努力することになる。だから、粗利益分配方式は、「まさに加盟店と本部はセブン‐イレブンという運命共同体であると位置づける仕組みとなっている」（セブン‐イレブン・ジャパン、二〇〇三）。たしかに粗利益だけ取ればそうである。しかし、紛争はこの粗利益をどのように計算するかをめぐる本部と加盟店の認識ギャップから生じた。セブン-イレブンの計算方式は通常の会計処理とは異なっていたからである。

認識の相違は、ファストフードなど賞味期限の過ぎた廃棄商品の原価をどのように会計処理するかにあった。たとえば、売価二〇〇円、商品原価一〇〇円のおにぎりを五個仕入れて、一個を廃棄したとしよう。通常の会計処理による粗利益計算では、八〇〇－四〇〇－一〇〇＝三〇〇円になる。ロイヤルティ率を五〇％とすれば、本部ロイヤルティは一五〇円である。同じく加盟店の粗利益取り分は一五〇円になる。

しかし、セブン-イレブンの粗利益計算では廃棄商品を除外して、粗利益を計算する。その場合、粗利益は四〇〇円になり、本部ロイヤルティは二〇〇円になる。加盟店の取り分も同じく二〇〇円であるが、加盟店は廃棄商品原価を経費として差し引かねばならないから、実質的な粗利益取り分は一〇〇円になる。これは廃棄商品にもチャージをかけているのと同じである。

このロスチャージを不満として一部の加盟店主が訴訟した。加盟店側は東京高裁では勝訴したが、〇七年の最高裁判決では差し戻し判決を受け、実質的には敗訴した。最高裁はロスチャージを認める一方で、その件につき加盟店への伝達が不明確であるとして、今後は契約書にそれを明記すべしという補足意見をつけて、東京高裁に差し戻した。

セブン‐イレブンはロスチャージ問題では勝訴した。しかし、この裁判によって、コンビニ店開業についての社会的イメージは変わり始めた。コンビニ店経営はかならずしも楽な商売ではないというイメージである。「親兄弟がコンビニ開業するなら断固反対する」という声がインターネットの書き込みに登場するようになる。

店舗売上高が伸び悩む中で、全店売上高を成長させるためには、店舗数をますます増やさねばならない。加盟店リクルートの主対象は中小小売商から脱サラ組に変わっている。コンビニ開業についての社会的イメージの悪化は、このリクルートに長期的な影響を与えてくるはずである。これは明らかに店舗工場メカニズムの蟻穴である。

本部がロスチャージを取れるとしても、商売は生き物である。決まりきった形には従わない。廃棄商品の売上原価参入が困難であることを知った加盟店主たちは、賞味期限が近づいた商品を見切り販売し始めた。先のおにぎりの例で廃棄していた商品を一〇〇円で値引販売したとしよう。この場合、セブン‐イレブン会計に従うと粗利益は四〇〇円（＝八〇〇＋一〇〇－五〇〇）である。しかし、加盟店は商品廃棄コストを計上しなくても済むから、粗利益からの実質的取り分はその五〇％の二〇〇円に増える。

見切り販売が加盟店に広がることを恐れたセブン‐イレブンは、契約の破棄や更新拒否などをちらつかせて、見切り販売を押さえようとした。この件について加盟店からのたれ込みが多くあったのであろう。〇九年六月、公正取引委員会はセブン-イレブンの見切り販売防止行動について、同社に妨害を禁じる排除措置命令を出した。優越的地位の乱用による独禁法違反と判断されたのである。

値引をせずに店頭価格を維持する。これは創業以来のセブン-イレブンの持続成長メカニズムのインフラである。同社は廃棄損失の一五％を本部負担とするなど、新たな措置を打った。セブン-イレブンの対応が功を奏したのだろうか。排除措置命令以降で、見切り販売をする店舗は一％未満であった。

しかし、公取の排除措置命令の後ろ盾を得て、見切り販売を続ける加盟店にセブン-イレブンの妨害行動も続いたのであろう。これに憤った加盟店主たちは、同社に一億四〇、〇〇万円の損害賠償を求める訴訟を起こした。この提訴にたいして、一三年九月東京高裁は、妨害行為を認定する一方、「事実上の強制があり、店側の商品価格を決める権利を妨げた」として、セブン-イレブンに約一、一四〇万円の賠償支払いを命じた。創業以来続いた価格維持戦略は一つの転機を迎え始めている。

オープン・アカウント・システムも、セブン-イレブン流のフランチャイズ・システムの基本基盤である。このシステムによって、本部・加盟店間の債権債務関係は継続的に勘定に記載され、貸方・借方の各科目は一括して決済される。これにより加盟店は経理事務から解放され、また資金繰りに煩わされることもなく、店舗営業業務に専念できるようになっていた。

このシステムでは、本部が加盟店からの商品発注情報を集め仕入を代行して、商品原価を加盟店に指示する。重要な点は、本部の仕入価格と加盟店への商品原価はかならずしも同じものではないという点だ。仕入先との間でどのような取引交渉があり、それによって仕入れ価格やリベート額がどうなったか。これらについて本部から加盟店に一切知らせていない。

この点について、一部加盟店主はかねてより本部がピンハネしているのではないかという疑念を持っていた。こうして、元加盟店主は「本部に支払った額と本部の取引先への支払額に差がある疑いがある」と開示を求め訴訟を起こし、契約上に報告義務はないするセブン-イレブンと争っていた。この訴訟で〇八年に最高裁はセブン-イレブンの開示義務を認めた上で、報告内容の詳細を審理するよう東京高裁に求めていた。この差し戻し審で、東京高裁は〇九年に、セブン-イレブンに書面により取引先への支払額やリベート額などを加盟店に報告するように命じたのである（日経新聞朝刊、〇九・八・二六）。

仕入先への本部の支払額やそれから受け取るリベートは、セブン-イレブンの商根茎メカニズムの中枢をなすネットワーク・パワー利得の主要源泉である。加盟店が本部から指示される商品原価と、本部が仕入先に受け入れさせた商品原価には大きい差異がある。しかし、これはピンハネではない。この差異は加盟店が単独で仕入れた場合には発生しない。差異はセブン-イレブンの事業システムが創造したものである。したがって本部に帰属するものであろう。しかし、この訴訟によって、ネットワークパワー利得の源泉に加盟店の注目が集まり始めたことは、商根茎メカニズムにも蟻穴が開き始めたことを意味している。

仕入価格の開示訴訟の影響はこれだけではない。この訴訟は、ロスチャージ問題などとともに、セブン-イレブンのフランチャイズ・システムにより大きい打撃を与え始めるように思われる。その最大の影響は、粗利益分配方式がもはや本部と加盟店の共同事業性を支える錦の御旗として使えなくなってきたことである。加盟店への指示商品原価や、また粗利計算方式によって、本部は加盟店粗利益額そのものを操作できる。このことを加盟店が訴訟を通じて知り始めたからである。泥にまみれ始めた錦の御旗に代わる、どのような共同事業の旗を創造できるのか。セブン-イレブンの持続成長期間はこの点にも大きく依存している。

参考文献

（株）アイテマイズ（一九九二）『日本の総合小型店チェーン コンビニエンス・ストア ミニ・スーパー 全調査年鑑 1993』アイテマイズ
阿部幸男（二〇〇二）「二〇〇一年版MCR統計まとまる」『コンビニ』4月号
岩本浩治（二〇〇〇）「極めつけコンビニ30年史」『コンビニ』12月号
緒方知行（一九七九）『セブンイレブンの奇蹟』日本実業出版社
緒方知行（二〇〇三）『セブン-イレブン 創業の奇蹟』講談社＋α文庫
小川 進（二〇〇〇）『ディマンド・チェーン経営―流通業の新ビジネスモデル』日本経済新聞社
小川 進（二〇〇〇）『イノベーションの発生論理』千倉書房
小川 進（二〇〇六）『競争的共創論―革新的参加社会の到来』白桃書房
加藤勝康（一九八一）『財務分析入門』銀行研修社
川辺信雄（一九九四）『セブン-イレブンの経営史―日米企業・経営力の逆転』有斐閣
川辺信雄（二〇〇三）『セブン-イレブンの経営史―日本型情報企業への挑戦』有斐閣
キム・W・C、モボルニュ・R、有賀祐子訳（二〇〇五）『ブルー・オーシャン戦略』（W. C. Kim & R. Mauborgne, *Blue Ocean Starategy*, Harvard Business Publishing Corporation, 2005）ランダムハウス講談社
ギャディス・J・L、浜林正夫・柴田知薫子訳（二〇〇四）『歴史の風景―歴史家はどのように過去を描くのか』（J. L. Gaddis, *The Landscape of History*, Oxford University Press, 2002）大月書店
金 顕哲（二〇〇一）コンビニエンス・ストア業態の革新』有斐閣

キング・G、コヘイン・R・O、ヴァーバ・S、真渕　勝監訳（二〇〇四）『社会科学のリサーチ・デザイン』（G.King, R.O.Keohane, S. Verba, *Designing Social Inquiry*, Princeton Univercity Press, 1994）勁草書房

経済企画庁（一九九四）『店舗形態別価格実態調査」物価レポート・94』所収

経済産業省（二〇〇一-二〇一三）『電子商取引にかんする市場調査』

斉藤公二・太田美和子・小林麻里・下田健司（二〇一四）「特集　オムニチャネル元年　小売業ＩＴ２０１４」、『Chain Store Age』、第45巻第４号通巻１０４２号

シュナース、S・P、恩蔵直人・坂野友昭・嶋村和恵訳（一九九六）『創造的模倣戦略』有斐閣（S. P.Schnaars, *Managing Imitation Strategies*, Fhe Free Press, 1994）

ジョージ・A、ベネット・A、泉川泰博訳（二〇一三）『社会科学のケース・スタディ―理論形成のための定性的手法』勁草書房（A.L.Geoge and A.Bennett, *Case studies and theory development in the Social Sciences*, the Belfer Center for Social and International Affairs, 2005）

鈴木安昭（一九八〇）『昭和初期の小売商問題―百貨店と中小商店の角逐』日本経済新聞社

鈴木敏文・矢作敏行（一九九三）「セブン-イレブンの情報戦略」法政大学産業情報センター　小川孔輔編『ＰＯＳとマーケティング戦略』有斐閣所収

鈴木敏文（二〇〇八）『挑戦　我がロマン―私の履歴書』日本経済出版社

鈴木敏文（二〇一三）『変わる力―セブン-イレブン的思考法』朝日新書

セブン&アイ・ホールディングス（二〇一三）『２０１４年２月期、第２四半期決算補足資料』セブン&アイ・ホールディングス

セブン-イレブン・ジャパン（一九九一）『セブン-イレブン・ジャパン―終わりなきイノベーション　１９７３-１９９１』セブン-イレブン・ジャパン

セブン-イレブン・ジャパン（二〇〇三）『セブン-イレブン・ジャパン―終わりなきイノベーション　１９９１-２００３』

セブン-イレブン・ジャパン
孫武（？-）（一九九一）金谷　治訳注『孫子』ワイド版岩波文庫
田中　陽（二〇〇六）『セブン-イレブン　覇者の奥義』日本経済新聞社
田村正紀（一九七六）『現代の流通システムと消費者行動』日本経済新聞社
田村正紀（一九八一）『大型店問題』千倉書房
田村正紀（一九八六）『日本型流通システム』千倉書房
田村正紀（一九九六）『マーケティング力―大量集中から機動集中へ―』千倉書房
田村正紀（二〇〇一）『流通原理』千倉書房
田村正紀（二〇〇四）『先端流通産業―日本と世界』千倉書房
田村正紀（二〇〇六）『リサーチ・デザイン―経営知識創造の基本技術』白桃書房
田村正紀（二〇〇六）『バリュー消費』日本経済新聞社
田村正紀（二〇〇八）『立地創造』白桃書房
田村正紀（二〇〇八）『業態の盛衰―現代流通の激流』千倉書房
田村正紀（二〇一〇）『マーケティング・メトリクス』日本経済新聞出版社
田村正紀（二〇一一）『消費者の歴史―江戸から現代まで』千倉書房
田村正紀（二〇一一）『ブランドの誕生―地域ブランド化実現の道筋』千倉書房
田村正紀（二〇一三）『旅の根源史―映し出される人間欲望の変遷』千倉書房
通商産業省企業局・中小企業庁監修、流通経済研究所編（一九七二）『コンビニエンス・ストア・マニュアル』流通経済研究所
日経ＭＪ（流通新聞）編（二〇〇九-一四）『日経ＭＪトレンド情報源』日本経済新聞出版社
日経キャリアマガジン特別編集『日本の優良企業　パーフェクトブック２０１４年版』

日経広告研究所編（二〇〇六）『有力企業の広告宣伝費』日経広告研究所

日本経済新聞社編（一九七五-八二）『流通経済の手引き』日本経済新聞社

日本経済新聞社編（一九八六）『ＰＯＳ総点検―使えるシステムづくりのために』日本経済新聞社

日本流通新聞編（一九八三-〇四）『流通経済の手引き』日本経済新聞社

日本労働研究機構（一九九五）『コンビニエンス・ストアの経営と労働に関する調査研究』日本労働研究機構

パラマウンテン・ＪＲ・Ｊ・Ｃ、マーケティング史研究会（一九九三）『流通のポリティクス』白桃書房（J.C.Palamountain, Jr., *The Politics of Distribution*, Green Wood Press, 1955）

ヒギンズ・R・C、グロービス・マネジメント・インスティチュート訳（二〇〇二）『ファイナンシャル・マネージメント』ダイヤモンド社（R.C.Higgins, *Analysis for Financial Management*, The McGraw-Hill Companies, 2001）

ヒューム・D、斎藤繁雄・一ノ瀬正樹訳（二〇一一）『人間知性研究』（D. Hume, *Enquiries concerning human understanding, and concerning the principles morals*, Oxford University Press, 1975）法政大学出版部

平山　廉（一九九九）『最新恐竜学』平凡社

ブレイディ・H・E、コリアー・D編、泉川泰博・宮下明総訳（二〇〇八）『社会科学の方法論争―多様な分析用具と共通の基準』勁草書房（H.E.Brady and D.Collier,eds, *Rethinking Social Inquiry: Diverse Tools, Shared Standards*, Rowman & Littlefield Publishers, 2004）

ベサンコ・D、ドラノブ・D、シャンリー・M、奥村昭博・大林厚臣訳（二〇〇二）『戦略の経済学』ダイヤモンド社（D.Besanko,D. Dranove, M. Shanlay, *Economics of Strategy*, 2/Edition, John Wikley and Sons, 2000）

ポーター・M・E、土岐　坤他訳（一九九五）『競争の戦略』ダイヤモンド社（M. Porter, *Competitive Strategy : Techniques for Analyzing Industries and Competitors*, Free Press, 1998）

マクネア・M・P、メイ・E・G、清水　猛訳（一九八二）『〝小売の輪〟は回る』有斐閣選書R（M. P. McNair and E. G. May, *The Evolution of Retail Institutions*, the Marketing Science Institute, 1976）

矢作敏行（一九九四）『コンビニエンス・ストアの革新性』日本経済新聞社
矢作敏行（二〇〇七）『小売国際化プロセス』有斐閣
由井義通（一九九四）「住宅サブマーケット別居住者特性（その1）—東京都江東区における中高層集合住宅居住者の年齢別人口構成」『立命館地理学』第6巻、一三-二八ページ
リクルートマネージメントソリューションズ組織行動研究所（二〇一〇）『日本の持続的成長企業—「優良+長寿」の企業研究』東洋経済新報社
リデル＝ハート・B、市川良一訳（二〇一〇）『戦略論—間接的アプローチ』原書房（Sir B. H. Liddell-Hart, ***Strategy***, Plume, 1991）
ロックレイ・M・G、松川正樹・小島郁生訳（一九九一）『足跡でたどる恐竜学』丸善
涌井貞美（二〇一三）『図解・ベイズ統計「超」入門—あいまいなデータから未来を予測する技術』SBクリエイティブ、サイエンス・アイ新書
Alexander. N.（1997）*International Retailing*, Blackwell
Arthur, W. B.（1994）*Increasing Return and Path Dependence in the Economy*, University of Michigan Press
Beach, D. and Pedersen R. B.（2013）*Process–Tracing Methods : Foundations and Guidelines*, The Univercity of Michigan Press
Bishop, B.（2013）"Defining omnichannel retail" www.brickmeetsclick.com 2013/09/16
Goertz, G. & J. Mahoney（2012）*A Tale of Two Culture : Qualitative and Quantitative Research in the Social Sciences*, Princeton Univercity Press
Rosenblum, P. & B. Kilcourse（2013）*Omni–Channel 2013 : The Long Road To Adoption*, Retail System Research
Sewell, Jr., W. H.（2005）*Logic of History : Social Theory and Social Transformation*, University of Chicago Press

執筆者紹介

神戸大学名誉教授，北海学園特任教授，商学博士

専攻　マーケティング・流通システム

著書『マーケティング行動体系論』千倉書房　1971年
『消費者行動分析』白桃書房　1972年
『小売市場構造と価格行動』千倉書房　1975年
『現代の流通システムと消費者行動』日本経済新聞社　1976年
『大型店問題』千倉書房　1981年
『流通産業・大転換の時代』日本経済新聞社　1982年
『日本型流通システム』千倉書房　1986年（日経・経済図書文化賞）
『現代の市場戦略』日本経済新聞社　1989年
『マーケティング力』千倉書房　1996年
『マーケティングの知識』日本経済新聞社　1998年
『機動営業力』日本経済新聞社　1999年
『流通原理』千倉書房　2001年（中国語訳，China Machine Press 2007年
朝鮮語訳，Hyung Seoul Publishing Co. 2008年）
『先端流通産業』千倉書房　2004年
『バリュー消費』日本経済新聞社　2006年
『リサーチ・デザイン』白桃書房　2006年
『立地創造』白桃書房　2008年
『業態の盛衰』千倉書房　2008年
『マーケティング・メトリクス』日本経済新聞出版社　2010年
『消費者の構造』千倉書房　2011年
『ブランドの誕生』千倉書房　2011年
『旅の根源史』千倉書房　2013年

編著『観光地のアメニティ』白桃書房　2011年ほか

セブン-イレブンの足跡　持続成長メカニズムを探る

2014年5月20日　初版第1刷発行

著作者　田村正紀

発行者　千倉成示

発行所　株式会社 千倉書房
〒104-0031 東京都中央区京橋2-4-12
Tel 03-3273-3931　Fax 03-3273-7668
http://www.chikura.co.jp/

装　丁　島　一恵

印　刷　シナノ書籍印刷

製　本　井上製本所

ISBN978-4-8051-1000-3